Richard Katz, Reiseschriftsteller und Weltenbummler »wie er im Buche steht«, wurde 1888 in Prag geboren, studierte dort und wurde bald, wie sein Vater, Journalist. 1918 war er Prager Korrespondent der »Vossischen Zeitung«, dann Sonderberichterstatter bei Ullstein. Als Dreißigjähriger machte er seine erste Weltreise und berichtete zwei Jahre lang von den Krisenherden des Erdballs. Wieder in Berlin, gründete er die »Grüne Post« und brachte sie innerhalb eines Jahres zu einer Millionenauflage. Eine weitere, dreijährige Weltreise folgte. 1931 ließ er sich als freier Schriftsteller in Locarno nieder. Das Hitler-Regime verbrannte seine Bücher. 1941 wanderte er nach Brasilien aus. 1945 kehrte er wieder nach Locarno zurück, wo er am 8. November 1968 starb. Seine über zwanzig Bücher haben weltweite Verbreitung und immer aufs neue viele Tausende begeisterter Leser gefunden.

Vollständige Taschenbuchausgabe
mit 65 Zeichnungen von Pia Roshardt
Droemersche Verlagsanstalt Th. Knaur Nachf.
München/Zürich
Lizenzausgabe des Albert Müller Verlags AG, Rüschlikon-Zürich
© Albert Müller Verlag, AG, Rüschlikon-Zürich, 1961
Umschlaggestaltung Stephan und Marie-Luise Lemke-Pricken
Satz Süddeutsche Verlagsanstalt und Druckerei, Ludwigsburg
Druck und Bindung Ebner Ulm
Printed in Germany · 15 · 5 · 281
ISBN 3-426-00087-3

15. Auflage

Richard Katz:
Übern Gartenhag

Heitere Erfahrungen mit Pflanzen und Tieren

Droemer   Knaur

Geleitwort

Spaß und Plage des Versuchs,
Mich im Garten einzufühlen,
Gilt den Lesern dieses Buchs,
Die gern selbst im Humus wühlen.

Während West und Ost erbeben,
Satelliten uns umtanzen,
Schaffen wir beständig Leben,
Und es fruchtet, was wir pflanzen.

Was nützt klagen? Was nützt zürnen?
Was nützt fragen: wer ist schuld?
Pflanzen wir ein Bäumchen Birnen!
Denn der Gärtner hat Geduld.

Ob in einem Augenblicke,
Was wir lebenslang gehegt,
Ein Raketenbums in Stücke
Und in Grund und Boden schlägt:

Aus dem Schutt wird's wieder grünen!
Mensch ist untreu, Garten treu.
Blumen, Früchte, Vögel, Bienen
Kommen ganz gewiß aufs neu.

Stürbe auch – was Gott verhüte! –
Flieder, Iris, Rosenranke
Und was sonst ans Herz uns blühte,
Tröstet uns doch der Gedanke:

Was vorbeirast, ist nur Schein!
Doch seit Adam schnaufte Leben,
Hat es Gärtner stets gegeben –
Gärtner werden immer sein!

Richard Katz
Locarno-Monti, vor Ostern 1961

Inhalt

Wie der Garten wurde

Mein Garten liegt in einem Bergdorf, das in *Locarno* eingemeindet ist und Monti della Santissima Trinità heißt, was »Berge der heiligsten Dreieinigkeit« bedeutet.

Weithin gibt er Aussicht über den anmutig geschwungenen Busen des *Lago Maggiore*, der dreihundert Meter unter ihm atmet, über Berge, die zweitausend Meter über ihn aufwuchsen, und über viele Städtchen und Dörfer.

Frei wie die Milane, die den blinkenden See übersegeln, schweift hier der Blick von Bellinzona, das die Hauptstadt des Tessin ist, bis tief ins Italienische, wo die Südalpen sich zu Hügeln sänftigen. Meinen Garten umbreitet und übertürmt eine Landschaft, die auf Gottes weiter Erde nur wenige ihresgleichen hat, eine Landschaft alter Kultur dazu, die südlichen Charme mit nördlicher Ordnung verbindet. Das Schönste an meinem Garten ist diese Aussicht. Als ich sie sah, kaufte ich das Grundstück am gleichen Tage. Es war Liebe auf den ersten Blick.

Das war vor dreißig Jahren, und seither bin ich dieser Fernsicht nie müde geworden. Zumal abends liebe ich sie, wenn die Sonne hinter die dolomitischen Zacken des Monte Ghiridone sinkt, der

Himmel sich purpurn und schwefelgelb färbt und von Italien die Abendbrise hereinweht.

Nie und nirgendwo vergesse ich diese Dämmerstunde, und ich wünschte, daß sie mir wieder vor Augen träte, wenn ich sie zum letztenmal schließen werde.

Fern in Brasilien hatte mir die Sehnsucht nach dieser blauen Stunde die Verse in ein Buch diktiert:

»Große blaue Falter schweben
In der unbeschwerten Luft,
Viele hundert Blüten geben
Ihren letzten Abendduft.

Freier Blick in weite Ferne,
Glöckchen klingen almenseits ...
Mein Erinnern hört es gerne:
Fern im Süden denkt's der Schweiz;

Denkt so manches Abends, welchen
Ich den See vergolden sah,
Unter den Kamelienkelchen
Auf dem Monte Trinità ...

Viel liegt zwischen hier und dorten,
Viel Erleben und viel Leid. –
Sehnsucht fliegt von Ort zu Orten,
Sehnsucht kennt nicht Raum noch Zeit.

Von Brasilien ins Tessin
Trägt sie mich mit Schwalbenschnelle,
Tragen Vögel mich dahin,
Trägt mich Wind und Meereswelle ...«

Seit mir Prag, Heimat der Geburt, entfremdet ist, schwankt meine Sehnsucht zwischen meinem Garten im Tessin und dem im Orgelgebirge Brasiliens, in dem ich Orchideen an Mangobäumen gezogen habe. In jedem lockt der andere. Ach, läge nicht der Ozean zwischen beiden!

Immerhin hat mein Garten oberhalb Locarno den älteren Anspruch auf mich, denn ihn hatte ich schon gestaltet, bevor ich nach Brasilien ausgewandert war, und zu ihm bin ich nun zurückgekehrt. Heimaten des Herzens sind mir beide, und das Malheur ist nur, daß man, einem alten Spruch zufolge, nicht gleichzeitig auf zwei Hochzeiten tanzen kann ...

An den Berghängen des Lago Maggiore nisten die Dörfer, welche die Uferstädte gegründet haben.

Locarno mag sich mit Ausgrabungen altrömischer Urnen und Gläser einer tausendjährigen Vergangenheit rühmen: älter als die Stadt sind die kleinen Gemeinden über ihr, die sie aufs Altenteil gesetzt hat. Am Lago Maggiore wie am Luganer-, Comer- und Gardasee sind die ersten festen Siedlungen nicht an den Ufern entstanden, die feindlichen Überfällen offen lagen, sondern an den wehrhaften Berghängen über ihnen, von denen sich talab Felsbrocken auf Eroberer und Räuber wälzen ließen.

Zwar zahlen wir nun auf dem Monti della Trinità unsere Gemeindesteuern an die Uferstadt Locarno, doch wir haben nicht vergessen, daß es früher einmal umgekehrt war.

In den Südalpen also liegt mein Garten. Doch will ich mich bemühen, am Schmuck vorbeizusehen, den er seinem subtropisch milden Klima verdankt. Die meisten meiner Leser gärtnern ja nördlich der Alpen. Deshalb sei schon jetzt vermerkt, daß die immergrünen Kirschlorbeer-Büsche meines Gartenhags, an denen ich so manche Dämmerstunde den Kapiteln dieses Buchs nachsann, nördlich der Alpen nicht verläßlich winterhart sind. In sehr kalten Wintern frieren sie auch hier zurück. So dankbar ich ihnen – wie meinen Kamelien, Azaleen und Mimosen – bin, will ich inskünftig nicht viel Worte an sie verlieren.

Vor dreißig Jahren hatte mir ein ehrlicher Makler – lächeln Sie nicht, den gibt es! – mehr als ein Dutzend Grundstücke in und um Locarno gezeigt. Damals waren Terrainkäufer im Tessin so selten wie sie heutzutage zahlreich und aufdringlich sind.

Unermüdlich hatte mich der brave Mann in seinem Auto da- und dorthin gefahren, bis er mich endlich bergan in reinere Luft, stillere Umgebung und zu einem Quellwasser brachte, dessentgleichen ich nie vorher getrunken hatte. Was Wunder: es entspringt dem Felsen unmittelbar über dem Grundstück, das jetzt mir gehört. Unter den Trinkwassern ist es ein reifer Pommard sonnigen Jahrgangs (vorausgesetzt, versteht sich, daß dessen Etikett nicht bloß Flaschenzierat ist). Doch noch vor diesem Wasser hatte ich die Aussicht getrunken und mich an ihr so berauscht, daß ich ausrief: »*Das* Grundstück oder keines!« – worauf der ehrliche Makler erleichtert aufatmete.

Gleichen Tags kaufte ich das Terrain mit Sack und Pack: eine steile Wiese voll Unkraut, einen Weinberg mit windschiefen Pfählen, eine Menge steiniger Böschungen und ein altes Bauernhaus, das sich nur noch aufrecht hielt, weil seine Bruchstein-Mauern dreiviertel Meter dick sind.

Hernach erst stellte ich fest, daß ich auch die Möbel mitgekauft hatte (was mir recht lästig fiel, weil ich sie nur zum geringen Teil verschenken konnte und zum größeren verbrennen mußte), und eine Stallruine dazu, die sich mir, wie später nachzulesen ist, als wahrer Segen erwies. Nicht darauf kam es mir an, sondern auf die Aussicht und die weite Fläche, aus der meine vorschnelle Phantasie schon einen Garten gestaltet hatte.

Sagte ich »Fläche«? Sie ist es nur auf dem Plan des Grundbuchs. Terrains werden planimetrisch vermessen. Nur insofern kam mir das zugute, als ich dafür bloß dreitausend Quadratmeter zu bezahlen hatte, während es um die Hälfte größer gewesen wäre, wenn sich der Geometer nicht mit der Vogelperspektive begnügt, sondern auch die Schräge mitgemessen hätte. Dafür freilich macht ein steiler Garten doppelt soviel Arbeit wie ein flacher.

Seit ich nach und nach Parzellen hinzugekauft habe, ist mein Garten aufs Doppelte gewachsen – zu groß wurde er für meiner Hände Arbeit, doch eben groß genug blieb er, um mich von den neuen Villen zu isolieren, die sich jetzt, wie Schwalbennester an den Kuhstall, rundum an meinen Hag kleben.

Es wäre vernünftiger – und dazu billiger – gewesen, das uralte kleine Bauernhaus niederzureißen und auf sein Fundament ein zweckmäßiges Landhaus zu bauen. Dazu aber hatte ich nicht das Herz. Das alte Haus fügte sich der Landschaft so natürlich ein, daß es mit ihr verwachsen schien. Deshalb ließ ich es stehen. Während ich es mit Zentralheizung, elektrischen Zuleitungen und Wasserröhren meinen Bedürfnissen anpassen ließ, glich es, mit mehr Löchern als Mauern, einem bombardierten Kriegsbunker. Doch seine Wunden vernarbten. Tessiner Bruchstein-Mauern sind so fest wie die Granitbrocken, aus denen sie bestehen, und die meinen werden gewiß länger halten als der Anbau aus Ziegeln, den ich ihnen als Arbeitszimmer so anfügen ließ, daß mir die Schreibtisch-Ecke die gleiche Aussicht gibt wie der Garten.

Ach ja, der Garten! Für den gab es nur wenige Fixpunkte: einen stattlichen Lebensbaum, drei Kamelienbüsche, die, hübsch sortiert, weiß, rosa und dunkelrot blühten, einige hohe Hanfpalmen, ein paar Rosen- und Lorbeerbüsche und Obstbäume mit wenig Fruchtansatz, weil sie kaum je ausgelichtet worden waren.

Fast alles, was ich damals vorfand, grünt, blüht und fruchtet noch heute. Nur der rote Kamelienbusch ist seither an Altersschwäche eingegangen; an seiner Stelle steht jetzt ein Rhododendron kanadischer Zucht mit noch röteren Blüten.

Wenige Pflanzen für so viel Quadratmeter! Hätte ich Bambus, Nachtschatten, Farne und Besenginster mitgezählt, wären es allerdings tausendmal mehr – aber ich wollte ja einen *Garten* und keine Steppe! An wilden Gewächsen ließ ich nur den Ginster stehen, dessen Blüten goldgelb leuchten (während der »Elfenbeinginster«, den die Handelsgärtnereien anbieten, bloß matt schimmert).

Indem Maurer, Dachdecker, Zimmerleute, Installateure, Elektriker, Glaser, Plattenleger, Tapezierer und endlich auch Maler im durchlöcherten Häuschen so emsig herumfuhrwerkten, daß es zum Verwundern war, wie viele Menschen in so knappem Raum Platz fanden, durchschlenderte ich das freie Gelände und dachte angestrengt nach, wie hier ein Garten zu terrassieren sei, wo Trockenmauern und Plattenwege hingehörten und wieviel es wohl kosten würde, hundert oder mehr Weinreben von morschen Holzpfählen auf solide Granitpilaster zu verschulen.

Mein Flügeladjutant war ein alter Tessiner Maurer, den ich der Kommandogewalt des Poliers entzogen hatte. Gott habe den alten Celestino selig! Ohne ihn wäre mein Garten Stückwerk geblieben. Auch die Granitpfeiler des Gartenhags (an dem ich lehne, während ich dieses Buch bedenke) hat er, ohne ein Senkblei zu brauchen, so fest und exakt vertikal in den Boden gemauert, daß sie seit nunmehr dreißig Jahren um keinen Millimeter von der Senkrechten abgewichen sind. – Für flache Gärten mag ein Gärtnermeister zuständig sein; für Berggärten geht ihm der Maurer voran.

Wer so nobel ist, einen »Gartenarchitekten« zu beschäftigen, mag sich diesem anvertrauen. Ich für mein Teil halte es mit dem zünftigen Maurer, der mir nicht seinen künstlerischen Gusto aufredet – »Ich sehe das so!« oder »Überlassen Sie das mir!« –, sondern nur gleichmütig mit den Achseln zuckt, wenn ich etwas besonders Dummes von ihm verlange.

Während beim Um- und Anbau des Hauses Meister und Gesellen einander auf die Füße traten und ihren Ärger darüber auf die Lehrjungen entluden, die nach altem Zunftglauben an allem Übel seit Erschaffung der Welt schuld sind, kämpfte ich mich mit dem alten Celestino durch Disteln, Farne und Brombeerranken, um meinem Garten die Grundlage zu schaffen.

Im gemächlichen, doch stetigen Arbeitstempo südlicher Handwerker (das wir Nordländer nur deshalb für faul halten, weil es sich nicht wichtig macht) baute Celestino aus drei herumliegenden Gneisplatten binnen zwei Stunden eine Bank und brauchte nur einen Tag für den gut drei Meter langen und einen Meter breiten Steintisch, an dem ich nun an heiteren Sommerabenden meine Freunde bewirte. Derart ist der stoppelbärtige alte Celestino, dessen Manchesterhosen so dicht mit Erde und Zement imprägniert waren, daß sie auch ohne ihn festgestanden wären, zum Taufpaten meines Gartens geworden.

Der Lebensweg meines Gartens von der Geburt bis zur Reife war außerordentlich steinig.
Fürs Pflanzloch des ersten Rosenstocks meiner Wahl hatte ich vier schwere Eimer Steine auszugraben und wegzuschleppen. Mir war, als bestünde mein Grund und Boden ausschließlich aus Geröll, über das erst kürzlich via Flechten, Moos und Gras eine dünne Humushaut gewachsen war.
Der Briefträger, der mich beim Steinetragen antraf, bemerkte denn auch: »Ihr Hang, Signore, heißt ›Monte secco‹« (will sagen: »Trockener Berg«). Das war er in der Tat und ist es auch geblieben: eine Moräne von der Eiszeit her, in der die Gletscher auf eisigen Rücken Gipfelsteine zu Tale trugen.
Mir wurde mein Terrain unheimlich. Sollte es unfruchtbar sein? Doch dem widersprachen die wenigen Gartenpflanzen, die auf ihm gediehen, und das wuchernde Unkraut. Immerhin war mir so bange geworden, daß ich ein Säckchen der dünnen Epidermis-Erde, die auf den vielen Steinen lag, einer »Agronomischen Versuchsanstalt« zur Analyse sandte und im Begleitbrief fragte, was solcher Boden brauche, um als Garten zu taugen (»Kali? Phosphor? Kalk? Mist? Guano? Torfmull? Hornspäne?«).
Die Antwort war so niederschmetternd, daß ich tagelang keinen Spaten mehr anrührte. »Ihrem Boden«, lautete sie knapp, »fehlt *alles*, was ein Garten braucht.«
Zum Glück haben Fachleute nicht immer recht.
In meinem Garten wächst nun alles, was ich mir in ihm wünsche – und das ist eine Menge. Nur kalkliebende Pflanzen kränkeln darin, aber die lehnen den Urgneis des Tessin grundsätzlich ab.
Sonst aber erweist jetzt mein Garten die Überlegenheit lebendiger Natur über tote Chemie. Mit all ihren Reagenzien und Retorten hat ja die immer noch nicht herausbekommen, wie Leben entsteht und was es ist.

Mag die Wissenschaft Atome spalten!
Mit tieferem Vertrauen stelle ich meinen Garten der Natur anheim, die auf zwar primitive, doch recht belustigende Weise immer wieder Leben zeugt.

Gras

Jeder Garten fängt mit Gras an.
Schwer zu sagen, was Gras ist.
Nur ja nicht nachschlagen, wenn man darüber nachdenkt! Es gibt zu viele Gräser. Vom englischen Rasen bis zum Riesenbambus begrünen Gräser die ganze liebe Erde.
Was wären wir ohne Gräser! Wir essen ihre Samen als tägliches Brot (Weizen und Roggen sind Gräser); wir trinken sie im Bier und Whisky (die Gerste, die zu Malz keimt, ist auch ein Gras); und jeden Bissen Fleisch verdanken wir den Gräsern, die das Vieh gefressen hat. Ohne Gras müßten wir verhungern, und ohne Gras müßte die halbe Welt bitteren Kaffee trinken, denn Zuckerrohr ist auch ein Gras.
Was Stengelknoten hat, adoptiert die Botanik in die Familie der Gräser, und es sollte mich nicht wundern, wenn sie auch meinen Knotenstock darin einbezöge. Nur ausgerechnet den Knöterich, der wahrhaftig nicht mit Knoten geizt, verweist sie in die Gattung der Polygonazeen. Je nun, wir wollen nicht mit ihr rechten! Seit sie sich dazu entschlossen hat, all das in die Familie der Gräser aufzunehmen, was auch nur *die* Knoten treibt, die ihr zusagen, hat sie

immerhin bereits dreihundert Gattungen und viertausend Arten Gräser in ihr Herbarium geklebt. Mit hängender Zunge läuft sie noch hinter vielen anderen her, bevor sie sich endlich auch mit allen Abarten und Kreuzungen befassen kann. Kein Wunder also, daß sie sich scheut, auch noch die zweihundert Arten des Knöterichs (deren eine als hübscher weißer Dauerblüher in meinem Garten rankt) den Gräsern einzuverleiben.

Man merkt: Pedant, der ich bin, habe ich doch nachgelesen, was eigentlich Gras ist, und bin daraus nicht klüger geworden. Der Kopf wirbelt mir von all den Süß- und Sauergräsern, Ober- und Untergräsern, von Seidengras und Känguruh-Gras, Schilfrohr und Sandgras und werweißwasnoch. In meeresweite Savannen von Gräsern verlor sich mein Blick. Als ich gar belehrt wurde, daß es zu all den echtbürtigen Gräsern auch noch »Schein- oder Halbgräser« gibt, klappte ich die Botanik zu und entschloß mich kurzerhand, selbst zu bestimmen, was Gras ist.

Das aber erwies sich als schwieriger, als ich angenommen hatte. Denn es ist um vieles leichter, einen neuen Namen zu erfinden, als einen alten bündig zu erklären. Dafür ein Beispiel:

Ums Jahr 1600 hatte es der niederländische Chemiker *van Helmont* satt bekommen, immer wieder »luftförmiger Zustand der Materie« hinzuschreiben, und beschlossen, ihn fortab einfach *»Gas«* zu nennen. Einfach: »G-a-s«. Seither ist dieses Wort in alle Sprachen eingegangen, und jedes Schulkind weiß, was darunter zu verstehen ist. Fügt man aber den drei Buchstaben ein »r« ein und macht es damit zu Gras, kompliziert sich die Begriffsbestimmung über alles Erwarten.

Versuchen wir es einmal mit dem Augenfälligsten: Gras ist eine grüne Pflanze. – Schon ungenau! Auch die Tanne ist eine grüne Pflanze, doch nichts weniger als Gras.

Oder andersherum: Gras ist die Wiesenpflanze. – Wieder vorbeigeraten! Erstens wächst Gras nicht nur auf Wiesen, und zweitens wären mit dieser Definition auch Dotterblume, Sauerampfer, Löwenzahn und vielerlei anderes in die Familie der Gräser eingeschmuggelt.

Noch ein letzter Versuch: Gras ist die Einzelpflanze des Rasens. – »Somit wären auch Gänseblümchen und Thymian Gras?« hohnlächelt der Botaniker.

Geben wir es auf! Bescheiden wir uns damit, daß Gras eben Gras ist. Wir essen es, und die Kühe fressen es und lassen es sich, weiß umgefärbt, abzapfen, damit wir es als Milch trinken, als

Butter aufs Brot streichen oder als Parmesan aufs Risotto streuen
(wobei wir, nebenbei bemerkt, Gras mit Gras würzen, denn auch
Reis ist Gras).

Genug davon! Dem Gartenfreund, dem mein Buch gilt, ist vor
allem *die* Eigenschaft des Grases wichtig, von der bisher nicht
die Rede war: daß es *wächst*. Das tun zwar alle Pflanzen; doch
kaum eine andere bringt es fertig, so schnell zu wachsen wie Gras.
Der hauchzart grünliche Schimmer, mit dem es sich im März
kaum wahrnehmbar anmeldet, ist schon Ende April kniehoher
Dschungel. Dabei macht es dem Gras nichts aus, auch außerhalb
des Rasens möglichst rasch und dicht und hoch zu wachsen. Nein,
als gälte es sein Leben, sprießt es auch aus Wegen und Blumen-
beeten hoch, während es sich im Rasen gern einmal eine Ruhe-
pause gönnt.

Fleißige Gärtner stutzen ihren Rasen jede Woche, bequeme machen es den Bauern nach, die ihre Wiesen nur im Mai und September sensen.

Ach, auch einem bequemen Gärtner, gleich mir, macht der Ehrgeiz des Grases, den Rekord im Wachsen zu halten, zweimal jährlich arg zu schaffen.

Vor dreißig Jahren, ja auch nur vor zwanzig, hatte mir mein Gras keine Mühe gemacht. Kaum war es länger als spannenhoch geworden, als mich schon einer aus der Nachbarschaft bat, es für seine Kühe, und ein anderer, es für seine Kaninchen schneiden zu dürfen. Wohlwollend sah ich ihnen zu, wenn sie um die Wette sensten und sichelten. Ich sehe gern zu, wenn andere Leute arbeiten (während ich es nicht leiden kann, wenn man mir dabei zusieht). Ja, das waren Zeiten! Daß ich mir mein Gras nicht bezahlen ließ, machte mich geradezu zum Wohltäter. Mit Wehmut gedenke ich jenes Goldenen Zeitalters meines Grases . . .

Seither hat sich manches geändert. Als ich vor einigen Jahren aus Brasilien zurückgekehrt war, um meinen Tessiner Garten aus dem Gröbsten zu säubern, bot ich sein Gras mit Noblesse zunächst dem Kaninchenzüchter an. Er lehnte ab. Er sei Chauffeur geworden, sagte er, und habe keine Zeit mehr für »Schmutzarbeit«. Also ging ich zum Kuhbauern. Kuhbauer? Statt seines Kuhstalls sah ich ein Bungalow für Sommergäste. Touristen machten zwar mehr Mist als Kühe, erklärte er mir seine Umstellung, doch brächten sie dafür auch mehr ein. Allenfalls könne er mein Gras an einem freien Tag schneiden – für zwei Franken die Stunde. Inzwischen ist sein Tarif auf drei Franken gestiegen, und er läßt sich mehrmals bitten, bevor er kommt. Ein hübsches Stück Geld kostet mich mein Gras!

»Schaffen Sie sich doch einen Rasenmäher an! Mit dem ist die Arbeit ein Vergnügen!« riet mir ein Bekannter, der eine Eisenhandlung hat. Also kaufte ich ihm den Rasenmäher ab, der nun seit Jahren in meinem Geräteschuppen verrostet. Ich habe doch einen Berggarten, und wer je versucht hat, das Gras steiler Böschungen mit der Maschine zu schneiden, weiß, daß dies keineswegs ein Vergnügen, sondern ein Training für Freistilringer ist. Lieber zahle ich drei Franken die Stunde fürs Sensen.

So, nun ist das Gras geschnitten und ordentlich zu Haufen geschichtet, die mir überall im Wege stehen. Wohin damit? Kompost daraus machen? Ich habe schon mehr Kompost, als ich brauche. Also will ich meine Grashaufen verkaufen. Gras ist doch wertvoll! Hatte ich nicht schon zu Beginn vermerkt, *wie* wertvoll es ist? Heutzutage aber kauft kein vernünftiger Mensch mehr Gras, als ein Lastauto füllt. Weniger nimmt einem niemand ab. »Es verlohnt den Transport nicht!« sagen alle.

Also verschenken! Nur weg damit!

Nun, man mag es glauben oder nicht: nicht einmal verschenken kann man Gras! Die Leute, denen ich es anbot, rümpften die Nase, als sei Gras etwas Widerliches. Von den beiden Bauern, die in meiner Ortschaft von einem guten Dutzend übriggeblieben sind, wies mich der eine ab, weil er mit seinem eigenen Gras kaum fertig werde. Sein Sohn arbeite jetzt in einer Fabrik, und Knechte gäbe es sowieso nicht mehr.

Der andere Bauer hatte seine Kühe auf der Alp. »Für den Winter brauchen Sie doch Heu!« sprach ich ihm zu. – »Wenn meine Kühe sich dickgefressen haben, bekommt sie im Herbst der Schlachter, und ich setze mich zur Ruhe«, erwiderte er. »Meinen Hof verkaufe ich. Ein Herr aus Düsseldorf bietet mir für den Quadratmeter achtzig Franken. Er will sich ein Landhaus bauen und rundherum einen Park anlegen. – Wissen Sie, was mein Großvater für die Wiese da bezahlt hat?« fuhr er träumerisch fort. »Zwanzig Centimes für den Quadratmeter . . .«

Auf dem Heimweg kam mir ein Leiterwagen entgegen, dem ein Pferd vorgespannt war, während ein Füllen nebenher lief – die letzten Pferde in weitem Umkreis. Der Mann, der auf dem Wagen stand, gilt für verschroben, weil er sich nicht von seiner Stute trennen will und nun auch ihr Füllen aufzieht. Sie sind ihm so lieb wie mir meine Hunde. Ihretwegen fristet er sein Leben mit kleinen Transporten.

»Ich habe Gras für Ihre Pferde!« sprach ich den letzten Fuhrmann unserer Gemeinde an.

»Ich habe kein Geld«, entgegnete er schlicht.

»Das weiß ich«, bestätigte ich etwas vorschnell (weiß doch im

Dorf einer alles vom anderen). »Ich will kein Geld«, beeilte ich mich fortzusetzen. »Ich *schenke* Ihnen das Gras!«

Man sollte annehmen, daß ihn das gefreut hätte. Statt dessen vertieften sich seine Kummerfalten und er fragte mißtrauisch: »Ist es schon geschnitten?«

Ich nickte.

»Und trocken?« forschte er weiter.

»Es ist schon Heu«, versicherte ich eifrig.

»Liegt es noch herum?« nahm er mich weiter ins Verhör.

»Es steht schon in Haufen; Sie brauchen es nur aufzuladen«, lockte ich.

»Na, dann will ich es mir einmal ansehen«, bewilligte er gnädig und »Hüh, Jungfer!« trieb er seine Stute an, die so heißt, obzwar ihr Füllen erweist, daß sie es nicht mehr ist.

Nach einer Woche kam er endlich, um meine Heuhaufen zu besichtigen. »Es sind Blätter darin!« rügte er so streng wie einst mein Feldwebel, wenn meine Uniformknöpfe nicht blank geputzt waren. Daß dürre Blätter im Heu waren, mußte ich zugeben. Wo wären sie im Garten nicht? Der Wind bläst sie da- und dorthin. Auch auf meinem Heuhaufen lagen welche.

»Blätter sind auch Heu!« widersprach ich ihm mutiger, als ich es gegen meinen Feldwebel gewagt hätte.

»›Daisy‹ frißt keine Blätter!« fertigte er mich ab und wandte sich zum Gehen.

Weshalb er sein Füllen Daisy benannt hat, ist mir unerfindlich. Es ist der englische Name des Gänseblümchens, und sein Füllen ist nicht weiß, sondern dunkelbraun. Zudem ist es, da er sich das Brot vom Mund abspart, um es zu füttern, dicker als unsere Dorflinde, geschweige denn als ein Gänseblümchen.

Während er mein Heu bemäkelte, knabberte Daisy an meinen Azaleen und bewies damit, daß sie mit Blättern einverstanden war. Doch mein Hinweis darauf erreichte nur noch seinen Rücken, der so viel Abweisung ausdrückte, wie das ein Rücken irgend kann. Was anderes blieb mir übrig, als meine Heuhaufen der Reihe nach zu verbrennen. Dabei habe ich eine Zeder angesengt, deren Äste nie wieder nachwachsen werden (neue Äste treiben Nadelbäume nur himmelwärts).

Immerhin ist die Asche des Grases wenigstens meinen Rosen zugute gekommen; denn Grasasche ist guter Dünger, und Gras bleibt selbst dann nützlich, wenn man es verbrennt.

Im Stoffwechsel der Natur ist also mein Gras in Rosen eingegangen. Bleiben wir bei diesen!

Daß die Rose die Königin des Gartens ist, wissen die meisten. Auch daß die Edelrose von der Hundsrose abstammt oder ihr doch aufgepfropft wird, dürfte sich schon herumgesprochen haben. Denn »Über Rosen läßt sich dichten« singt der Gärtner im »Faust«, und es gibt in der Tat keine andere Blume, die so ausgiebig bedichtet worden wäre.

Da es überdies eine Menge Fachbücher über Rosensorten und Rosenpflege gibt, habe ich Bedenken, noch selbst über Rosen zu schreiben. Ich tue es nur unter dem gleichen sanften Zwang, der mich als Jüngling nötigte, meine erste Liebe zu bedichten. So wie ich mir jetzt einbilde, daß die schönsten Rosen, die es gibt, in meinem Garten blühen, glaubte ich damals, mir unter den anderthalb Milliarden Menschen weiblichen Geschlechts die einzig richtige ausgewählt zu haben.

Sie hieß *Renée* und war mir in meiner Heimatstadt Prag über den Lebensweg gelaufen. Später hat sie freilich einen anderen geheiratet, aber ihr Photo steht noch heute auf meinem Schreibtisch. Denn die erste Liebe hängt einem lebenslang an, ob man sie nun heiratet oder nicht – mag sein, gerade dann, wenn man sie nicht heiratet. Renées Lieblingsblume war die weiße Rose, die *»Frau Druschki«* heißt. Seither ist mir die so lieb geworden wie Renées Heimat, die Schweiz. Renée war, erst achtzehnjährig, aus Lausanne nach Prag gekommen, um dort Französisch-Stunden zu geben. Auch mir. Ein Land, das solch ein Mädchen hervorbringt, sagte ich mir, muß ein so schönes Land sein wie die Blume, die sie bevorzugt.

Ich habe Renée damals mehr »Frau Druschki« geschenkt, als ich vor meinem spärlichen Einkommen als jüngster Journalist Prags hätte verantworten können, und Jahrzehnte später habe ich in meinen Tessiner Garten zuallererst eine »Frau Druschki« gepflanzt.

Dies diene zur Entschuldigung, daß ich der duftigen Lyrik und stacheligen Fachliteratur über Rosen noch dieses Kapitel beifüge. Irgendwo zwischen dem Hohenlied Salomonis, in dem es heißt »Ich bin wie eine Rose unter den Dornen«, und dem botanischen Abschnitt über die »Pflanzengattung der Familie Rosazeen« mag noch ein Plätzchen dafür frei sein.

Wer sich in meine Rosenverzauberung einfühlen will, nehme

eine vollerblühte Rose zur Hand und lese meines Prager Landsmanns Rainer Maria Rilke inniges Gedicht »Das Roseninnere«:

»Wo ist zu diesem Innen
Ein Außen? Auf welches Weh
legt man solches Linnen?
Welche Himmel spiegeln sich drinnen
in dem Binnensee
dieser offenen Rosen,
dieser sorglosen, sieh:
wie sie lose im Losen
liegen, als könnte nie
eine zitternde Hand sie verschütten.
Sie können sich selber kaum
halten; viele ließen
sich überfüllen und fließen
über von Innenraum
in die Tage, die immer
voller und voller sich schließen,
bis der ganze Sommer ein Zimmer
wird, ein Zimmer in einem Traum.«

. . . Jawohl, »welche Himmel spiegeln sich drinnen« – verführerische und immer neue Rosenhimmel, nach denen jeder Gartenfreund sich sehnt, wenn er den letzten Katalog besieht!

Seit unsere schlichte Hecken- oder Hundsrose zur Gartenrose veredelt wurde, seit Nero seine Gäste auf Rosenblättern liegen und mit Rosen bestreuen ließ, seit Persien und Mazedonien aus einer Last von Rosenblättern *ein* Gramm echten Rosenöls pressen (das, nebenbei bemerkt, so lange durchdringend stinkt, bis man es zum ätherischen Parfüm verdünnt hat): wird Rosenschöne und Rosenduft gefeiert. Vor Jahrtausenden schon haben Gärtner die Wildrose zur Zentifolie veredelt, zur »Hundertblättrigen« also. Das ist zwar eine Übertreibung, weil es noch keinem gelungen ist, eine Rose mit hundert Blütenblättern zu züchten, bezeichnet aber doch das Ideal, das dem Rosenliebhaber vorschwebt.
Solange Rosen blühen, will ich sie um mich haben, im Garten wie im Zimmer; und Rosen blühen, sofern man ihre remontierenden Sorten pflanzt, vom April bis zum ersten Frost. Rosen sind beständiger als erste Liebe. Der Himmel allein weiß, wie lange sie treulich blühen, während ich bloß weiß, daß sie mir treuer geblieben sind als das Mädchen, das sie mich lieben lehrte. In Hildes-

heim soll es einen tausendjährigen Rosenstock geben – von einer tausendjährigen Liebe aber habe ich noch nichts gehört . . .

Als ich vor dreißig Jahren Weinberg und Wildnis zum Garten umschuf, fand ich darin, nahe dem alten Bauernhaus, einen einzigen Rosenstock, und immer noch treibt er jedes Jahr eine Fülle dunkelroter samtartig schimmernder Zentifolien. Ich weiß nicht, wie alt er ist; ich weiß nicht einmal, wie er heißt. Er ist in keinem Katalog mehr zu finden: doch ich weiß, daß ich ihn nächst meiner »Frau Druschki« am liebsten habe. Wenn er seine erste Knospe öffnet, trinke ich auf sein Wohl vom ältesten Burgunder meines Kellers, während ich der ersten Frau Druschki-Blüte mein »Vivat! Crescat! Floreat!« mit der Rüdesheimer Trockenbeeren-Auslese zuproste, die mir ein Winzerfreund vom Rhein geschenkt hat. Einer weißen Rose mit Rotwein zuzutrinken, wäre sehr unpassend.
Diesen beiden Rosensträuchern gebe ich im Oktober die erste wärmende Kompostdecke und schneide sie im März am sorgfältigsten zurück. So altmodisch sie sind: mir stehen sie am nächsten.

Seit die gefüllte Rose aus Asien zu uns kam (was gewiß um vieles länger her ist als das vierte Jahrhundert vor Christi Geburt, in dem hellenische Dichter sie besangen), waren Weiß, Rosa und Purpur ihre einzigen Farben.

Erst ausgangs des XVIII. Jahrhunderts kam aus China die zartgelbe *Teerose* zu uns. Mit ihrer neuen Farbe hat sie auch feinen Teeduft in unsere Gärten gebracht.

Als ihre anmutigste Verkörperung galt noch unseren Eltern die »Maréchal Niel«, die so vornehm ist, daß ihre aristokratisch müden Stengel hohe Kelchgläser als Stütze brauchen. Leider ist sie jetzt so selten geworden, daß es mir trotz manchen Anfragen bei Handelsgärtnereien noch nicht gelungen ist, einen ihrer Sprößlinge in meinen Garten zu bringen. Um sie blühen zu sehen, wandere ich weit hin zu einer alten Dame, deren Landhaus sie umrankt – auf der Südseite, versteht sich, denn die Maréchal Niel ist sehr empfindlich. Dort erwarten mich Kaffee und Kuchen; doch einen Ableger der elegantesten Teerosen habe ich noch nicht ergattern können. Alte Rosen sind so schwer zu verpflanzen wie alte Damen.

Etwa gleichzeitig mit der chinesischen Teerose kam eine indische Rose zu uns, aus der Europa, ja, der ganzen Welt, ein Zeitalter neuer Rosenschönheit erblühte: die *Bengalrose*.

Während die alte Zentifolie nur einmal jährlich blüht, treiben Bengalrosen während des ganzen Sommers Monat für Monat neue Knospen. Deshalb nannte man sie *»Monatsrosen«*, und alle Gartenfreunde wollten sie. Auch unter anderen Gartenstauden sind Dauerblüher selten. Stürmt oder friert es ihnen in die Blüte, lassen sie des Gärtners Mühe unbelohnt. Das gilt ebenso für die Frühlingsblüher (Krokus etwa, Tulpen oder Flieder) wie für den Sommerflor (Päonien und Lilien zum Beispiel) und für herbstblühende Gewächse (Dahlien, Astern und Chrysanthemen).

Apropos Chrysanthemen: vergessen Sie nicht, ihnen die Seitenknospen auszubrechen, wenn Sie zu Allerseelen die Gräber Ihrer Lieben mit handgroßen Blumen schmücken wollen!

Zwar kann der erfahrene Gärtner seiner Iris oder seiner Lupine eine zweite Blüte ablisten, indem er die erste knickt, bevor sie Samen treibt: doch solche Nachblüte fällt meist nur dürftig aus.

»Remontierende« Rosen hingegen bezaubern den Garten vom Frühling bis zum ersten Frost mit Blüten gleicher Größe. Deshalb sollte man sich vor dem Kauf einer verführerischen »Neuheit« vergewissern, ob sie zuverlässig remontiert. So ein- und aufdringlich Rosenkataloge Farbe und Größe einer neuen Sorte anpreisen, so selten vermerken sie dazu, ob sie Dauerblüherin ist oder nicht. Eben darauf aber kommt es an, wenn man sich nicht einer altmodischen Rose so sentimental verpflichtet fühlt wie ich der weißen

»Frau Druschki« oder dem Zentifolienstrauch, dessen Namen ich nicht kenne.

Der erste Gärtner Europas, der die remontierende Bengalrose mit alten Sorten kreuzte, war der Franzose *Philippe Noisette*. Bis dahin hatte man Edelrosen aus Ablegern vermehrt oder ihre »Augen« in die robuste Unterlage einer Hundsrose okuliert. Erst Noisette hat den zwar mühevolleren, doch dafür aussichtsreicheren Weg beschritten, sie künstlich zu befruchten.

Der Name dieses ersten Gärtners, der Rosen aus Samen züchtete, statt sie mit Ablegern bloß vegetativ zu vermehren, sollte in Goldlettern auf einem Denkmal stehen. Statt dessen ist er nicht einmal im zwanzigbändigen »Großen Brockhaus« unter »N« zu finden. Nur in der Allgemeinbezeichnung »Noisetterosen« lebt er dort fort. Die wenigsten erinnert ja der Name einer Pflanze an den Mann, der sich um sie verdient gemacht hat. Wer weiß schon, daß die Zinnie nach dem Schwaben *Zinn* heißt, die Kamelie nach dem Jesuitenpater *Kamel*, die Fuchsie nach *Leonhart Fuchs* oder die Dahlie nach dem schwedischen Botaniker *Andreas Dahl* (während ihr anderer Name, *Georgine,* an ihren Petersburger Züchter *Georgi* erinnern sollte)?

Ach, die Welt ist undankbar! Nur allzu rasch vergessen wir die

Namen derer, die unser Leben verschönen, während uns die Namen jener, die es als Feldherren oder Tyrannen vernichteten, unauslöschlich im Gedächtnis haften.

Die Stunde, in der Monsieur Noisette die remontierende Blüte und das lackglänzende Laub einer frisch importierten Bengalrose bewundert hatte, ist zur Schicksalsstunde aller Rosenfreunde geworden. Die Rosenelfe höchstpersönlich muß Noisette geküßt haben, als ihn der Genieblitz durchzuckte, den Blütenstaub jener bengalischen Rose auf die amerikanische Schlingrose »Moschata« zu übertragen und die Hybriden dieser Kreuzung weiterzuzüchten. Mit der Geduld, die dem wahren Gärtner ziemt, stellte er erst viele Jahre später seine dankbarste Züchtung aus: die halbrankende »Aimé Vibert«.

Ihrem Erfolg ist es zu danken, daß es zu Beginn des xx. Jahrhunderts fünfundzwanzig Bengalhybriden gab. Sie sind zu Stammeltern fast aller neuen Rosensorten geworden, deren Zahl jetzt in die Hunderte geht und Jahr für Jahr anwächst.

Es würde zu weit führen, alle Rosenzüchter zu nennen, die nach Noisette bienenfleißig Rosen bestäubten oder die eigenwüchsigen Abarten vermehrten, die in der Fachsprache »Sport« heißen. Auch ohne züchterisches Dazutun kann nämlich einer Buschrose ein rankender Trieb entsprießen, der, als Steckling fortgepflanzt, eine neue Rankrose ergibt. Oder es kann eine Laune der Rosennatur einem Zweig eines sonst mattrot blühenden Strauchs leuchtend granatrote Blüten verleihen. Solche Spielarten sind freilich Glücksfälle, während der Erfolg künstlicher Bestäubung vom Willen und Fleiß des Züchters abhängt.

Vor allem von seinem Fleiß! Der Wille allein genügt nicht.

Will der Züchter etwa zwei Sorten kreuzen, um einer schönblütigen aber duftlosen Rose das süße Parfüm einer minder ansehnlichen zu verleihen, mag es geschehen, daß die Hybride statt der Tugenden ihrer Eltern deren Mängel summiert und als duftlose Kleinblüherin verworfen werden muß.

Der Beruf des Rosenzüchters ist ebenso dornig wie die Pflanze, der er sein Leben widmet – genau gesagt, ebenso stachlig, weil die Rose, botanisch besehen, keine Dornen, sondern Stacheln hat. Um vor der Wissenschaft zu bestehen, müßte also das Sprichwort »Keine Rose ohne Dornen« »Keine Rose ohne Stacheln« lauten. Die Botanik lehrt nämlich, daß Dornen Pflanzenorgane sind, die »aus der Umwandlung eines Sprosses, Blattes, Blatteiles oder einer Wurzel« entstehen, während Stacheln »nur der Oberhaut entstammen«. Dies letztere nun trifft auf die Dinger zu, die dem Rosengärtner die Finger zerstechen und die Hosen zerreißen. Doch das ist eine der Spitzfindigkeiten, die in ein Fachbuch gehören und nicht in dieses, das ein bloßer Liebhaber der Gärtnerei für seine Kameraden schreibt.

Schon den ersten Blick auf künstliche Rosenbefruchtung hatte er allzusteil bergan auf ein Gebiet gerichtet, das dem schlichten Gartenfreund unzugänglich ist. Wer sich für unsere schönste und dankbarste Gartenblume des Näheren interessiert, nehme aus der reichhaltigen Fachliteratur *Dietrich Woessners* »Buch der Rosen« zur Hand, das gleichermaßen gründlich wie leicht verständlich ist. Hier sei außer dem Namen Noisettes, der die systematische Rosenzucht begründet hat, nur noch der ihres erfolgreichsten Vollenders genannt: *Meilland.* Auch er ist Franzose.

Nebst vielen anderen Neuheiten verdanken wir ihm die schönste und wüchsigste Gartenrose unserer Generation: die Teerosen-Hybride »*Peace*«. Als Rankrose heißt sie »*Madame Meilland*«, doch unbekümmert um ihre Benennung entzückt sie den Gartenfreund während des ganzen Sommers mit graziösen hellroten Knospen, goldgelben, rötlich gerandeten Riesenblüten, gesund glänzendem Laub und kraftstrotzendem Wuchs.

An Blühfreudigkeit kommt ihr nur die rosa Rankerin »*New Dawn*« gleich, deren Blüten noch zahlreicher, wenn auch kleiner sind. – Wer diese beiden in seinen Garten gepflanzt hat, sollte vor ihnen den Hut abnehmen. Sie werden ihm stets Freude und selten Kummer machen, denn meltaufest sind sie auch.

Andere Sorten wähle er sorgsam und übereile sich nicht bei ihrem Bestellen. Rosen bloß nach dem Katalog zu kaufen, hat seine Risiken. Papier ist geduldig. Vorsichtige sehen sie erst in der Gärtnerei blühen, die sie anbietet. Selbst dann wählen sie nicht die letzten »Neuheiten«, sondern Sorten, die sich schon seit Jahren bewährt haben.

Experimentieren ist Sache des Züchters – Preis ihm! –: der Gartenfreund hat andere Sorgen.

Als da sind: den Jungrosen, sobald die Post sie gebracht hat, die Wurzeln kürzen und in Lehmbrei tunken! Das Pflanzloch ausgraben, mit lehmiger Erde und wenig altem Kompost – beileibe nicht mit Mist! – füllen! Darauf achten, daß der Veredelungsknorpel des Busches knapp über der Erde sitzt! Zwischen Rose und Rose mindestens einen Meter Distanz halten! Und – ja, fast hätte ich's vergessen – vorher einen stützenden Stab ins Pflanzloch stecken!

Hernach hat er beständig zu wässern – nur mit der Brause der Gießkanne, bitte; in allzu viel Wasser ertrinken Rosen! Er hat den Boden locker zu halten und zu jäten und, versteht sich, jeden Tag nachzusehen, ob das neue Sträuchlein oder Stämmchen schon oder noch nicht – oder, gottbehüte, überhaupt nicht! – austreibt. Das Nachsehen nützt zwar der Rose nicht das mindeste; doch auch der geduldigste Gärtner ist außerstande, es zu unterlassen. Je öfter er es getan hat, um so befriedigter atmet er auf, wenn einem dürren Zweiglein endlich das erste Laubblatt entsprießt.

Zwar habe ich es noch nie erlebt, daß eine Jungrose aus guter Handelsgärtnerei nicht angewachsen wäre; ob Busch oder Halb- oder Hochstamm, ob Polyantha- oder Rank- oder Parkrose: mindestens *einmal* hat mir noch jede geblüht, und wenn sie es nicht öfter tat, war immer ich schuld daran, nicht sie. Dennoch kann ich es nicht lassen, jeder neuen Rose beständig nachzuspionieren, wann endlich das erste Triebauge rötlich anschwillt.

Da vorhin auch die Formen der Rosenstöcke erwähnt wurden: ich warne vor Hochstämmen! Sie widersprechen dem natürlichen Wuchs und machen eine Menge mehr Arbeit als Büsche. Erstens beanspruchen sie Winterschutz, und zweitens treiben sie immer wieder Wildschößlinge, hinter denen der Gärtner her sein muß wie der Teufel. Sonst nehmen sie der veredelten Krone den Saft.

Statt eines Erinnerungsknotens im Taschentuch habe ich im Garten den Hundsrosenstrauch stehen gelassen, der meine hochstämmige »Grand Gala« überwuchert hat, während ich auf Reisen war. Sooft ich ihn sehe, kontrolliere ich alle meine Hochstämme und rotte ihnen ingrimmig die Wurzeltriebe aus.

Der Busch ist die ursprüngliche Wuchsform aller Rosen. Wenn man ihn nicht zurückschneidet, bringt mit der Zeit auch er die Blüten in Augenhöhe. Doch besser, man hält ihn niedrig, weil er einem dann stärker entgegenduftet. Duft ist ätherisch und strebt deshalb nach oben.

Am willigsten sind die Zwergbüsche der »Polyantharosen«. Sie blühen auch dann beständig und in Fülle, wenn man sie weder auslichtet noch zurückschneidet. Seit die Züchter auch ihnen große und starkfarbige Blüten verliehen haben, sind sie zum wahren Segen bequemer Gärtner geworden. Auf Polyanthas kann man sich verlassen: sie sorgen für sich selber. Ihnen braucht man weder den Boden zu jäten – ihr Laub deckt ihn dicht gegen Unkraut – noch braucht man sie anzubinden.

Himmel – anbinden! Die Kletterrosen vor meinem Schreibtischfenster klettern nicht mehr, sie fallen! Sie müssen *sofort* angebunden werden!

... Wo ist der Bast? Es muß doch noch welcher da sein! Und, zum Donnerwetter, wer hat mir wieder die Kokosschnur verkramt? ... Meine Rosenranken sind viel zu lang geworden, und mein Rosenkapitel ist sowieso lang genug ...

Die Lieblingspflanze

»Als ich noch ein Knabe war, rein und ohne Falte...«, beginnt Grillparzer ein Gedicht.

Nun, als *ich* noch ein Knabe war, wenn auch keineswegs rein, war ich in einem Garten wie zu Hause, den der Vater eines Mitschülers mit allem Eifer pflegte. Jener Garten ist wohl der Grund für meine Neigung zum Gärtnern. So skeptisch ich sonst über Psychoanalyse denke: daß sie den Einfluß kindlicher Erlebnisse aufs ganze Leben betont, entspricht der Wahrheit. Jener Garten, der dem Siebenjährigen vertraut war, steht noch dem Siebzigjährigen in so frischer Erinnerung, als sähe er ihn vor sich: das Beet roter Rosen, die »Gruß aus Teplitz« hießen und wohl Vorläuferinnen der Polyantha waren, denn ihre niedrigen Büsche blühten andauernd und üppig; die schnurgeraden Reihen heller Salat- und dunkler Kohlköpfe; den Holunderstrauch, dessen Blütendolden die Hausfrau wie Wienerschnitzel panierte; und – vor allem! – seine Obstbäume und Stachelbeersträucher, die uns Kindern freigegeben waren.

Jener Garten lag im Dorf *Rostock*, etwa zehn Kilometer von Prag, was weit genug war, daß meine Mutter mir die Bahnfahrt dorthin bezahlte, wenn sie mich für einen Nachmittag los sein wollte, doch nahe genug, daß ich auch zu Fuß hinkam, wenn ich das Fahrgeld vernascht hatte. Auch hierin war er ein genußreicher Garten: schön anzusehen und gut zu essen. Daß mir seine unreifen Pflaumen Bauchweh machten, war nicht seine Schuld.

Der ihn in peinlicher Ordnung hielt, war kein Berufsgärtner, sondern ein Advokat, der in der Verteidigung von Schwerverbrechern spezialisierte. Nun, auch ich bin kein Gärtner, sondern ein Schriftsteller, dem sein Garten ähnliche Erholung vom Schreibtisch gibt, wie sie dem Advokaten der seine vom Gerichtssaal gegeben hatte. Er war ein so guter Gärtner wie Advokat, weil er ein guter Mensch war. Deshalb haben die Geschworenen in Zweifelsfällen lieber ihm geglaubt, der ihnen zu Herzen sprach, als dem Staatsanwalt, der sich aufs Gesetz berief.

Nur in seinem Garten konnte er staatsanwaltlich streng werden. Einmal sah er mich dort mit einer Knospe »Gruß aus Teplitz« im Knopfloch, und sein freundliches Lächeln gefror. »Kannst du nicht warten, bis sie aufgeblüht ist, du Lausbub?« fuhr er mich an. »Die will doch erst leben!«

So gütig er sonst war: daß ich eine Rose in der Knospe umgebracht hatte, ging ihm arg gegen den Strich. Immerhin warf er mich nicht hinaus, sondern legte mir am Kaffeetisch ein besonders großes Stück Kuchen vor. »Du mußt verstehen«, entschuldigte er sich dabei, »daß ich Rosen gern habe . . .«

Damals war mir der Kuchen lieber als die Entschuldigung. Heute verstehe ich ihn.

Aus meinem ersten Garten hat mich, wie einst Adam, eine Frucht vertrieben; nur, daß meine kein Apfel war, sondern eine Birne.

An einem Spätsommertag war ich ausnahmsweise mit der Bahn nach Rostock gefahren und hatte deshalb das Landhaus noch verschlossen gefunden. Müßig streunte ich durch den Garten, um zu warten, bis meine Gastfreunde aus ihrer Stadtwohnung kämen. Nachdem ich mißmutig festgestellt hatte, daß die Beeren abgeerntet waren, und das Obst selbst einem Zweitkläßler wie mir noch zu grünsauer aussah, nahm ich an einem dünnen Bäumchen endlich etwas Erfreuliches wahr: eine große gelbe Birne. Nur eine einzige; außer ihr trug das Bäumchen bloß Blätter.

Eine Frühbirne offenbar! Ich drückte sie – sie war butterweich. Versteht sich, daß ich sie pflückte und aß. Argloser als Adam den Apfel aß ich sie, und ohne daß eine arglistige Schlange mich via Eva dazu hätte überreden müssen. Standen uns Kindern nicht alle Früchte des Gartens frei? Süß und saftig schmolz sie mir auf der Zunge. Schade, daß es nur eine war!

Kaum daß ich sie mir einverleibt hatte, rasselte draußen der Zweispänner meiner Freunde vors Tor. Der erste, der heraussprang, während seine Eltern Pakete aus dem Wagen kramten, war mein Mitschüler.

»*Eine* Birne war schon reif!« fing ich so mit dem Wichtigsten an, wie Kinder es zum Unterschied von Erwachsenen zu tun pflegen. Später habe ich festgestellt, daß auch primitive Völker ihre Sätze mit dem wichtigsten Wort beginnen und nicht wie wir fragen: »Entschuldigen Sie bitte, können Sie mir nicht sagen, wie ich hier am besten zum Strand komme?« sondern schlicht: »Strand – wo ist er?« Demnach also fing ich mit der Birne an, die mir soeben das Warten versüßt hatte.

»Eine *Birne*?« verwunderte er sich. »Die sind doch nicht reif.«

»Meine war zuckersüß; ich habe sie dir gerade weggegessen«, rühmte ich mich.

Ihm schien etwas Schreckliches aufzudämmern, denn er knickte in den Knien ein und setzte sich ins Gras. »Doch nicht *die* Birne?!« stöhnte er und deutete aufs schlanke Bäumchen, von dem ich sie gepflückt hatte.

»Welche sonst, du Schafskopf?« fragte ich freundschaftlich.

»*Die* Birne!« wehklagte er. »Der Alte« (womit wir auf rüde Knabenart unseren Vater bezeichneten) »hat sie sich bis aus Italien kommen lassen! Dort hat sie ihm so gut geschmeckt, daß er sie unbedingt im Garten haben wollte. Jeden Tag sieht er nach, ob sie schon reif ist! Dann sollte jeder ein Schnittchen bekommen. *Heute* wollte er sie abnehmen! Und du hast sie ihm aufgefressen?« – Betroffen nickte ich. – »Hinaus!« zischte er. »Mach dich dünn! Der Alte bringt dich um!«

Ich stob davon – durchs Hintertürchen, versteht sich, weil durchs Tor schon das Elternpaar eintrat.

Es dauerte ein volles Jahr, bis ich den Garten meiner Kindheit wieder betreten durfte. Dann trug das Bäumchen mehr als ein Dutzend der italienischen Frühbirnen, die der gärtnernde Advokat aus Italien in Böhmen eingeführt hatte (und auf die er sich mehr zugute tat als auf einen Freispruch vor den Geschworenen). Jeder bekam zwei Birnen serviert, aber bei Tisch haben mir beide zusammen nicht so gut geschmeckt wie jene erste und einzige, die mich aus meinem Gartenparadies vertrieben hatte. Denn ganz verziehen hat es mir der Alte nie.

Jenes Kindheitserlebnis fiel mir ein, als ich über die Lieblingspflanze schreiben wollte. Um sie zu verteidigen, kann auch ein lammfrommer Gärtner zum reißenden Wolf werden. Wer mir meine »Frau Druschki«-Rose ausrisse, täte gut daran, vorher sein Testament zu machen.

Das Verständnis für den Gärtner, dem seine Lieblingspflanze ans Herz gewachsen ist, kam mir freilich erst manches Jahrzehnt später im eigenen Garten.

Nächst Rosen bin ich einer *Glyzine* besonders zugetan. Genau gesagt, ist sie eine »Wistaria chinensis floribunda«, deren Namen das botanische Lexikon die schnippische Bemerkung beifügt: »Fälschlich Glyzine genannt«. Da ich aber nicht für Botaniker schreibe, die über einen Dilettanten wie mich sowieso lächeln, duze ich mein bevorzugtes Gartenkind mit dem gleichen Recht, mit dem ein Vater sein Töchterchen nicht Gertrude, sondern »Trudi« nennt. Der Umgangsname Glyzine wäre demnach ebenso ergebnislos unter »G« nachzuschlagen wie Trudi unter »T«. Als »Glyzine« fände man die Sojabohne verzeichnet – als »echte Glyzine« noch dazu! –, während meine Gartenfreundin nichts weniger ist als eine Sojabohne. Zwar treibt auch sie Schoten mit Bohnen darin, aber ich warne davor, aus ihnen Suppe zu kochen.

Nördlich der Alpen ist die Glyzine nicht oft zu sehen, weil sie dort nicht überall verläßlich winterhart ist, sondern in rauhen Lagen Abdeckung braucht. Im Tessin aber und in Italien blüht sie in den meisten Gärten und umrankt die Mauern vieler Bauernhäuser. Bis zu Baumstärke verholzt sich dort ihr Stamm und treibt an Loggien zehn, ja zwanzig Meter lange Triebe.

Zweimal jährlich blüht und duftet sie in dicken lila Trauben: üppig, noch vor dem Laub, im April, spärlicher im Juni über dem Grün. Auch weiße Glyzinen gibt es und solche mit dünnen Blütentrauben, die mir nicht so gut gefallen, obschon sie bis zu einem Meter lang werden. Die Glyzine hat eine Menge Arten und Abar-

ten und Hybriden; doch als ich mein Grundstück kaufte, war keine einzige darin.

Sah ich die Nachbarschaft von lila Blütenwellen überschäumen, kam mir mein junger Garten recht kümmerlich vor, und ich platzte vor Neid. Versteht sich, daß ich Glyzinen kaufte und einpflanzte: lila und weiße, dick- und langtraubige.

Das wäre geschafft! dachte ich befriedigt und rieb mir die erdigen Hände. Im nächsten Frühling wird es auch bei mir nach Glyzinen duften!

Doch nichts dergleichen geschah. Im nächsten Frühling waren meine weißen Glyzinen sämtlich eingegangen – sie sind empfindlicher als die lila –, und die anderen hatten kaum spannenhoch ausgetrieben. Wenn irgendeine Pflanze den Gärtner zur Geduld erzieht, ist es die Glyzine. Sie nimmt sich jahrelang Zeit. Soll ich oder soll ich nicht? ist das Motto ihrer ersten Lebensjahre. Sie anzuschreien: Du *mußt*! ist zwecklos, sie mit Dünger anzuregen, geradezu gefährlich. An Dünger sind mir die langtraubigen eingegangen. Nur vier lila dicktraubige überlebten ihn, und selbst von diesen trieb nur *eine* mehr als zwei Laubblättchen – drei nämlich.

Auf diese eine konzentrierte sich nun mein Ehrgeiz. Ich band sie an einen Stab, der zehnmal länger war als sie, ich begoß sie, ich suchte ihr die Läuse ab, und wenn ich sie hätte säugen können, hätte ich auch das getan. Die Trockenmauer entlang, an der sie stand, zog ich lange Drähte, und als ihr Trieb endlich den untersten erreicht hatte, band ich ihn dort mit sanftem Bast fest und flehte ihn an, weiterzuklettern.

So vernarrt war ich in diese Glyzine, daß ich mir ein eigenes Notizbuch für sie anlegte, um darin Tag für Tag ihr Wachstum einzutragen. Nun, hierin machte sie mir keine Mühe. Abgesehen von der einzelnen Eintragung »vier Millimeter« blieb das Notizbuch im ersten Jahre leer. Erst im zweiten mehrten sich die Eintragungen. Wenn auch nicht jeden Tag, so doch hin und wieder konnte ich vermerken, daß sie den Draht um einige Zentimeter entlanggekrochen war.

Es ist gut, wenigstens *eine* Pflanze seines Gartens genauest zu beobachten; man lernt daraus. Die Bewegungen um sich tastender Ranken, das Austreiben der Blätter und ihre Einstellung zur Sonne, das Anschwellen neuer Triebstellen, die Reaktion auf Licht, Wind und Regen: das alles läßt sich nur bei steter Aufmerksamkeit feststellen.

Im dritten Jahr erst blühte meine Lieblingsglyzine, wenn auch bescheiden. Ihre einzige lila Traube bestand aus nur elf Einzelblütchen. Doch sie blühte, und wenn man die Nase tief hineinsteckte, merkte man sogar, daß sie auch duftete.

Auf diese Blüte war ich so stolz wie ein Vater auf den ersten Milchzahn seines Kindes, und es machte mir wenig aus, daß meine anderen drei Glyzinen noch nicht einmal so weit waren. Auf diese *eine* kam es an – und sie blühte!

Daß Rankrosen, Clematis, Jasmin, Knöterich und andere rüstigere Kletterpflanzen schon in vollem Flor standen, freute mich weniger als das erste schüchterne Blütenlächeln meines Sorgenkindes.

Im vierten Frühjahr trug es schon acht dicke Blütentrauben, und auch seine drei Geschwister hatten sich inzwischen auf ihre Gartenpflicht besonnen. Erst dann wußte ich, daß sie meinen Garten akzeptiert hatten. Sie reckten und streckten sich, umschlangen die Loggia und blühten und dufteten, daß es eine Freude war.

Der Kummer kam, wie gewöhnlich, hinterher.

Pflanzen- wie Menschenkinder machen in ihren ersten Lebensjahren mehr Freude als Sorgen; in ihren Flegeljahren gleicht sich das wieder aus, und schließlich wachsen sie ihren Eltern über den Kopf (buchstäblich sowohl wie im übertragenen Sinn).

Nachdem ich meine Glyzinen endlich zu kräftigem Wachstum gebracht hatte, übersiedelte ich nach Südamerika. Als ich von dort nach vielen Jahren wieder heimkam, hatten sie mich, ihren verschollenen Vater, vorzeitig beerbt und den Garten unter sich aufgeteilt. Es war zur Zeit der Glyzinenblüte, daß ich meinen Garten wiedersah, und zunächst sah ich nur ein lila Wogen, das bis in die Baumwipfel hochstieg, roch ein betäubendes Duften und als Begleitmusik dazu hörte ich Bienengesumm. Bienen sind wie närrisch hinter Glyzinen her.

»Was man in der Jugend wünscht, hat man im Alter die Fülle«, heißt es bei Goethe, und eine solche Fülle Glyzinen habe ich in der Tat weder vor- noch nachher auf *einem* Fleck beisammen gesehen!

Trotzdem fluchte ich, denn zur Begrüßung im Glyzinendschungel hatte mich eine Biene ins Ohr gestochen, und das tat sehr weh.

Es dauerte Monate, bis ich meinen Überfluß an Glyzinen aufs zuträgliche Maß eingedämmt hatte, und gerade meine Lieblingsglyzine setzte sich dagegen am widerspenstigsten zur Wehr. Kaum zu glauben, wohin sie geklettert war und wie hoch dazu! Eine dicke Edelkastanie in ihrer Nähe troff am ganzen Stamm von lila Blütentrauben, und noch ihr Wipfel schimmerte glyzinenfarben. Quer über die Gartentreppe lagen Glyzinentriebe, die jenseits Kamelien- und Oleanderbüsche umschlangen. Das schlimmste aber war, daß sich die vielmeterlangen Ranken, die keine Stütze nach oben ertasten konnten, in den Boden eingewurzelt und von dorther wiederum nach allen Seiten ausgetrieben hatten.

Die anderen drei Glyzinen hatten sich zwar auch rundum ausgebreitet, sich aber wenigstens mit den ursprünglichen Wurzeln begnügt, so daß sie mir zusammen weniger Plage machten als mein verwöhntes Lieblingskind. Sie waren mit dem Buschmesser zu bändigen, das ich aus den Tropen mitgebracht hatte; gegen meine entartete Lieblingspflanze aber hatte ich die schwere Spitzhacke zu schwingen.

So langsam sich eine Glyzine an neuen Boden gewöhnt: so rücksichtslos annektiert sie ihn, wenn sie sich einmal in ihm festgesetzt hat. Schneidet man sie nicht immer wieder zurück, bringt sie ihre ganze Umgebung um Licht und Nahrung.

Es gibt solche Pflanzen und es gibt solche Menschen . . .

Ihr Anspruch auf Lebensraum ist unersättlich.

Der Erfahrene befreundet sich mit bescheidenen Geschöpfen. Er weiß, daß er sie sonst mit Buschmesser und Spitzhacke in ihre Schranken würde verweisen müssen.

Wenn nicht gar mit Waffen . . .

Der Garten ist veränderlich

Ein Haus ist ein Haus, viereckig und fest; es bleibt, wie es gebaut ist. Wenn sich auch manches anstückeln läßt: es behält, was Knochen und Haut ist. Modernisieren hilft da nicht viel; zu fest haftet Stein an Steinen; nur Niederreißen führte ans Ziel, doch ein Neubau kostet zum Weinen. So läßt man sein Haus, wie es war und es ist, und ärgert sich häufig darüber, wieviel Heizung und Reparaturen es frißt – ein neues Haus wäre uns lieber.
Ganz anders der Garten! Der ist nicht aus Stein; er bleibt seinem Freunde willig; er kann so und kann auch anders sein; ihn umzugestalten ist billig. Gefügig formt er sich Jahr für Jahr in diese wie jene Gestalten; er selbst will nicht bleiben wie er war; ihn verändern heißt, ihn erhalten.
Der Hausherr wird schließlich der Diener vom Haus, das er vor langem gebaut hat; der Gärtner hingegen plant ständig voraus und verwirklicht, was er erschaut hat. Was ihm nicht mehr taugt, das reißt er heraus, und sooft er den Garten durchlöchert, entsteht etwas Neues – das kann kein Haus, das, einmal fertig, verknöchert.

Ach, nun sind es Verse geworden – und gereimte dazu! –, während ich doch nur hinschreiben wollte, daß ein Garten veränderlich ist, während ein Haus erstarrt.
Beim Hund, der Garten soll verändert werden!
»Beim Hund!« schworen die Griechen, und da es auf Erden nichts Treueres gibt als den Hund, übernehme ich ihre Formel. Beim Hund! also: der Garten soll verändert werden! Er soll es nicht nur, er *muß* es sogar, weil sein Boden nicht unerschöpflich ist und jede Pflanze ihm nach und nach die Nährstoffe entzieht, die sie zum Leben braucht.
»Fruchtwechsel« also für Garten wie Feld!
Wo zwölf Jahre Erdbeeren gewachsen waren – drei Serien nämlich von je vier Jahren, weil Erdbeeren vom vierten Jahr an nur schwächlich tragen –, gehören hernach Blütenstauden hin, und wo die zwölf Jahre geblüht hatten, werden Erdbeeren noch *die* Spurenelemente finden, die ihnen unentbehrlich sind.
Daß man Erdbeerbeet wie Staudenrabatte vorher umgraben und mit Kompost versorgen muß, versteht sich am Rande.
Schon seinen Pflanzen zuliebe braucht der Garten Veränderung. Nun erst seinem Gärtner zu Gefallen!
Ein Garten ist nie fertig, und ein Gärtner ist nie zufrieden. Wer seinen Garten nicht ständig verbessert, ist kein rechter Gärtner.

Bewundern Besucher das glühende Korallenrot des Schmuckapfel-Baums, der in vollem Blust steht, nickt der Gärtner nur zerstreut, weil er sich gleichzeitig im Geist vormerkt, daß die Amaryllis belladonna, die darunter wächst, diesmal nur elf Blütentriebe angesetzt hat, was um vier weniger ist als im Jahr zuvor. Der Schmuckapfel macht ihr schon zuviel Schatten, überlegt er, er muß weg oder sie. Besser er! Schmuckäpfel wachsen schnell, und es gibt ihrer wie Sand am Meere. Meine Amaryllis belladonna aber – die einzige Freiland-Amaryllis, die auch noch duftet! – hat mich fünfundzwanzig Jahre warten lassen, bis sie auf fünfzehn Stengeln blühte... Also muß der Schmuckapfel weg! Umpflanzen verlohnt nicht mehr; dazu ist er zu alt. Auch wenn er es überstünde, würde er kümmern... Wahrscheinlich aber ginge er ein... Nein, er muß daran glauben! Ein junger blüht gewiß schon nächstes Jahr... Für den weiß ich auch schon den Platz... Der lila Riviera-Hibiskus auf der obersten Terrasse ist sowieso überständig und blüht nur noch mühsam...

»Wie bitte?« schreckt er auf eine eindringliche Frage hoch. »Wie der rote Baum heißt? Das ist eine Malus spectabilis... Woher er kommt? Aus einer Baumschule in Ascona... Ach so, Sie meinen, wo seine Heimat ist? In China, glaube ich, oder in Japan. Aber den hat jeder. Wenn Sie etwas Besonderes sehen wollen, schauen Sie sich *das* an! Das ist etwas Rares: eine Amaryllis belladonna! So eine starke sehen Sie nicht alle Tage. Die duftet wie Hyazinthen!«
Die Besucher bücken sich folgsam, betrachten einen Quadratmeter

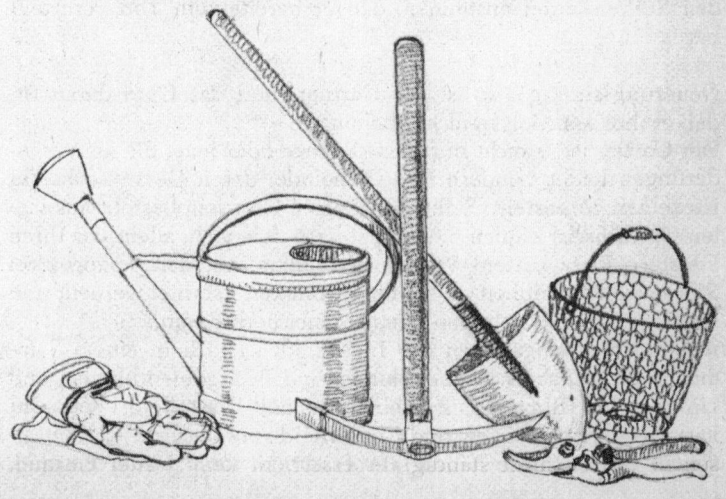

fleischig grüner Blätter, riechen an ihnen und blicken enttäuscht zum Gärtner hoch.

»Nicht doch! Noch nicht jetzt!« verwahrt sich der Gärtner. »In ein paar Monaten erst blüht sie. Aber sehen Sie doch, wie *viele* Triebe!« Das ist unehrlich, denn der Gärtner hatte sie soeben nachgezählt und weiß, daß es weniger sind, als er erwartet hatte. Aber *sagt* das ein Gärtner? Nein, er macht sich wichtig. Die Besucher tun, als zählten sie, was nur dem Gärtner sichtbar ist, weil es erst fadendünn aus einer Menge langweiligen Grüns keimt, finden es nicht und heucheln dennoch höfliche Bewunderung:

»Ach, wie nett!« ruft die eine, »Ja so!« sagt wenigstens der andere. Dann beide zusammen, indem sie wieder den Zierapfel anstaunen: »Die herrlichen roten Blüten! Großartig!«

Der Gärtner, der inzwischen den Blütenbaum im Geiste schon abgebucht hat und den Riviera-Hibiskus dazu, hört das nur mit halbem Ohr, weil er überlegt, ob er für die obere Terrasse anstelle dieser Malus spectabilis nicht lieber ihre Variatio Elevi bestellen soll. Auf dem Platz, den der bewunderte Blütenbaum allzusehr beschattet, kann er gut und gern drei Azaleas indicas unterbringen, die niedrig bleiben und viel früher blühen als die Amaryllis belladonna. Dann hätte er doch in der Zwischenzeit was zum Anschaun. Am Hang, dem er die Azaleen ausgraben will, kämen ganz gut Christrosen unter, die sogar im Winter Freude machen. Die brauchen freilich zwei, drei Jahre, um was Rechtes zu werden ...

Um so viel ist er schon seinen Gästen voraus, die immer noch den Schmuckapfel anstaunen, den er bereits zum Tod verurteilt hat ...

Neuerungssüchtig also ist der Gärtner, und das Gute daran ist, daß es ihm sein Garten nicht übelnimmt.

Ein Garten ist ja nicht nur diese Pflanze oder jene, die an Veränderungen leidet, sondern ihre Gemeinde, deren Gesamtwohl der Einzelnen voransteht. Selbt das kleinste Gärtchen besteht aus vielen Gewächsen! Zählen Sie einmal nach, wie viele allein vor Ihren Fenstern Platz hätten! Von einem Balkon, auf dem knapp zwei Stühle stehen, können viele Pfunde Tomaten geerntet werden, und für Geranien und Petunien bliebe immer noch Raum.

Auf einem Dachgärtchen der Innenstadt sah ich in *einem* Sommer Rosen, Tagetes, Sonnenblumen und Pelargonien blühen, und im nächsten Rhizinus, Buschbohnen und Kartoffeln; denn im nächsten Jahr war Krieg, und Gärten sind veränderlich.

Gewiß, auch Gärten haben ihre Tradition, ihren festen Bestand, an dem sich schwer rütteln läßt: gewichtige alte Gewächse, Obstbäume, Zedern, Tannen, Rhododendren. Doch auch die sterben. Was lebt, muß auch sterben, und seien es die *Sequoias giganteas* im Yosemite-Nationalpark Kaliforniens, die schon grünten, blühten und fruchteten, als Moses das Volk Israel durchs Rote Meer nach dem Gelobten Lande führte. Auch ihre viertausendjährigen Stämme werden an dem Tag vermorscht zu Boden krachen, an dem die Natur es will; denn auch sie sind sterblich wie Eintagsfliegen und unsereins.

So sterben denn auch die Urväter und Patrizier jedes Gartens; zum Kummer des Gärtners oder – seien wir ehrlich – wohl auch zu seiner Erleichterung. Vergessen wir nicht: auch sie haben Erben!

Ich bin alt genug, um Bescheid zu wissen.

Pflanzen sind Lebewesen wie wir Menschen ...

Jedoch bin ich nicht zu alt, um mich von einer Pflanze zu trennen, wenn ich das Gefühl habe, dies sei erforderlich. »Scheiden tut weh« – das ist richtig. Doch nicht minder richtig ist der alte Spruch: »Gezwungene Liebe tut Gott leid.«

Wird man einander überdrüssig, so trennt man sich besser.

Ein Haus ist wie eine Ehe; ein Garten ist wie eine Liebschaft – und die ist veränderlich.

Nicht immer freilich tauscht man Besseres ein. »Das ist Satans böse Tücke, er verwirret uns die Sinne; wir verlassen eine Dicke, und wir nehmen eine Dünne!« klagt Heine, und das gilt auch für den Garten.

Himmel, wenn ich bedenke, wie viele Enttäuschungen ich mit Gartenänderungen schon erlebt habe und immer noch erlebe!

Kürzlich erst meinte ich, meinem zehn Meter hohen Lebensbaum – Fixpunkt des Gartens und Blickpunkt der Landschaft – etwas Gutes zu tun, indem ich ihm die untersten Äste absägte, die sich bis auf den Boden gesenkt hatten. Ihm und seinen Nachbarpflanzen wollte ich Luft und Licht schaffen – und nun steht er so undezent da wie eine hochgeschürzte Großmutter ...

Ich schäme mich, und ich vermute, daß auch er sich schämt. Nicht wiederzuerkennen ist der mächtige Baum!

Mächtig? Lächerlich ist er jetzt! Was schlimmer ist: mit einem seiner Äste ist auch das Nest des Rotkehlchens zu Boden gefallen, das mir bei der Gartenarbeit piepend nachhüpft. Und im Nest lagen zwei Eier! So tut der Gärtner unwissentlich denen weh, die ihm Freude bringen ...

Doch darf ihn das abhalten, Neues zu schaffen? Soll er, gleich einem indischen Büßer, die offene Hand so lange hochstrecken, bis ein Vogel sein Nest in sie baut?
Nein, das soll er nicht, das darf er nicht und das will er auch gar nicht. Seine Hand ist zum Schaffen da für seinen Freund, den Garten. Täte sie ihm auch weh: *dazu* ist sie da!

Sein Garten, sein Freund, weiß, wie es gemeint, und erträgt mit Geduld des Gärtners Schuld. Die Wurzeln und Zwiebeln dem Freund nicht verübeln, wenn er auch heftig und übergeschäftig. Ob Lust es, ob Leid es: der Garten verzeiht es und fügt sich der Wandlung bei jeder Behandlung.
Je nun, da sind es wieder Verse geworden . . .

Im Sonnenbad

In den Garten gehört ein Sonnenbad!
Wie wohl die Sonne den Pflanzen tut, weiß jeder Gärtner; doch nicht einmal jeder zehnte macht sie sich selbst zunutze.
Sonderbar: kein Gartenbuch, das ich kenne, erwähnt das Sonnenbad, kein Gartenkatalog bietet die Stäbe und Vorhänge an, mit denen es sich leichthin aufstellen läßt. Die sonst so betriebsame Gartenindustrie, die immer neue Möbel, Schirme, Geräte und Schwimmbecken ausheckt, hat sich bisher kein praktisches, billiges Sonnenbad einfallen lassen. Hier endlich bietet sich Zugang in noch unvermessenes Gebiet!
Daß es erfreuliches Neuland ist, weiß, wer sich auch ohne Anleitung ein Sonnenbad gebastelt hat. Nur finden leider nicht viele ihren eigenen Weg. Im Garten wie in der Politik folgen die meisten der Propaganda, und fürs Sonnenbad fehlt sie. Zu Un-

recht! Selbst die Ausnahmemenschen, die gegen Sonne allergisch sind — Albinos, oder doch so Zarthäutige, daß die Sonne sie brennt statt bräunt —, sollten sich im Garten ein Sonnenbad einrichten. Auch sie haben in Familie oder Haushalt irgendwen, sei es Kind oder Katze, der ihnen dafür dankbar sein wird. Den allermeisten Gärtnern aber ist die Sonne lieb, und deshalb werden sie ihr Sonnenbad zunächst für sich beanspruchen. Und das mit Recht! Haben sie es nicht angelegt?

Und nun sachlich:
Für ein Sonnenbad braucht man:
Erstens einen schattenfreien *Platz* von etwa drei Meter im Geviert, den man besser zementieren läßt, als ihm das Gras zu belassen, in das sich immer wieder stacheliges Zeug versteckt.
Zweitens ein *Liegebett*, das (je nach Abhärtung oder Verwöhnung) mit einfachem Segeltuch oder aufblasbarer Plastik bespannt sei.
Drittens (aus Gründen der Sittsamkeit) eine entsprechend hohe *Abschirmung* aus Blachen, Plastik oder Mauerwerk, weil man ja sein Sonnenbad so nimmt, wie Gott einen geschaffen hat, will sagen, ohne Badehose oder Bikini.
Viertens schließlich eine *Dusche*, ohne die man nach der Besonnung so verschwitzt ins Haus zurückkehrte, daß man erst ins Badezimmer geschickt würde, bevor man sich an den Mittagstisch setzen dürfte. Am erquickendsten ist nämlich ein Sonnenbad vor dem Mittagessen (im besonderen dann, wenn es Erbsensuppe mit Schweinsohren gibt, die meine Leibspeise ist). Die Dusche soll eine einfache, grobflöcherige Brause haben und keine peitschende, deren komplizierte Düsen allzu oft an Verstopfung leiden. Der Zuleitung wegen ist die Dusche der teuerste Bestandteil des Sonnenbads; dennoch ist sie unentbehrlich, um den Sonnenanbeter vom hautölgetränkten Rasen der öffentlichen Bäder unabhängig zu machen, in denen man Eintritt bezahlen und Wertsachen an der Kasse abgeben muß, um hernach pfadfindergleich einen Platz aufzustöbern, auf dem einem keiner die Füße ins Gesicht streckt. Sooft ich lese, daß es zu viel Menschen auf Erden gibt, fallen mir die Strand- und Sonnenbäder ein, in die ich mich auf Reisen einzuschachteln hatte, weil mir ein Sonnenbad auch unterwegs unentbehrlich ist.

Die obigen vier Punkte sind die Voraussetzung eines gedeihlichen Sonnenbads im eigenen Garten. Wer auch nur *einen* von ihnen streicht, sollte aufs Ganze verzichten. Im einzelnen aber lassen sie sich einschränken oder erweitern. Wer nicht genug Platz hat, kann die neun Quadratmeter, die ich empfehle, auf sechs, ja vier reduzieren; nur wird er dann, bevor er sich duscht, jedesmal sein Liegebett zusammenlegen und beiseite stellen müssen, damit es nicht durchnäßt werde. Statt eines Liegebetts genügt auch ein Liegestuhl, obzwar ich noch auf keinem gesessen bin, der mich nicht in die Kniekehlen gedrückt hätte. Wem als Abschirmung Zelttuch, Plastik oder Mauerwerk zu teuer ist, der kann auch alte Vorhänge oder Leintücher verwenden, und wer sich keine Dusche leisten kann, mag sich mit zwei Gießkannen begnügen (obzwar nur Kunstturner imstande sind, sich mit ihnen die Seife von allen Körperteilen abzuspülen). Der Vereinfachung meines Vierpunkte-Programms sind also recht enge Grenzen gezogen.

Um so erfreulicher lassen sie sich erweitern. Wer viel Platz hat, wird sein Sonnenbad auf fünf mal fünf Meter ausdehnen und einen Teil des so gewonnenen Raums unter einem wetterfesten Dächlein schirmen, worunter er Liegebett, Seife, Rückenbürste und Badetuch versorgt. Damit wird er sich viele Wege ersparen; denn der Mensch hat nur zwei Hände, um all das immer wieder aus dem Haus ins Sonnenbad und zurück zu tragen.

Für Vorhangstangen und Liegebett ist Leichtmetall zu empfehlen. Daß Holz im Freien selbst dann vermodert, wenn es mit Öl-farbe gestrichen ist, erweisen ja Gartenmöbel und Fensterläden.

Mein eigenes Sonnenbad ist besonders solid, was ich diesem glücklichen Zufall verdanke:

Auf dem verwilderten Grundstück, das ich im Verlauf dreier Jahrzehnte zum Garten umgestaltet habe, hatte ich die Ruine eines Stalls vorgefunden. Das steingedeckte Dach war eingestürzt, Efeu und wilder Wein umrankten die Mauern.

Bruchstein-Mauern sind erstaunlich standfest. Man sollte annehmen, daß Feldsteine auf Feldsteinen, mit flachen Kieseln in den Fugen, beim ersten Gewitter einstürzen. Statt dessen überdauern solche Mauern Jahrhunderte. Eben *weil* sie nicht verputzt oder auch nur vermörtelt sind, lassen sie Regengüsse durchsickern und Stürme durchblasen, ohne sich übermäßigem Druck auszusetzen. Freilich gehören südländische Maurer dazu, sie richtig aufzu-bauen, Maurer mit Augen, die jedem Bruchstein ansehen, wohin er gehört, und mit Händen, sperrige Brocken mit *einem* Hammer-schlag einzupassen. Solche Maurer verachten Ziegel und Beton. Leider werden sie immer seltener. Vor dreißig Jahren war der alte

Celestino, der damals für einen Franken die Stunde arbeitete, einer ihrer Meister. Ich zeigte ihm den verfallenen Stall und trug ihm auf, ihn abzureißen.

»Warum? Das sind doch gute Mauern!« protestierte er.

Ich erklärte ihm, daß sie mir im Wege stünden. Am einfachsten wäre es, meinte ich, er würfe den ganzen Kram in die Schlucht nebenan. Das nämlich durfte man damals noch, während es jetzt verboten ist, weil mehrere moderne Villen dort stehen.

Aufmerksam besah er die Mauern und das eingestürzte Dach, das zwischen ihnen lag, schüttelte den Kopf und entschied: »Die Dachsteine sind rechter Gneis; aus denen mache ich Ihnen Plattenwege; und die Mauern bleiben stehen; ordentliche Mauern kann man immer brauchen.«

Wie stets, wenn wir verschiedener Meinung waren, fügte ich mich ihm auch diesmal. Plattenwege brauchte ich sowieso, und wegen der alten Mauern mochte ich den besten Maurer nicht verstimmen, der weit und breit erhältlich war. Die alten Mauern mochte später einmal ein Handlanger beiseite schaffen.

In seinem gemächlichen, doch fördernden Arbeitstempo verlegte Celestino die Gneisplatten, die das Stalldach gedeckt hatten, auf einen Gartenweg, auf dem sie heute noch so exakt waagrecht liegen wie vor dreißig Jahren. Mit den Mauern fand ich mich fürs nächste ab.

Als ich sie mir eines Abends wieder besah und überlegte, wozu in aller Welt sie gut sein mochten, durchblitzte mich die Erleuchtung: *ein Sonnenbad!*

Natürlich, hier bot sich die Erfüllung meines steten Wunsches in solidester Ausführung!

Ich rief Celestino, der gerade die letzte Gneisplatte in den Gartenweg gebettet hatte und nun seinen Feierabend-Toscano schmauchte. Er bevorzugte Heideröslein-Zigarren (»Und der wilde Knabe brach . . .«).

»Signor Celestino!« brüllte ich zu ihm über drei Terrassen hinunter. »Jetzt weiß ich, was wir aus dem Stall machen: ein Sonnenbad!«

»Was? Eine Piscine?« – »*Nein!*« trompetete ich zurück. »Kein Schwimmbad, ein *Sonnen . . . bad!*«

Ein Schwimmbecken hätte er mit dem bedeutsamen Achselzucken akzeptiert, das Einheimische für fremde Verrücktheiten parat haben. Aber ein Sonnenbad? Dieses Wort hörte er zum ersten Male, und es überstieg seine Toleranz. Als er zu mir hochstieg, war dem zögernden Schritt seiner Nagelschuhe anzuhören, wie mißtrauisch er war.

»Signor Riccardo«, fragte er ungläubig, »Sie wollen in der *Sonne* baden?«

Auch die Narrenfreiheit der Fremden hat ihre Grenzen, und die hatte ich nun überschritten. Ein Südländer – und gar ein südländischer Maurer! – bekommt zeitlebens mehr Sonne, als ihm lieb ist. In Neapel hörte ich einmal eine dicke »Mamma« ihr Töchterchen von der Sonnenseite der Straße zurückrufen. »Komm her! Ein Christenmensch bleibt im Schatten! Nur Hunde und Fremde laufen in der Sonne!« Das scheint dort sprichwörtlich zu sein. Je näher dem Äquator, desto feindlicher wird die Sonne. In Brasilien konnte ich mein gewohntes Sonnenbad nur von sechs bis sieben Uhr morgens nehmen, vom Sonnenaufgang also bis zur Sonnenhitze. Auf Ceylon ist ein Deutscher, der mein freundlicher Schiffsgefährte gewesen war, an Sonnenstich gestorben, weil er – meinem Rat zuwider – während der Überfahrt vom Schiff ans Land den Tropenhelm im Schoß hielt, statt ihn aufzusetzen.

Obschon die Tessiner Sonne nur wärmt und nicht brennt, ließ Celestino meine Abwegigkeit nur deshalb gelten, weil sie die Mauern stehen ließ, ja, stellenweise noch erhöhte.

Mein Sonnenbad sollte nämlich zwei Etagen bekommen, mit einer Steintreppe zwischen ihnen: die untere für Hängematte und Dusche, die obere – zum Teil unter Dach – für Liegebett und Tisch. Außerdem wollte ich – hol' der Teufel die Kosten! – oben wie unten eine Steinbank und – in der Ekstase fiel mir immer mehr ein – einzementierte Garderobe-Haken unterm Dächlein. Der Linde sollte Celestino zwei schattende Äste absägen, die Birke oben verpflanzen und ... und ... ekstatisch forderte ich mehr und mehr. Celestino zündete seinen Toscano wieder an und bemerkte schlicht: »Bene!« Er war kein Mann von vielen Worten.

Als der Installateur die Dusche angelegt hatte, war mein Sonnenbad fix und fertig, und in all den Jahren hat mir nichts im Garten so stete Freude gemacht. Es ist für die Ewigkeit gebaut, und hätte ich nicht eine Kletterrose hineingepflanzt (was ich nun einmal nicht lassen kann), würde es mir keine Arbeit mehr machen. Wilder Wein und Efeu sorgen für sich selbst.

Es mag im Leben aufregendere Genüsse geben, als sich der Länge nach von der Sonne bescheinen zu lassen: etwas Bekömmlicheres gibt es gewiß nicht.

Von Angesicht zu Angesicht mit dem lebenspendenden Gestirn schwinden alle Sorgen. Auch wenn man der Sonne den Rükken zukehrt, fühlt man den Alltagsärger in nichts zerschmelzen. Was schert es einen im Sonnenbad, wie ingrimmig draußen

West und Ost einander in den Haaren liegen? Was kümmert einen jetzt das Steuerformular, das die letzte Post gebracht hat? Keinen Deut! Nicht einmal an den Garten denke ich hier, der wieder einmal in Unordnung ist, weil der Lohngärtner (wie seine Frau telefoniert) krank ist (während ich weiß, daß ihn mir ein Wirtschaftswunderknabe um höheren Lohn ausgemietet hat).

Nein: »Hier bin ich Mensch, hier darf ich's sein!«

Weit wichtiger, als wer wen im Kongo verhaftet, ist mir die Smaragdeidechse, die aus ihrem Mauerloch hervorgehuscht ist, um mich aus neugierigen Knopfäuglein anzustarren. Ich hüte mich, auch nur eine Zehe zu bewegen, um sie nicht zu verscheuchen. Während sich ihr Kehlsack, langsam atmend, hebt und senkt, blinkt blaugrün ihre geperlte Haut auf . . .

Mein Sonnenbad isoliert mich von der Umwelt. Mag die Telefonklingel schrillen, die ich mir törichterweise – und mit Sondergebühr dazu! – auch noch an der Außenwand meines Hauses anbringen ließ: fürs Sonnenbad gilt Graham Bells teuflische Erfindung mitnichten!

Sollen die Ameisen die Zeitung lesen, die vom Liegebett auf den Boden geglitten ist! Möge das Rotkehlchen, das über ihr auf der Mauer sitzt, das Tagesgeschehen mit seiner Verdauung kritisieren! Die Smaragdeidechse, die mir die Ehre antat, sich in meinem Sonnenbad anzusiedeln, ist mir bei weitem wichtiger.

Schade, jetzt habe ich mich doch bewegt, und schon ist sie in ihr Mauerloch geflüchtet!

Auf Wiedersehen, scheue grüne Freundin meines Friedens!

Von Bienen umsummt, die in die Efeublüten taumeln, fallen mir Verse ein, die ich längst vergessen glaubte... diese Verse Nietzsches, der ein so begnadeter Dichter wie überheblicher Philosoph war:

»Warm atmet der Fels: schlief wohl zu Mittag das Glück auf ihm seinen Mittagsschlaf?... Heiterkeit, güldene, komm! Du des Todes heimlichster, süßester Vorgenuß! – Lief ich zu rasch meines Wegs? Jetzt erst, wo der Fuß müde ward, holt dein Blick mich noch ein, holt dein *Glück* mich noch ein... Was einst schwer war, sank in blaue Vergessenheit... Silbern, leicht, ein Fisch, schwimmt nun mein Nachen hinaus.«

Blumen und Mode

»Stell auf den Tisch die duftenden Reseden,
Die letzten roten Astern trag herbei
Und laß uns wieder von der Liebe reden
Wie einst im Mai...«

So haben gefühlvoll unsere Großeltern und Eltern gesungen. Daß sie es nicht auch taten, liegt daran, daß die Reseden schon drei Monate vor den Astern blühen. Sie gleichzeitig auf den Tisch zu fordern, ist eine poetische Lizenz, an der wir aber deshalb keinen Anstoß zu nehmen brauchen, weil duftende Reseden sowieso unmodern geworden sind. Nur im Blumenfenster alter

Mütterchen blühen noch welche. Was man jetzt in Gärten sieht, mag Reseda heißen und, botanisch besehen, auch sein, ist aber auf Prunk gezüchtet statt auf Duft. Es wäre zuviel verlangt, von der Sorte »Goliath – rote riesige Rispen«, die der Gartenkatalog anpreist, auch noch das Parfüm zu erwarten, das sich unsere Großmütter hinter die Ohren tupften.

Als die Reseda in allen Gärten blühte, war sie ein biedermeierlich schlichtes Pflänzlein mit Blütchen klein wie Spargelköpfe. Dafür duftete sie so stark und süß, daß ein Tourist nach Hause schrieb: »Sie erfüllt die Londoner Luft beinahe zu stark; beinahe so stark, wie der Geruch frisch gerösteten Kaffees die Pariser Luft erfüllt.« Jetzt stinkt die Londoner wie die Pariser Luft nach den Abgasen der Autos.

Jede Zeit hat den Geruch, den sie verdient . . .

Die Reseda ist verhältnismäßig spät aus Kleinasien zu uns gekommen. Noch *Linné* kannte sie nicht; sonst hätte er gewiß auch ihr die Staubgefäße nachgezählt. In Mode kam die Reseda durch die Kaiserin *Josephine*, die Blumen liebte und verstand. Hätte Napoleon sie nicht verstoßen, hätte er wahrscheinlich das Ziel erreicht, dem wir immer noch vergebens nachstreben: *eine* Währung, *eine* Briefmarke und *ein* Paß für ganz Europa! Doch auch das Genie hat seine Schwächen, und Napoleons parvenühafte Eitelkeit, eine Erzherzogin zu heiraten, verpfuschte seinen großen Plan. Als Schwiegersohn hatte er allzuviel Rücksicht aufs Haus Österreich zu nehmen.

Hier ist von Napoleon nur insofern die Rede, als seine erste Frau auch die erste war, die Reseda in Töpfe gepflanzt und damit für ganz Europa zur Modeblume gemacht hat. Die neue Blume einer maßgebenden Dame ist wie ihr neuer Hut. Jede Frau giert danach, und bekanntlich tut der Mann das, was die Frau will (wenn nicht aus Liebe, so doch um des lieben Friedens willen). Also wird der Hut der ersten Dame des Landes, sobald er in Paris kreiert wurde, flugs von den Modehäusern aller Welt kopiert, und wenn er schließlich im Ausverkauf der Warenhäuser gelandet ist, will ihn keine mehr haben.

Ähnlich ergeht es Pflanzen; nur daß ihre Mode beständiger ist. Hierin unterscheiden sich Blumen auf dem Hut von Blumen im Garten.

Nun ist die Mode vertrackt unberechenbar. Ohne sich viel um Wert oder Unwert zu kümmern, hebt sie bald dies, bald jenes hoch empor – eine Pflanze, einen Hut, oder einen Dichter, Maler,

Komponisten – und läßt es bald so gleichgültig wieder fallen wie ein Säugling seine Klapper. Ein Modeschlager mag eine Million Schallplatten, ein Bestseller eine Million Auflage bringen: *ein* Jahr später will keiner mehr den Schlager hören oder das Buch lesen. »Vom Winde verweht.«

Ausnahmsweise aber hebt die Mode eine Pflanze oder einen Künstler auf ihren Wellenberg hoch, die sich als so tüchtig erweisen, daß sie sich nicht wieder niederschwemmen lassen, sondern, der Mode zum Trotz, obenauf bleiben. So die Rose unter den Pflanzen, so Shakespeare unter den Dichtern, so Tizian unter den Malern. (Um nicht mißverstanden zu werden: ich meine Tizian und nicht das Chamäleon Picasso, dessen Beständigkeit sich erst wird erweisen müssen, wenn es die Mode nicht mehr erlebt, der es sich anpassen könnte.)

Außer den bedeutendsten Pflanzen oder Menschen, denen die Mode nichts anhaben kann, gibt es in größerer Anzahl solche, die ihr nur vorübergehend unterworfen sind. Zwar sinken auch sie von Beliebtheit in Vergessenheit, doch eine spätere Mode hebt sie wieder hoch. Solch eine Blume ist die *Akelei*. Im Mittelalter war sie große Mode, und da *Dürer* sie mit der ihm eigenen Präzision malte, wissen wir genau, wie sie damals ausgesehen hat. Doch sie kam aus der Mode und verschwand aus den Gärten. Erst Jahrhunderte später hat Dürers Abbildung einen Gartenliebhaber auf ihre unscheinbare Wildform hingewiesen. Seither ist sie vom dunklen Violett auch in Weiß, Rosa und Gelb und dazu noch dreimal höher gezüchtet worden. Damit ist die Akelei nochmals in Mode gekommen und blüht nun wieder in unseren Gärten.

Was inneren Wert besitzt, mag aus der Mode kommen; doch kommt es später wieder hinein.

Allerdings versteht sich die Mode nur ausnahmsweise zu Reprisen; ihre Vorliebe gilt den Premieren. Nur allzu oft bleibt auch echter Wert vergessen.

Wozu mir am Gartenhag dieses Erlebnis einfällt:

Als ich einige Zeit in *Athen* verbrachte, wurde dort wieder einmal das Wasser knapp, und ich hatte mein Bad im Diplomatenklub zu nehmen, dessen Wasserhähne stets sprudelten, weil sie an eine bevorzugte Leitung angeschlossen waren. Nur aus diesem Grunde hatte ich mir dort eine Gastkarte besorgt. Sonst nämlich ist mir Vornehmheit eher lästig.

In jenem Klub hielt mich ein Attaché der Deutschen Gesandtschaft – man merkt, es ist schon lange her, weil jetzt selbst Klein-

staaten Botschaften haben – mit der sonderbaren Frage an:
»Kennen Sie einen gewissen *Müller?*«
Wie jeder andere es getan hätte, antwortete ich, daß ich mehrere
Leute dieses Namens kannte; mit einem sei ich sogar weitläufig
verwandt.
»Lebt er noch?« fragte er hoffnungsvoll. – Ich wußte es nicht.
»Dichtet er?« forschte er weiter.
»Soviel ich weiß, hat er ein Schuhgeschäft«, antwortete ich
wahrheitsgemäß.
»Dann kann er es nicht sein«, lehnte der junge Diplomat meinen
Vetter zweiten Grades ab. »*Der* Müller, den ich suche, hat über
Griechenland gedichtet.«

»Wie heißt er mit Vornamen?« wollte ich ihm auf die Sprünge helfen, denn Wasser war immer noch knapp, und mir lag daran, daß meine Gastkarte erneuert werde.

Er blätterte in seinem Notizbüchlein: »*Wilhelm!*«

Ich dachte angestrengt nach: »Wilhelm Müller? . . .« Doch beim besten Willen fiel mir kein anderer dichtender Müller ein als ein Redakteur der »Vossischen Zeitung«, der aber mit Vornamen Moritz hieß.

»Man hat es schwer mit den Griechen!« seufzte der junge Diplomat. »Ausgerechnet einem Wilhelm Müller setzen sie eine Gedenktafel!« Worauf er mir klagte, daß die griechische Regierung seinen Chef zur Einweihung einer Gedenktafel für einen Deutschen namens Wilhelm Müller eingeladen habe, der »hieramts nicht aktenkundig« sei. Noch auch habe Seine Exzellenz die leiseste Ahnung, um wen es sich da handle. Deshalb habe sein Chef, wie große Herren nun einmal sind, den besagten Wilhelm Müller einfach ihm bedauernswerten Attaché, der sowieso überlastet sei, zugeschoben und ihn nicht nur beauftragt, einen Kranz für Wilhelm Müller zu besorgen, sondern auch die würdige Ansprache vorzubereiten, die Ihre Exzellenz bei der Niederlegung des Kranzes zu halten habe. »An mir bleibt alles hängen!« klagte er. »Und den Kranz werde ich auch tragen müssen«, prophezeite er düster. »Wilhelm Müller . . . Wilhelm Müller . . .«, murmelte ich vor mich hin. »Halt, ja, vielleicht ist es der ›Griechen-Müller‹!« stieg mir von irgendwo aus der Erinnerung eine Bildungsblase auf.

»Gewiß ist es der!« frohlockte er. »Was wissen Sie von ihm?«

»Nicht mehr als das«, mußte ich eingestehen. »Und ich weiß nicht mal, ob er mit Vornamen Wilhelm hieß. Vielleicht steht er im Lexikon.«

Also fuhren wir in die deutsche Buchhandlung, und als wir dort im Brockhaus nachgeschlagen hatten, schämte ich mich sehr. Denn Wilhelm Müller (»geb. 1794 in Dessau als Sohn eines Schneidermeisters, gest. ebd. 1827«) war zu seiner Zeit ein berühmter Dichter und sollte es – wäre sein Name nicht aus der Mode gekommen – immer noch bei all denen sein, die seine innigen Gedichte »Am Brunnen vor dem Tore – Da steht ein Lindenbaum« oder »Im Krug zum grünen Kranze – Da kehrt' ich durstig ein« oder »Ich schnitt' es gern in alle Rinden ein« als »Volkslieder« singen, ohne sich im geringsten um ihren Verfasser oder darum zu kümmern, daß ihn Schubert im Zyklus der »Müller-Lieder« vertont hat . . .

Davon nahm der Attaché nur oberflächlich Notiz, während er

jedes Wort über die fünf Hefte »Griechenlieder« abschrieb, die der unmoderne Dichter Wilhelm Müller zum Preise des Griechen-Aufstands gegen die Türken gedichtet hatte.

»*Das* ist der Müller, den ich brauche!« atmete er auf.

So also steht es um Mode für Pflanzen wie für Menschen. Wollen wir hoffen, daß sie auch Wilhelm Müller und die Reseda wieder einmal auf eine ihrer Flutwellen heben wird!

In Gartenhistorien finden sich viele Mode-Epochen der Blumen. Einige seien hier skizziert: das vorchristliche Ägypten schwärmte für Lotosblumen, Alt-Athen für Veilchen, die Ritterzeit für Rosmarin und Goldlack; im sechzehnten Jahrhundert waren Lilie und Kaiserkrone en vogue, im siebzehnten Nelke, Tulpe und Hyazinthe; das achtzehnte Jahrhundert bevorzugte Anemone, Ranunkel, Tausendschönchen und Wunderblume; im neunzehnten kamen der Reihe nach Vergißmeinnicht, Narzisse, Reseda, Geranie, Fuchsie, Georgine und weißer Flieder in Mode.

Wer sich über die Blumenmode unserer Zeit unterrichten will, braucht nur einen Blick in den letzten Gartenkatalog zu werfen: was dort fett gedruckt und bunt illustriert steht, ist letzte Mode. Gegenwärtig halten riesenblütige Gladiolen den Rekord der Beliebtheit; doch müssen sie ihn schon gegen die neuen Zwerggladiolen verteidigen, was darauf schließen läßt, daß die Mode Gladiolen mit meterhohen Blütenähren bereits satt bekommt. Geht es nicht mehr besonders groß, so geht es besonders klein, mögen die Züchter denken.

Auch beim Obst ist es so: erst mal Melonen groß wie Kürbisse und dann Melonen klein wie Äpfel; erst Gartenerdbeeren dick wie Pflaumen und dann Monatserdbeeren kaum größer als die im Walde.

Blumenmode ist wie Damenmode: erst können die Röcke nicht lang genug sein, dann stutzt Paris sie bis zum Knie; und schließlich tragen die Filmstars keine Röcke mehr, sondern Hosen. Hat ihnen das die letzte Kleinstädterin nachgemacht, werden vielleicht wieder Krinolinen in Mode kommen.

Doch zurück zu Gartenblumen! Wer ihre Mode durch die Jahrhunderte verfolgt, bemerkt, daß sie um so häufiger wechselt, je näher sie unserer raschlebigen Zeit rückt.

Das liegt nicht nur daran, daß viele der erfolgreichsten Gartenblumen erst nach der Entdeckung Amerikas und der Erforschung Asiens zu uns gekommen sind, sondern auch am Bestreben der

Mode, das Tempo ihrer Zeit einzuhalten. In ruhigen Zeiten wechselt sie gemächlicher, als wenn sie, wie jetzt, vor der steifen Brise politischer Umwälzungen, technischer Neuerungen und wirtschaftlicher Hochkonjunktur segelt.

Heutzutage wechselt die Blumenmode rascher als je zuvor. Kaum daß ein Züchter winterharte Hibiskusstauden in fast tropisch grellen Farben erzielt hat, will jeder sie im Garten haben. Ich auch. Einen befreundeten Gärtner habe ich geradezu angefleht, mir welche abzulassen. Wer könnte sich der Mode entziehen, und sei sie noch so bizarr?

Im letzten Winter besuchte mich ein erfreuliches Filmsternchen, das auf dem besten Weg ist, auf schlanken Beinen Starhöhe zu erklimmen.

Ich erkannte ihr stupsnäsiges Gesichtchen, doch ich erkannte ihre Beine nicht wieder. Bis hoch übers Knie glich sie einem Storch: feuerrote Wollstrümpfe preßten ihr die Waden zusammen. »Wie können Sie sich so verunstalten?« verwunderte ich mich und deutete auf ihre Storchbeine.

»Verunstalten?« staunte sie. »Strumpfhosen sind doch letzte Mode!«

Wirklich, das sind sie – oder waren es doch, als ich dieses Kapitel schrieb. Immer mehr junge und nicht mehr ganz junge Mädchen stelzen jetzt auf Storchbeinen herum; gegen Ende des Winters sah ich sogar eine mutige Matrone strumpfbehost.

Nun sehe ich Frauenbeine gern so, wie Gott sie geschaffen hat. Alte Männer wie ich lassen sich hierin für die Entbehrung ihrer Jugend entschädigen, in der Frauen den Straßenstaub mit den »Bürstenborten« ihrer langen Röcke aufwirbelten. Im Stoffmangel des ersten Weltkriegs nahm die Mode die Schere zur Hand und kürzte den Frauen die Röcke bis zum Knie. Dabei hätte sie, meine ich, auch bleiben sollen.

Seit sie die Strümpfe sichtbar machte, wollten auch die nicht mehr verbergen, als unbedingt nötig ist, und wurden deshalb immer dünner. Wolle im Winter und Baumwolle im Sommer wirkten geradezu anstößig. Von Seide über Kunstseide verdünnten sie sich hauchzart – und nun kam mir ein elegantes Mädchen in roten Wollstrümpfen entgegen!

Seither bin ich auch blauen Strumpfhosen begegnet und sogar grünen. Wollstrümpfe sind wieder so in Mode gekommen wie die Akelei. Nur daß sich diese mit pastellzarten Farben bescheidet, während die der Strumpfhosen geradezu schreien.

Ja, das ist Mode . . .

Die Gartenmode, die auf ihren Wellengipfeln abwechselnd Veilchen, Lilien und Ranunkeln hochtrug, schäumt zuweilen einen so wilden Wirbel, daß er den beschaulichen Gärtner um den Verstand bringen kann.

Ihr irrster Exzeß war die *Tulpenwut*, die 1634 in Amsterdam ausbrach, volle drei Jahre lang in ganz Holland grassierte und auch einen guten Teil Frankreichs ansteckte. Daß sie nicht auch auf Deutschland übergriff, lag daran, daß dieses damals an einer ärgeren Seuche litt: am Dreißigjährigen Krieg.

Holland aber hatte Frieden und so viel Geld dazu, daß es sich seine Spezialtollheit leisten konnte.

Wie manche andere Krankheit – die Cholera etwa oder der Kommunismus – wurde auch die Tulpenwut aus dem Osten eingeschleppt.

Ihr Träger, die Tulpe, war daran so unschuldig wie ein Schwein an seinen Trichinen. Den einzigen Vorwurf, den man der Wirtspflanze jener Epidemie machen könnte, ist, daß sie in Mode war. Berechtigterweise ist sie es auch geblieben. Mit der Rose gehört die Tulpe zu den sehr wenigen Blumen, die der Mode königlich diktieren, statt sich ihr zu unterwerfen.

Die Gartenherrschaft hatte die Tulpe im Orient angetreten, in

Persien erst, dann in der Türkei. Nach einer persischen Legende ist sie dem Herzblut eines tödlich Verliebten entsprossen: »Die Tulpe, die, dem jungen Lenz zur Seite, den feuerroten Kelch dem Licht erschließt, blüht, wo einst Ferad aus Liebe zu Schirin die Wüste mit des Herzens Tränen färbte«, beginnt ein altpersisches Gedicht. Jetzt blüht die Tulpe überall, und wer in ihr Ferads Herzenstränen wiedersehen will, soll die Wildtulpe »Fosteriana Red Emperor« in den Garten pflanzen. Ihre Zwiebel kostet nur noch dreißig Pfennig (oder Schweizer Centimes) und ist im Hundert billiger – was erweist, wie tief im Kurs heutzutage eines Liebenden Herzblut steht. Der Lyriker, der es in Versen verströmt, weiß das sowieso aus der Abrechnung seines Verlegers.

»Red Emperor« ist die allergrößte und allerröteste Tulpe, die es gibt. Daß sie nicht so hoch wächst wie modernere Sorten, ist ihr als Vorzug anzurechnen, weil sie eben deshalb windbeständig ist. Herzblut fließt zu Boden . . .

Von Persien kam die Tulpe in die Türkei, die damals eine Großmacht war und sie denn auch so großmächtig aufnahm, daß die Tulpenfeste des Groß-Wesirs in Konstantinopel zu nationalen Feiertagen wurden.

Im Jahre 1726 berichtete Ludwigs xv. Gesandter vom Divan nach Paris:

> »Sobald die Tulpen voll erblüht sind, und der Groß-Wesir sie dem Sultan zeigen möchte, holt man aus noch anderen Gärten welche herbei und setzt sie in Flaschen, um mit ihnen alle Lücken zu füllen. Neben jeder vierten Tulpe und in gleicher Höhe mit ihr brennt eine Kerze. Zwischen den Bäumen der großen Allee schaukeln Käfige mit bunten Vögeln. Blumen aller Art schmücken das Parkgitter in überwältigender Fülle und erstrahlen im Licht unzähliger bunter Laternen. Auch hinter dem Gitter leuchten gläserne Lampions aus grünen Gebüschen, die man eigens zu diesem Fest aus den benachbarten Wäldern verpflanzt hat. Eine türkische Kapelle begleitet die Illumination mit geräuschvollen Weisen. Das geht Nacht für Nacht so lange fort, wie die Tulpen in Blüte stehen. Während dieser Zeit ist der Sultan mit seinem ganzen Gefolge Gast des Groß-Wesirs.«

Verlockender noch beschrieb *Wilfried Blunt* solch ein Tulpenfest im »Großen Serail« so:

> »Bei Sonnenuntergang ließ der Sultan ›kalvet‹, völlige Zurückgezogenheit, verkündigen, woraufhin die Besucher den Garten

verließen und die äußeren Tore geschlossen wurden. Jetzt be-
gannen die Festungskanonen Salut zu schießen, Eunuchen brach-
ten Hunderte von betörend duftenden Fackeln, die plötzlich
alles ringsum in einem magischen Licht erstrahlen ließen. In
diesem Augenblick öffnete der Harem seine Pforten, und von
allen Seiten drängten die Bewohnerinnen hinaus, um sich alsbald
wie Bienen auf den Blüten niederzulassen und beharrlich ihren
Honig zu saugen.«

Kein Wunder, daß die Tulpe auch bei uns in Westeuropa Fu-
rore machte.
Für die Botanik hat sie hier als erster der Züricher Gelehrte
Konrad Gesner beschrieben, dem zu Ehren sie denn auch »Tulipa
Gesneriana« heißt, und bald erschlossen sich ihr die Gärten. Ums
Jahr 1600 war sie die Modeblume von Paris.
In tolle Begeisterung aber brachte sie die *Niederlande,* die seit-
her die ganze Welt mit Tulpenzwiebeln beliefern.
Die Holländer sind seit je treffliche Gärtner. Die eintönige
Tiefebene ihrer Heimat haben sie zur blühenden Gartenlandschaft
umgeschaffen. Die Mischung des Bodens aus Flußschlamm und
Seesand sagt Zwiebelpflanzen so zu, als habe sie nur auf Tulpen,
Hyazinthen und Narzissen gewartet. Nirgendwo in der Welt wer-
den so schöne und vielfältige Zwiebelgewächse gezüchtet wie in
Holland. Wo sonst es solche Kulturen gibt, haben holländische
Auswanderer sie angelegt.
Was Wunder, daß die Tulpe im Nu ganz Holland entzückte. Ein
Wunder war es nur, daß sie ein sonst bedachtsames Volk in einen
Taumel der Spekulation riß.
Daß bald jeder Holländer Tulpen in den Garten wollte, verstand
sich ebenso wie das Bestreben der Züchter, immer neue Sorten
zu liefern. Unverständlich aber bleibt es, daß so mancher solide
Holländer einer Tulpe zuliebe sein ganzes Vermögen hinwarf.
Für *eine* Tulpenzwiebel neuer Sorte gab damals ein Müller seine
Mühle hin, ein Bierbrauer seine Brauerei (»La Tulipe Brasserie«
hieß die Abart deshalb).
Vom Matrosen bis zum Grafen, vom Dienstmädchen bis zur
Patrizierin ergriff die Tulpentorheit das ganze Volk.
Dreizehntausend holländische Gulden bezahlte ein Liebhaber
für die Tulpe »Semper Augustus«, sechstausend ein anderer für
die »Admiral Elkhuyzen«.
Einer der Kaufkontrakte, die erhalten blieben, bestimmte als
Preis für *eine* Zwiebel »Vive le Roi«: »Zwei Wagenladungen Wei-

zen, vier Lasten Roggen, vier Mastochsen, acht Ferkel, zwölf Schafe, zwei Oxthoft Wein, vier Tonnen schweren Biers, zwei Tonnen Butter, tausend Pfund Käse, ein Bündel Kleider und einen silbernen Becher« – kurz, den Ertrag eines stattlichen Bauernhofs. Ein notleidendes Waisenhaus sanierte sich auf Jahre hinaus, als es die hundertzwanzig Tulpen seines Gärtchens für neunzigtausend Gulden verkaufte!

Als ein Tulpensüchtiger sich gerühmt hatte, die einzige Zwiebel einer neuen Sorte zu besitzen, erfuhr er, daß ein Schuster in Haarlem auch eine besaß. Flugs kaufte er sie ihm für dreizehnhundert Gulden ab und zertrat sie sogleich. »Ich hätte auch das Zehnfache bezahlt!« sagte er dem Schuster – und der ging hin und erhängte sich aus Gram über seine Einfalt. Ein Matrose, den sein Kneipenwirt warten ließ, biß aus Langeweile in eine Zwiebel, die auf der Theke lag – und zerbiß damit die viertausend Gulden, die der Wirt für sie bezahlt hatte.

In jedem holländischen Dorf gab es eine Tulpenbörse mit hohen Umsätzen. Soll doch der Name »Börse« daher stammen, daß das Schloß der Adelsfamilie van der Beurse ein Zentrum des Tulpenhandels war.

Kaum je auf einer Börse sind Aktien so rasch gestiegen wie damals die Tulpenzwiebeln. Zwischenhändler, die sich ins Geschäft drängten, überboten einander mit phantastischen Preisen.

Wieselflink ist der Kommerz, wenn er raschen Gewinn wittert, und so gierig auf Geld wie das Wiesel auf Blut. Bald wurden nur noch papierene Anweisungen auf Tulpen gehandelt. Statt der Zwiebel, in deren Blüte sich ein Tulpennarr verliebt hatte, bekam er nur einen Kontrakt, der sie ihm anwies.

Hatte vorher ein Bräutigam guten Standes eine rare Tulpenzwiebel als Mitgift bekommen (»Mariage de ma fille« hieß die Sorte nachher), mußte sich später ein anderer mit dem Scheck begnügen, der auf sie ausgestellt war. Die Tulpentollheit führte zu einer Spekulation, die nichts mehr mit Gärtnerei zu tun hatte. Abenteurer jagten raschem Gewinn nach, und ihre Makler strichen fette Kommissionen ein. Die Zeit echter Tulpenbegeisterung war vorbei, in der sich eine Frau, deren Mittel nicht hinreichten, Tulpen zu kaufen, wenigstens welche malen ließ, weil Gemälde um vieles billiger waren als Tulpen.

Wie Banknoten die Goldmünzen, ersetzten Schecks die Tulpenzwiebeln.

Es kam, wie es kommen mußte: so mancher Scheck, den ein Spekulant dem anderen hurtig weiterverkauft hatte, um den Zwischengewinn einzustreichen, erwies sich dem letzten, an dem er hängen blieb, als ungedeckt.

Ein Züchter, der eine Anweisung auf zwanzig Tulpen unterschrieben hatte, aber nur vier liefern konnte, mußte Konkurs anmelden. Solche Fälle häuften sich, und 1637 brachen die niederländischen Tulpenbörsen so zusammen wie drei Jahrhunderte später die amerikanischen Aktienmärkte: »Es fiel der Boden heraus.« – Vergebens verordnete die Regierung der Niederlande, daß Tulpenverträge streng einzuhalten seien – »wo nichts ist, hat der Kaiser sein Recht verloren« ...

Von den zehn Millionen Tulpenzwiebeln, die während der irren Hausse gehandelt worden waren, standen die meisten nur auf dem Papier. Die Tulpenpreise stürzten, die Konkurse häuften sich, und Hollands Volkswirtschaft bekam einen schweren Schlag ab.

Zwei Jahrhunderte dauerte es, bis Tulpen wieder zu hohen Preisen stiegen: im Jahre 1836 legte ein Deutscher dreizehntausend Mark für eine »City of Antwerp« auf den Tisch ihres holländischen Züchters. Bis dahin behielt Holland einen bitteren Nachgeschmack nach Tulpen.

Daran war freilich nicht die Modeblume schuld, sondern der Mensch, dessen Geldgier sie mißbrauchte. Tulpenzwiebeln schmekken nämlich nicht bitter, sondern süßlich. Das wissen die Holländer, die sie in der Hungerzeit des zweiten Weltkriegs essen mußten, statt sie verkaufen zu können.

Jetzt glänzen in Holland wieder die bunten Teppiche der Tulpenfelder, die Schwärme von Touristen anlocken und nach der Zwiebelernte den Export bereichern. Zu Millionen versenden holländische Großhändler ihre bunten Kataloge, die Tulpen in allen Formen, Farben und Blütezeiten anbieten – ein Vielfaches der Sorten, die einst ihr Land verrückt gemacht hatten.

Nur, daß man jetzt die »Schwarze Tulpe«, die damals als seltenstes Juwel galt, für dreißig Pfennig ins Haus geliefert bekommt, Porto und Zoll inbegriffen, und im Dutzend billiger; und wenn sie auch nicht so schwarz ist wie die ägyptische Finsternis, so ist sie doch so tief dunkelbraun, wie eine Blume es irgend sein kann.

Denn wirklich schwarze Blumen gibt es nicht.

Flieder

Pflanzen haben Charakter. Sie richten sich nach der Sonne, die ein Fixstern ist, und nicht nach wetterwendischen West- und Ostwinden. Pflanzen sind zuverlässiger als Menschen.

Als ich wieder einmal meine Bibliothek ausmistete, um neuen Büchern Platz zu schaffen, kam mir eine zerknitterte Zeitschrift in die Hand, die sich, wer weiß wie lange, hinter Wilhelm Raabes Romane verkrochen hatte.
Ein sicheres Versteck! Wann greift man schon nach denen?
Seit dem Elternhaus hängen sie mir an, ohne daß ich sie zum zweiten Male gelesen hätte – vergilbte Eierschalen literarischer Jugend, die man erst aus Pietät und dann deshalb aufbewahrt, weil kein Antiquar sie einem abkaufen mag.
Als ich die alten Bände in den Mülleimer werfen wollte, in dem so viele brave Werke zur letzten Ruhe eingehen, wäre die vergilbte Zeitschrift beinahe mit hineingeflogen. Eben noch sah ich rechtzeitig ihren Frakturtitel: »*Die Gegenwart*« und darunter »Literarische Halbmonatsschrift, herausgegeben von *Ernst Heilborn in Berlin*«.
Betroffen hielt ich inne und ließ mich in einen Stuhl sinken. In ebendiesem Heft, entsann ich mich, war das Erste abgedruckt, was von mir veröffentlicht worden ist. Wie stolz war ich damals gewesen! Ich blätterte und fand – recht weit hinten – mein Gedichtchen:

Flieder

Blaßblau und weißgolden
Hängen Fliederdolden
An dem jungen Strauch.
Möchtest du im Maie,
Mädel, nicht ins Freie?
Ich – ich möcht' es auch!

Sieh die Mückenschwärme
In der blanken Wärme,
Die der Frühling glüht!
Auf dem Pumpenschwengel
Sitzt ein Spatzenbengel,
Pfeift ein Hochzeitslied.

Das Datum der Zeitschrift ergab, daß ich damals eben neunzehn geworden war.

Seither habe ich mich mehr verändert als der Flieder, der auf dem Prager Laurenziberg wohl immer noch so blaßblau und weißgolden blüht wie vor einem guten halben Jahrhundert.

Pflanzen sind beständiger als Menschen.

Solange ein Fliederbusch lebt – und er lebt länger als wir –, blüht er Frühling um Frühling in gleicher Farbe, während unsereiner sich verdammt ändert: von weißer Unschuld über blaßlila Pubertät ins Rot der Reife, bis er endlich im Alter matt vergilbt. Gelben Flieder gibt es übrigens auch schon, doch blüht er – zum Unterschied von uns – beständig so.

Ja, Pflanzen bleiben sich treuer als Menschen!

Als Beispiel, wie unsereiner sich ändert, diene diese Fliederkorrespondenz, die ich, fünfzig Jahre nach meinem Fliedergedicht, mit einer Fliedergärtnerei geführt habe:

»Ich verstehe nicht, wieso Ihnen die Syringa Sweginzowii, die ich bei Ihnen bestellt habe, ›ganz unbekannt‹ ist. Sie steht doch in Ihrem Hauptkatalog auf Seite 211, Zeile 9 von oben! Was soll ich mit der Syringa reflexa, die Sie mir als Ersatz geliefert haben? Damit die Farben sich voneinander abheben, brauche ich neben der Syringa Josicaea etwas Helles. Ich muß also darauf bestehen, daß . . .«

»Sie haben recht, daß Syringa Sweginzowii in meinem Katalog enthalten ist. Leider wurde sie aber nicht vermehrt, da keine Nachfrage vorhanden war. Syringa reflexa hat mit der Farbe von Josicaea nichts zu tun; sie ist bedeutend heller und schöner. Ich bin überzeugt, daß Sie auch an dieser Sorte Gefallen finden werden, und bin . . .«

». . . muß ich sehr bedauern. Auch Ihrer Syringa Wolfii traue ich nicht recht, da sie nach Zanders Garten-Lexikon bis sechzehn Zentimeter lange Blätter haben soll, während Ihre kleinlaubig ist und wie eine persica aussieht. Wenn sie das ist, verdirbt sie mir eine zweite Gruppe. Ich weiß wirklich nicht . . .«

Worauf sich der Handelsgärtner mit einem kräftigen Fluch gestärkt haben dürfte, um sich zur gewinnenden Ruhe durchzuringen, mit der er mir antwortete, daß ». . . Syringa reflexa ebenso schön blüht wie Syringa Sweginzowii« (er vergaß hinzuzufügen, daß sie sich zudem leichter aussprechen läßt), »während die gelieferte Syringa Wolfii nur deshalb kleiner belaubt ist, weil sie bei mir im Schatten stand«.

Der Leser, dem mein Jugendgedicht flüssiger eingegangen sein mag als die gereizte Fachsprache des Briefwechsels, sei unterrichtet, daß »Syringa« die allgemein botanische Bezeichnung für Flieder ist, während die Namen Sweginzowii, reflexa, Wolfii und persica einige »botanische« Fliedersorten bezeichnen. Genau gesagt sind sie besonders botanisch, weil ja auch der landläufige Gartenflieder in die Botanik gehört, obzwar sie ihn geringschätzig nur »Syringa vulgaris« oder »gemeinen Flieder« benennt und hierin alle seine Veredlungen miteinbegreift: das purpurrote »Andenken an Ludwig Späth« etwa, den rosa »Sinai« und die »Madame Lemoine«, welche die Königin aller gefüllten weißen Gartenflieder ist. Die aber gehören nicht zu den »botanischen« Fliedern, obzwar ich nicht anzugeben vermöchte, was sie daran hindert.

Auch ein Flieder wird um so komplizierter, je genauer man ihn betrachtet und zu beschreiben versucht. Ihn nach Blüte und Blatt ins System der botanischen Wissenschaft einzuordnen, erfordert besondere Aufmerksamkeit.

Der Weise begnügt sich, an ihm zu riechen.

Doch – wer ist schon weise? Unsereiner blättert harmlos in einem Garten-Katalog, und statt auf die harmlose Salix pendula oder Trauerweide, die er eigentlich bestellen wollte, fällt sein Blick auf den gefährlich unterteilten Absatz »Syringa – Flieder (Oleaceae)«, und halb unbewußt überfliegt er diese Einleitung:

»Maienzeit – Fliederblüte! Jahr für Jahr immer aufs neue sehnsuchtsvoll erwartete und begrüßte Blütenpracht! Allgemein bekannt sind die vielen herrlich duftenden Spielarten des gemeinen Flieders, Syringa vulgaris, von denen wir nachstehend eine große Anzahl der besten und edelsten Sorten anbieten. Viel häufiger aber sollten die bisher fast unbekannten fremdländischen Arten aus Persien und Ostasien unsere Gärten schmücken. In freier, sonniger Lage stehen sie unserem Gartenflieder an Reichblütigkeit und Blumenpracht nicht nach, übertreffen ihn aber an Schmuckwert durch den edlen und prachtvollen Aufbau der Pflanze. Von diesen Arten bieten wir die nachstehend angeführten besten und schönsten Sorten an: . . .«

Als ich das las, drang mir ein botanischer Fliederkeim ins Hirn und erzeugte dort Delirium.

Bei klarem Bewußtsein hätte ich nicht weitergelesen, sondern mir gesagt, daß ich weder in Persien noch Ostasien je einem Fliederstrauch von edlem und prachtvollem Aufbau begegnet bin. Zudem hätte ich mich des Ärgers entsonnen, den mir der bisher

einzige Flieder meines Gartens – eine Syringa vulgaris mit den
üblichen lila Blüten – Jahr für Jahr verursacht. Mit seinen Wurzel-
schößlingen verunreinigt er eine ganze Terrasse. Trotz solchem
Kraftüberschuß leidet er an einer chronischen Hautkrankheit:
nach jedem Regen bedeckt sich seine Rinde mit weißen Schimmelpilzen. Dem Rat eines erfahrenen Gärtners zufolge bepinsele ich
sie mit Sardinenöl, und danach riecht er denn auch.
Voriges Jahr hat sich meine Syringa vulgaris, wirklich vulgär,
auch noch mit einem orangefarbenen Schmarotzer eingelassen, an

dem sie nun einzugehen droht. Flieder braucht nun einmal Kalk, und eben der fehlt dem Urgestein des Tessin.

All das sollte ich mir gesagt haben, hätte nicht schon die Einleitung mein Unterbewußtsein verwirrt. Für Gartenkataloge bin ich allzu anfällig. Wendungen wie »fast unbekannt« oder »nur für Liebhaber« lähmen meine Vernunft.

Die Infektion wucherte, wie eben Flieder wuchert. Flugs schlug ich im Zander und im Foerster nach, las, wie enthusiastisch auch sie die botanischen Flieder beurteilen, und war damit auch schon von dem Fieber ergriffen, in dem der Gartenfreund Bestellzettel ausfüllt. Die Syringae Josicaea eximia, Meyeri, Sweginzowii und Wolfii mußte ich unbedingt im Garten haben. Die Henryii floreal unterdrückte ich nur mühsam; doch als ich statt der Sweginzowii die reflexa bekam, ließ ich sie mir doch noch kommen und die Syringa rothomagensis dazu (»wundervolle, reich blühende Kulturform der persica vulgaris, die bis vier Meter hohe Sträucher mit schlanken, schön überhängenden Zweigen bildet; die endständigen, lockeren, großen, hellvioletten Blütenrispen entfalten sich im Mai«). Da sie den Einzeltransport nicht gelohnt hätten, ließ ich sie noch von der Syringa Julianae (»reizende Art aus Zentralchina«) begleiten. Derart erklärt sich der zitierte Briefwechsel, der sehr fachmännisch wirkt, während ich ihn bloß auf Grund fremder Kenntnisse führte. Vertrauensvoll, wie ich nun einmal bin, hatte ich mich auf Kataloge und Hilfsbücher verlassen. Das hielt mich freilich nicht ab, die Sweginzowii anmaßend über die reflexa zu erheben, die ich statt ihrer erhalten hatte, und die Verläßlichkeit der Wolfii zu bezweifeln.

Schwieriger, als all diese Flieder zu kaufen, war es hernach, die kleinen Strauchgerippe nach Form und Farbe gefällig zu gruppieren.

Nutzlose Arbeit! Schon im ersten Frühling zeigte sich, daß alle lila blühten. Wie geschickt sich der Katalog auch bemüht hatte, ihre Farben in »rosa-lila«, »purpur-rosafarben«, »purpur-lila«, »dunkel-rosafarben«, »hell-violett« und »lila-rosa« zu differenzieren: lila waren alle, und lila sind sie geblieben!

Da meine Gartenästhetik denn doch zur Erkenntnis hinreicht, daß einfarbige Gruppen langweilig wirken – zumal in gebrochener Farbe –, blieb mir nichts anderes übrig, als den botanischen Fliedern im Jahr darauf Kulturflieder in Kontrastfarben nachzubestellen: den dunkelroten »Kongo«, die königlich weiße »Madame Lemoine« nebst dem weißen »Jan van Tol« (als ihren wenn auch nicht ebenbürtigen, so doch reinweißen Prinzgemahl) und dazu die fleischfarbene »Macrostachia« (bei der sich leider herausgestellt hat, daß »fleischfarben« auch nur eine handelsgärtnerische Umschreibung von lila ist).

Kaum war diese Bestellung im Briefkasten, als ich in einem strengen Gartenbuch den Satz las: »Unverzeihlich ist es, Flieder ohne die Nachbarschaft von Goldregen zu pflanzen, da nur Goldgelb die Fliederfarben zur Wirkung bringt.«

Unverzeihlich, in der Tat! schlug ich mir an den Kopf, Goldregen, was sonst! Lila gegen tropfendes Gold! Hurtig lief der Kulturflieder- die Goldregen-Bestellung nach. Sie holte sie zwar nicht mehr ein, aber die Goldregenbüsche trafen doch früh genug ein, um mir zu zeigen, daß ich keinen Platz mehr für sie hatte. So gut wie alles mußte ich umpflanzen, und das war eine Zumutung, deren Härte mir nur der Besitzer eines steinigen Berggartens nachfühlen kann. Als ich schon mit dem Gedanken spielte, wenigstens Josicaea eximia und reflexa auf den Kompost zu werfen, kam aus Zürich die Rechnung, die sich so stattlich summierte, daß ich unter Kuratel gehörte, wenn ich so wertvolle Pflanzen vernichtet hätte.

Also stellte ich seufzend die Eimer zurecht, in denen ich, wenn niemand zusieht, die Steine meines Gartens über den Hag auf die Straße werfe, ergriff den Spaten und versprach mir, nie wieder in Katalogen zu blättern.

Ja, wer das könnte! Indem ich es mir vornahm, kamen mir auch schon Bedenken.

Ist meine Arbeit nicht besser im Garten aufgehoben als auf dem

Schreibpapier? Und mein Geld nicht erfreulicher in Pflanzen investiert als in Aktien?

Hier sehe ich es wenigstens blühen. Entschuldigungen strömten mir nur so zu. Daß ich von botanischen Fliedern nichts verstehe, ist doch keine Ausrede! Du lieber Himmel, wenn ich bedenke, wie manches ich schon in Angriff genommen habe, ohne etwas davon zu verstehen!

Und wie wenig davon hat auch nur blaßlila geblüht...

Gärten in aller Welt

Ein Volk erkennt man an seinen Gärten.

Schon in Europa: welch ein Unterschied zwischen den Gärten Deutschlands, wo alles verboten ist, was nicht erlaubt ist (und wie wenig ist dort erlaubt!), und denen Englands, wo alles erlaubt ist, was nicht verboten ist (und wie wenig ist dort verboten!).

In Deutschland steht der Rasen unter Denkmalschutz. Wehe dem, der ihm auch nur ein Hälmchen krümmt! Hingegen lagern auf dem Rasen des vornehmen Londoner Hyde-Parks tagsüber Familien und bei Dunkelheit Liebespaare. Und tags wie nachts durchtummeln ihn Hunde. Hingegen müssen in einem deutschen Garten selbst Schoßhündchen an der Leine geführt werden, und zwar – eine Tafel fordert dies ausdrücklich! – an *kurzer* Leine! Wäre sie lang, bestünde die unausdenkliche Gefahr, daß ein Hund den Rasen beträte. Demnach verrichtet ein gesetzesfrommer deutscher Hund sein Geschäftchen an kurzer Leine auf dem Gartenweg, und der nächste Spaziergänger nimmt es an seinen Schuhsohlen mit nach Hause.

Im Frankfurter »Palmengarten«, der so exklusiv ist, daß er Eintrittsgeld fordert, wäre ich um ein Haar verhaftet worden, weil ich einige Schritte in den Rasen getan hatte, um einen mir fremden Strauch aus der Nähe zu besehen. Daß ich ihm dabei ein Blättchen abriß, um mich über dessen Form und Zähnung zu vergewissern, hätte mich fast zum Kriminellen gemacht.

Der städtische Gärtner, der mich dabei sah, schrie vor Empörung, und sogleich kam ein uniformierter dicker Gartenwächter herangeschnauft, der mir, noch keuchend, seine schwere Hand auf die Schulter legte.

Nun kann ich es nicht leiden, körperlich berührt zu werden. Es sei denn – aber das gehört nicht hierher. Also schlug ich dem Wächter die Hand weg und geriet damit, buchstäblich im Handumdrehen, von der Übertretung – des Rasens nämlich – übers Vergehen der Beschädigung öffentlichen Eigentums ins Verbrechen tätlicher Beamtenbeleidigung.

Der Wächter kommandierte dem Gärtner, schleunigst Polizei zu holen. Für Verbrechen wie das meine war er allein nicht mehr zuständig. Da in Deutschland stets ein Polizist zur Hand ist, dauerte es keine Minute, bis einer herangelaufen kam. Der Wächter berichtete, der Gärtner bezeugte, und der Chor ehrbarer Staatsbürger und Staatsbürgerinnen, der sich im Nu um uns gesammelt hatte, bestätigte so dumpf murrend, als habe Euripides ihn auf die Szene gestellt. Daß mir der Polizist nicht sogleich Handschellen anlegte, wundert mich noch heute. Vermutlich hatte er keine bei sich.

»Ihren Ausweis!« forderte er stramm. Ich reichte ihm meinen brasilianischen Paß, den ich zum Glück bei mir hatte.

»Wissen Sie nicht, daß das Betreten des Rasens verboten ist?« begann er das Verhör auf der untersten Stufe meiner schnellen Verbrecherlaufbahn.

»In Brasilien ist es *nicht* verboten«, verteidigte ich mich so, als sei ich dort geboren und nicht bloß naturalisiert worden. »Bei *uns* sind öffentliche Gärten frei.«

»Das ist *kein* öffentlicher Garten; das ist ein *botanischer* Garten!« fuhr er mich so entrüstet an wie einst im Orient der Hüter einer Moschee, die ich arglos mit Schuhen betreten hatte.

»In Brasilien sind auch *botanische* Gärten öffentlich«, entgegnete ich. »In Rio und in São Paolo . . .«

Doch Volkskunde schien ihn nicht zu interessieren. »Bei *uns* darf man in *keinem* Garten den Rasen betreten!« trompetete er. »Hier sind Sie in der Bundesrepublik Deutschland!«

»Das merke ich!« konnte ich mir nicht verkneifen zu bemerken. Da er zu überlegen schien, ob ich mich damit nicht auch noch der Staatslästerung schuldig gemacht hätte, beeilte ich mich, ihm zu versichern, daß ich alle Hochachtung vor Deutschland habe – vor dem *richtigen* Deutschland, meinte ich bei mir, dem ich meine Bildung verdanke und dessen Spaltung ich lieber heute als morgen behoben sähe.

»Sie haben diesen Strauch beschädigt!« erklomm er die Stufe der Übertretung des Rasens zum Vergehen böswilliger Beschädigung fremden Eigentums. Zu leugnen, daß ich dem Strauch ein Blatt abgerissen hatte, wäre nutzlos gewesen, weil genügend Zeugen dafür vorhanden waren. Zudem hielt ich das Blättchen als Corpus delicti immer noch zwischen den Fingern.

»*Ein* Blättchen! Der Strauch hat Hunderte davon!« suchte ich ihn zu begütigen. – In der Tat, der Strauch war so dick, daß er, mag sein, sogar Tausende Blätter hatte. Nur die Blüten oder Früchte hatte er nicht, nach denen ich ihn hätte bestimmen können. »Und wenn das *jeder* täte?« gab er mir gewichtig zu bedenken. »Sie sprechen im Konditionalis irrealis«, erwiderte ich. Da ich ihn zurückschrecken sah, als hätte ich ihn hinterlistig beleidigen wollen, erklärte ich ihm: »Ich meine: es tut es ja nicht *jeder*. – Mich interessiert der Strauch, weil ich nicht weiß, zu welcher Familie er gehört.«

»Was geht das *Sie* an?«

»Ich habe selbst einen Garten . . .«

»Ich auch, ich bin Schrebergärtner«, entfuhr es ihm im Stimmbruch versöhnlichen Tonfalls. »Deshalb rupfe ich aber nicht fremde Sträucher ab!« entsann er sich sogleich seiner Amtspflicht. »*Ein* Blättchen!« – Ich überreichte es ihm.

Er nahm es und besah es mit Interesse. »Wie heißt der Busch da?« fragte er den Wächter halbwegs forsch amtlich und umgänglich menschlich. Der winkte den Gärtner heran, und dieser schnurrte die Personalien des Strauchs ab: »Cornus florida aus Nordamerika.«

»Ein Hartriegel also«, überlegte ich, »und ich hatte ihn für eine Arbutus gehalten, für einen Erdbeerbaum . . .«

»Die sind leicht zu verwechseln«, entschuldigte der Gärtner meinen Irrtum mit *einem* Male versöhnlich.

Seit das Verhör vom Strafrecht ins Gärtnerische abgeglitten war, hatte sich der Chor der Mißvergnügten verlaufen, und nur der Wächter knurrte noch: »Mir hat er auf die Hand gehauen!«

»Durfte er mich anfassen?« fragte ich den Polizisten.

Der überdachte seine Vorschriften und entschied nach kurzer Pause: »Nur wenn Sie davongelaufen wären! Jetzt sind Sie quitt!« Damit gab er mir meinen Paß zurück und wir drei Gärtner unterhielten uns geraume Zeit darüber, wie täuschend mancher Hartriegel dem Erdbeerbaum gleicht. Daß man in China Marmelade aus dessen Früchten macht, interessierte den Polizisten, während ich vom Gärtner erfuhr, daß solche Hartriegel in Nordamerika »dog wood« heißen. Die freimaurerische Verbundenheit der Gärtner hatte mir aus arger Verlegenheit geholfen.

Wie gesagt: nichts gegen Deutschland und nichts gegen seinen Ordnungssinn! Nur: man kann auch übertreiben . . .

In der Zeit der Weimarer Republik war ich aus Prag nach Leipzig berufen worden, um dort einen Zeitungsverlag zu leiten. Bevor ich meinen neuen Posten antrat, besah ich mir die Stadt, und da mir schon damals Gärten lieber waren als Straßen, landete ich in einem städtischen Garten, der zwar »Rosental« hieß, aber nach wildem Knoblauch stank.

Es war ein heißer Sommertag, und ich hatte mich müde gelaufen. Schon wollte ich mich auf eine schattige Bank setzen, als ich auf ihrem Rückenbrett in Versalien las: »NUR FÜR KINDER!« Besorgt, nicht gleich nach meiner Ankunft gesetzbrüchig zu werden, ging ich zur nächsten Bank. Sie trug zwar die Aufschrift »NUR FÜR ERWACHSENE!«, so daß ich sie, da mich kein Kind begleitete, hätte benützen dürfen; doch leider stand sie in der Sonne.

Erst die dritte gab mir Rast. Auf der stand schlicht »BANK« und sonst nichts. Wahrscheinlich war der ordnungsliebenden Stadtverwaltung keine Spezialbenennung mehr eingefallen, so daß sie sich mit der Feststellung zu begnügen hatte, daß dies eine Bank sei und nicht etwa ein Tisch.

Auf jene tolerante Bank setzte ich mich endlich und sah zwei kleinen Mädchen zu, die Ball spielten – auf dem Kiesweg, versteht sich, wie es deutschen Kindern geziemt.

Ich überlegte, was wohl geschähe, wenn ihnen der Ball in den Rasen fiele, den zu betreten eine auffällige Tafel »STRENG« verbot. Wäre er dort bis zum Jüngsten Tage liegengeblieben? Oder war die Polizei befugt, sich seiner als Corpus delicti für den Strafprozeß gegen das sündenfällige Kind zu bemächtigen?

Nun, es waren deutsche Kinder, und denen fällt kein Ball in den Rasen.

Später erfuhr ich, daß deutscher Rasen sogar für die Polizei tabu ist. Ein Werkstudent, der als Korrektor bei uns arbeitete, hat es mir erzählt:

Als er sich einmal verspätet hatte, war er in jugendlichem Ungestüm quer über den Rasen in die Universität gelaufen, statt dem Weg zu folgen, der das Gras durchschlängelte. Da hörte er hinter sich eine Polizeipfeife trillern und konnte eben noch durchs Tor huschen, bevor der Polizist ihn einholte. Der nämlich lief, wie es sich gehört, auf dem gewundenen Weg. Da die Polizei akademischen Boden nur mit Erlaubnis des Rektors betreten durfte, kam der junge Mann mit dem bloßen Schrecken davon. Noch als er es mir berichtete, zitterte seine Stimme, und er bat mich eindringlich, es ja nicht weiterzuerzählen. Inzwischen sollte jedoch, meine ich, auch ein so schweres Verbrechen verjährt sein, und den Namen gebe ich sowieso nicht preis.

In deutschen Gärten kann man nicht vorsichtig genug sein.

Als ich Deutschland nach der Hitlerei wiedersah, kam ich auch nach Stuttgart und wohnte dort in einem »Gästeheim« (worunter eine Kreuzung zwischen Hotel und Privatquartier zu verstehen ist). Mein Gästeheim lag – und liegt wohl noch – in einem Villenviertel oberhalb der Stadt. Gern saß ich im nahen städtischen Garten auf dem Helfferichplatz, bis mich einmal ein Regenguß ins Wartehäuschen der Straßenbahn vertrieb. In dessen Außenwand sah ich nun erst eine Bronzetafel der soliden Art eingemauert, die an Häusern berühmter Männer hundert Jahre nach deren Geburt oder Tod feierlich enthüllt zu werden pflegt.

Auf dieser Tafel aber stand – und steht wohl noch – etwas ganz anderes. Nämlich: »Die Bank ist Benützern der Straßenbahn vorbehalten! Zuwiderhandelnde werden wegen Hausfriedensbruchs bestraft.«

Mir schauderte. Auf eben jener Bank war ich schon oft vorher gesessen, ohne zu ahnen, welches Verbrechens ich mich damit schuldig gemacht hatte! Zum Glück war ich nicht erwischt worden.

In Deutschland gehören Verbotstafeln zur Gartenflora und deshalb auch in mein Gartenbuch. Aus ihren stets grünen Stengeln erblühen weiße (seltener zinnoberrote) Inschriften, die so unbarmherzig sind, daß sie das Abpflücken der Blumen selbst bei strengem Frost verbieten.

Wie schon gesagt: ein Volk erkennt man an seinen Gärten.

Wer zum erstenmal nach *Japan* kommt, ist allzu willig, das stete höfliche Lächeln der Japaner für bare Münze der Herzlichkeit zu halten. *Lafcadio Hearn* hat darüber bezaubernde Bücher geschrieben – und ist verbittert gestorben, als er endlich durchschaut hatte, daß es nur konventionelle Maske ist. Hätte er den Japanern aufmerksamer in die Gärten gesehen als ins Gesicht, wäre ihm diese Enttäuschung erspart geblieben.

Von den fürstlichen Gärten der Kaiser und Shogune in Kyoto bis hinab zu kaum zimmergroßen Privatgärten dürfen nicht einmal die Pflanzen ihr wahres Antlitz zeigen. Gekünstelt wie das japanische Lächeln will auch der japanische Garten etwas vortäuschen, was er nicht ist: Landschaft nämlich.

Dünn durchschlängelt ein Rinnsal als Fluß die Maulwurfshügel, die Berge vortäuschen, um sich als Wasserfall von kniehohen Felsen zu stürzen. Zwergbäumchen tun so, als seien sie ein Wald, Zwergazaleen gebärden sich als sein Unterholz. Jeder Bestandteil solch eines Gartens steht in bewundernswerter Proportion zum Ganzen. Nur: ein Garten ist es nicht, sondern allenfalls eine Landschaft aus Liliput.

Als man mir in Japan eine hundertjährige Kiefer zeigte, die, obzwar nur zwei Spannen hoch, an Stamm wie Geäst einem alten Waldbaum glich, bewunderte ich sie zuerst. Nachdem mir aber ihr Besitzer erklärt hatte, daß solche Zwergbäumchen nur zu erzielen seien, wenn man ihnen das Wasser mit dem Teelöffel zumißt und ihrem Gefäß nicht mehr Erde gibt, als für knappstes Vegetieren hinreicht, tat mir die kleine Kiefer leid, die hundert Jahre lang an der Grenze des Verhungerns und Verdurstens gehalten worden war. – Je nun, der Geschmack ist verschieden, und was in Ostasien als Gipfel der Gartenkunst gilt, mag dem westlichen Gartenfreund als quälende Künstelei erscheinen.

Der Gerechtigkeit wegen sei jedoch vermerkt, daß Japans öffentliche Parks ihren Gewächsen weiten Spielraum lassen. Sie fallen aus einem Extrem ins andere: aus der Verniedlichung in die Vermassung. Felderweit bronzefarbene Chrysanthemen, wälderweit gefüllte Kirschblüten oder rotes Ahornlaub; Hortensien oder Azaleen verwachsen zu feistem Dschungel. Solche Parks präsentieren freilich zumeist nur *eine* Pflanzenart. Trotz der uralten Tradition ihrer Gartenkunst ist den Japanern der vielfarbige Garten aller Jahreszeiten fremd geblieben. Die winterblühende Hamamelis heißt zwar »Japanische Zaubernuß«, ist aber häufiger in unseren Gärten anzutreffen als in denen ihrer Heimat.

Der in vielerlei Blütenfarben prangende Garten ist auch den *Chinesen* fremd (genau gesagt, den Chinesen alten Schlags; das kommunistische Neuchina kenne ich nicht).

Mehrtausendjährige Kultur hatte die Chinesen mißtrauisch gegen alles Grelle gemacht. Den blitzenden Edelsteinen unseres Geschmacks – Brillanten, Rubinen, Saphiren – zogen sie mattfarbene, undurchsichtige Schmucksteine vor: moosgrünen Jade oder Rosenquarz in Farbe der Pfirsichblüte. Unsere Vorliebe für Glanz des Schmucks, des Auftretens oder der Blumen halten sie für parvenühaft. Was glänzt, ist gemein, meint der Chinese, und so mancher Superfilm des Westens gibt ihm darin recht. Nun ja: zu einer Zeit, in der die Europäer noch im Walde Eicheln aßen, haben chinesische Künstler anmutige Figuren aus Rosenquarz und Jade geschnitzt. Viele Jahrhunderte vor uns haben Chinesen den Buchdruck, das Porzellan, den Kompaß, das Schießpulver und manches andere erfunden, worauf wir uns eine Menge einbilden. Es sollte mich nicht wundern, wenn sie auch die Atomspaltung lange vor uns entdeckt und in stiller Weisheit wieder vergessen hätten. Hatten sie sich doch des Schießpulvers während eines Jahrtausends nur für Feuerwerke bedient. So zurückhaltend, wie China es war – und wohl wieder werden wird, wenn einmal der billige Glanz seiner westlich geschulten Kommunisten verblichen sein wird –, sind auch seine Gärten. Nicht auf Effekt kommt es ihnen an, sondern auf Finessen. In der Zypressen-Allee am heiligen Berg Tai-Schan mußten mich die Sänftenträger darauf aufmerksam machen, daß die links stehenden Bäume ihren Stamm linksherum schrauben, während ihn ihre Gegenüber rechtsherum drehen.

In China ist die Pflanze auch Symbol. Eine amerikanische Missionarsfamilie in Amoy hatte vor ihr Haus eine Trauerweide gepflanzt. Immer wieder wurde sie nachts aus dem Schlaf geweckt, bis sie schließlich erfuhr, daß in China Weiden vor der Haustür das gleiche bedeuten wie bei uns im Westen rote Laternen. Deshalb heißen die Mädchen beruflich lockeren Lebenswandels in China »Weidenmädchen«.

In chinesischen Gärten habe ich zum ersten Male *Kakis* gesehen, breitkronige Obstbäume mit großblätterigem Laub, das sich im Herbst von Lackgrün in starkes Rot färbt. Ist es abgefallen, schwellen Früchte zu Orangengröße an und färben sich purpurn. Zu Weihnachten steht so ein Kaki da wie ein Christbaum, der mit roten Glaskugeln behängt ist.

Um süß und saftig zu werden, brauchen die Kakipflaumen Frost. Da sie also winterhart sind, fragte ich mich, ob sie nicht auch in Europa gedeihen würden, südlich der Alpen wenigstens, denn ich hatte gehört, daß sie im Sommer viel Sonne wollen. Ich wunderte mich, warum niemand vor mir auf diesen klugen Einfall gekommen sei, und sammelte die Samen der Kakis, die ich aß. Das war eine Menge; in China sind sie ein volkstümliches Obst. Man ißt sie frisch – am besten in der Badewanne, weil Kakiflecke nie wieder aus der Wäsche herausgehen – und man ißt sie auch getrocknet. In Peking bieten Straßenhändler an allen Ecken Kränze dürrer Kakis an, die wie Kranzfeigen aussehen, aber besser schmekken.

Ein gutes Pfund Kakisamen nahm ich heim, um sie im Tessin zu Bäumen hochzuziehen. Sechs bis acht Jahre, hatte man mir gesagt, brauchten sie vom Samen zu den ersten Früchten, und die Zeit wollte ich gern warten, bis meine großartige Entdeckung als »Kaki Katziensis« ins Gartenlexikon einginge. Welch Gärtnerruhm für mich und welch eine Bereicherung für Europas Gärten!

Es war Mittwinter, als ich mich mit einem Beutel Kakisamen und vielerlei anderem im Tessin ansiedelte. Auf die Kakisamen bildete ich mir mehr ein als auf den Krönungsmantel der letzten Kaiserin von China, den ich gleichfalls mitbrachte, ein wahres Museumsstück chinesischer Handarbeit, mit hundert eingestickten Kindern auf kirschblütenfarbener Seide, jedes Kind in anderem Gewand und mit verschiedenem Spielzeug.

Als ich mich häuslich eingerichtet hatte, stellte ich mich meinen Nachbarn vor, und sie erwiderten meinen Besuch.

Und was brachte mir einer von ihnen als Gastgeschenk ins Haus? Man wird es nicht glauben, aber es ist wahr: einen Korb reifer Kakis! Daß auch ohne mich Kakis im Tessin wuchsen, enttäuschte mich tief. Dennoch gedeihen sie hier in solcher Fülle, daß sie im Winter das billigste Obst sind. Größere Kakis als in China und kernlose dazu wachsen in und um Locarno.

Auch in meinem Garten tragen fünf Kakibäume von Jahr zu Jahr üppiger. Mein kleiner Haushalt kann all die Kakis nicht bewältigen. Man kann doch nicht *nur* Kakis essen!

Die Nachbarn aber, denen ich sie nun schenken will, lehnen ab, weil sie selber zu viele haben. An Verkaufen ist schon gar nicht zu denken. Zwischen Weihnachten und Februar überfluten Kakis alle Obstgeschäfte am Lago Maggiore.

Ähnlich wie hier mit Kakis erging es mir in *Brasilien* mit *Bananen*. Wo immer ich dort wohnte, hatte ich zu viel von ihnen.

Eine Bananenstaude vermehrt sich in geometrischer Progression. Jedes Jahr treibt sie einen übermannshohen fleischigen Strunk mit enormen Blättern – ein einzelnes dient dort als Regenschirm – und inmitten der Riesenblätter hängt eine violette Blüte, um deren langen Stiel sich bald mehrere Dutzend Bananen bilden: je nach der Sorte klobige braune »Erdbananen«, deren jede ein Pfund wiegt (roh sind sie zwar ungenießbar, doch gebraten schmecken sie vortrefflich); grasgrüne »Wasserbananen« von immer noch stattlicher Größe; grünlichgelbe »Silberbananen« der Art, die nach Europa exportiert wird; und als besondere Delikatesse »Goldbananen«, die der Volksmund »Mädchenfinger« nennt, weil sie so schlank sind wie die.

Nach der Fruchtreife fault die ganze Staude ab. Doch ihren Wurzeln entsprießen unfehlbar zwei bis drei Jungpflanzen; einmal habe ich sogar sechs gezählt. Daß die Tropenflora nicht ausschließlich aus Bananen besteht, gehört zu den Rätseln, vor die uns die Natur immer wieder stellt.

In meinen vierzehn Brasilienjahren habe ich sechs verschiedene Häuser bewohnt und um jedes einen Garten angelegt: auf zwei Inseln der Rio-Bai, am Waldrand oberhalb Rio und in drei verschiedenen Orten des Küstengebirges. Von wo immer ich auszog: stets hinterließ ich einen Garten. So bin ich nun einmal. Wenn ich ins letzte schmale Haus übersiedeln werde, das uns allen bevorsteht, werde ich auch im Tessin einen Garten zurücklassen.

In manchem meiner Brasilienheime fand ich einen Garten vor, den ich nur zu pflegen brauchte, in anderen wuchs ums Haus herum nur Dschungel: nirgendwo aber fehlten Bananen. Anfangs freute ich mich über sie, später bekam ich sie satt und schließlich mußte ich sie bekämpfen, um nicht eine Bananenplantage statt eines Gartens zu haben.

Leider bin ich ein Pedant, der seinen Garten sauber hält, und es gibt kaum eine unordentlichere Pflanze als die Banane. Mir fehlt der Gleichmut brasilianischer Bauern, die sich damit begnügen, ihren Bananenstauden reife Fruchttrauben abzuhacken. Die Hausfrau pflückt von ihnen, was die Familie braucht, und wirft den Rest den Schweinen vor. Ich hingegen ertrage im Garten keine fauligen Strünke und dürren Blätter.

Also putzte ich meine Bananen mit dem Buschmesser und verbrannte den Mist. Das behagte ihnen über die Maßen. Sie vermehrten sich und fruchteten, daß es eine wahre Freude gewesen wäre, wenn ich nur gewußt hätte, was ich mit all den Bananen anfangen sollte. Frische Bananen als Obst zum Frühstück, gebratene mittags zum Fleisch, gesottene abends zum Nachtisch – ich bekam genug davon. An Bananen habe ich mich so gründlich überessen, daß ich jetzt noch wegsehe, wenn ein Kind an einer Banane lutscht.

Den Papageien, die ich im Garten hielt, ging es nicht anders. Die Araras krächzten entrüstet, wenn ich ihnen Bananen anbot, und der freche Amazonaspapagei »José« biß endlich statt in die Banane in meinen Finger. Papageien lieben Abwechslung: einmal wollen sie Reis, ein andermal gieren sie nach Nüssen; dann wieder stibitzen sie ein paar Hühnerknochen aus dem Mülleimer. Auch Bananen schmecken ihnen gelegentlich, aber ich hatte ihnen zuviel davon zugemutet. Als ich ihnen immer wieder Bananen vorsetzte, gingen sie zur Selbstversorgung über und plünderten das halbreife Maisfeld meines Nachbars. Maiskörner, die noch süß und milchig sind, mögen sie lieber als Bananen. Dem Nachbar war das gar nicht recht. Daß ich ihm als Ersatz für den Mais Bananen anbot, entrüstete ihn geradezu. Von denen hatte er selbst mehr als genug.

Nicht einmal die Negerbübchen, die mich auf der Straße anbettelten, nahmen mir Bananen ab. Meine überschüssigen Mangos und Orangen wurde ich an sie los – aber Bananen? Nein, auch Straßenjungen haben ihren Stolz.

Nun bestehen die *Gärten Brasiliens* nicht nur aus Bananen, so erpicht die auch darauf wären, sie gänzlich zu besetzen. Vielerlei Blütenbäume und -sträucher wachsen in Fülle, da kein Frost sie hemmt: violett blühende Jacaranda-Bäume, deren Holz Palisander heißt; Rosawolken von Kapok-Bäumen, mit deren Fruchtfäden Kissen gefüllt werden; flammend roter Hibiskus, den Kolibris umschwirren; Königsakazien, deren goldgelbe Trauben dreimal länger sind als die unseres Goldregens; orangenfarbene Flamboyants; lila, lachsfarbene und weiße Bougainvilleas; himmelblaue Glockenwinden, die haushoch klettern; allerlei Orchideen und viele andere Tropengewächse von einer Größe und Leuchtkraft, die nördlichen Gärten versagt sind.

Der allerschönste Garten Südamerikas ist der *Botanische Garten* von *Rio de Janeiro*. Groß wie ein ganzes Stadtviertel vereint er in zwangloser Gruppierung die Flora aller Zonen des kontinentweiten Landes. Hier blüht die Victoria regia im sumpfigen Wasser, das ihr vom Amazonas her vertraut ist; dort streben Alleen von Königspalmen gleich Pfeilern gotischer Dome himmelwärts; Hunderte Orchideenarten; ein eigenes Revier für fleischfressende Pflanzen; Schmucknesseln mit tellergroßen Blättern, die in allen Regenbogenfarben glitzern; »Elefantenohren« mit größeren Einzelblättern als das Ohr des afrikanischen Elefanten (der be-

kanntlich noch größere Ohren hat als der indische); Lianen, dünn
wie Drähte, und Lianen, dick wie Schiffstaue; Kaffeebäume und
Zimtbäumchen und Mangobäume und Gummibäume und...
und... und...
Wollte ich alles aufzählen, was im Botanischen Garten von Rio
wächst, reichte das ganze Buch nicht hin. Dem Gärtner gehen die
Augen über. Deshalb gibt er seinen Zunftgenossen den Rat, in Rio
zuallererst den Botanischen Garten zu besuchen. Wer bloß *einen*
Tag Zeit hat, nur ihn! Auch wer damit die Fahrt auf den Zucker-
hut versäumt und den Strand von Copacabana dazu, wird mir für
den Rat dankbar sein. Dieser Garten ist wichtiger. Die Welt hat
keinen anderen wie ihn. Es sei denn...
Ja, der Botanische Garten von *Ceylon* kann sich allenfalls mit
dem von Rio messen — oder konnte es doch, als er unter englischer
Aufsicht stand.
Doch ist er umständlicher zu erreichen als der von Rio, vor
dessen Eingang viele Straßenbahn- und Autobus-Linien halten.
Hingegen liegen die »*Peradeniya-Gardens*« mehr als hundert Eisen-
bahnkilometer von Ceylons Hauptstadt Colombo und von dort
noch eine Wagenfahrt seitab der Bahnstation auf halber Höhe des
Vulkangebirges. Deshalb bleiben die meisten Touristen im Zuge
bis *Kandy* sitzen, dessen berühmter Tempel Buddhas linken oberen
Augenzahn in rubinenblitzender Goldmonstranz aufbewahrt.
Schade! Der Garten von Peradeniya ist sehenswerter. Die rote
Lava-Erde, in der er wurzelt, erweist ihm ihre außerordentliche
Fruchtbarkeit. Wenn ich die Augen schließe, um mich jenes fernen
Gartens zu entsinnen, meine ich, daß er sich mit Rios Botanischem
Garten messen kann.
Solch riesiger Bambus wächst sonst nirgendwo. Man bedenke,
Bambus ist Gras, und stelle sich ein Grasbüschel vor, dessen Hal-
me vierzig Meter hoch und einen halben Meter dick sind!
Denke ich an den schönsten Garten Ceylons zurück, sehe ich mich
an phantastisch hohen gelben Bambusstengeln emporblicken,
und, winzig wie eine Ameise im Gras, ungläubig fragen: *gibt* es
das? Und wie einst rauschen mir im Monsunwind von hoch, hoch
oben unzählige Bambusblättchen, die ich nicht mehr sehen kann,
die Antwort herab: ja, das gibt es...
Die nächststarke Erinnerung an jenen Garten läßt mich seltsamer-
weise nicht an Pflanzen denken, sondern an Elefanten.
Der Fluß im Gartengelände verbreitert sich nahe dem Ausgang
zu einem kleinen See, und in den wurde, als ich den Garten eben
verlassen wollte, ein Rudel Arbeitselefanten zum Bad geführt.

Ich war schon recht müde geworden, denn ich hatte den ganzen heißen Tag im Garten verbracht, und der Kutscher, der draußen auf mich wartete, knallte ungeduldig mit der Peitsche. Dennoch stand ich noch eine gute Stunde am Ufer, um den Elefanten zuzusehen. Sie badeten geradezu menschlich, ja, äußerten mehr als menschliche Freude an der Erfrischung. Prustend und trompetend tobten die mächtigen Bullen im kleinen See herum und tauchten so tief in ihn ein, daß nur noch die Rüsselspitzen zu sehen waren, durch die sie atmeten. Ihre braunen Tamilenboys mußten sie oftmals rufen, bevor sie sich den Arbeitsschmutz mit den rauhen Außenschalen der Kokosnüsse abreiben ließen, die als Striegel dienen.

Die Elefantenkühe benahmen sich gesitteter. Standen sie knietief im Wasser, besprengten sie sich, bevor sie weiterstampften, gleich ängstlichen Matronen erst Brust und Kopf. Eine hatte ihr Kälbchen mit – nein, ihr Kalb! bei Elefanten sind Verkleinerungsworte fehl am Platze – und hielt es mit dem Rüssel sorgsam am Schwanz fest.

Zwischen dem Riesenbambus am Eingang des Gartens und dem Elefantenbad an seinem Ausgang verschwimmt mir die Erinnerung... Stelzwurzelige Padanus-, kletternde Kalamus- und schlanke Sagopalmen, Gummibäume und Mangobäume, unter denen grelle Tropenblüten aus Beeten leuchten und in Teichen sanftfarbene Lotosblumen schimmern...

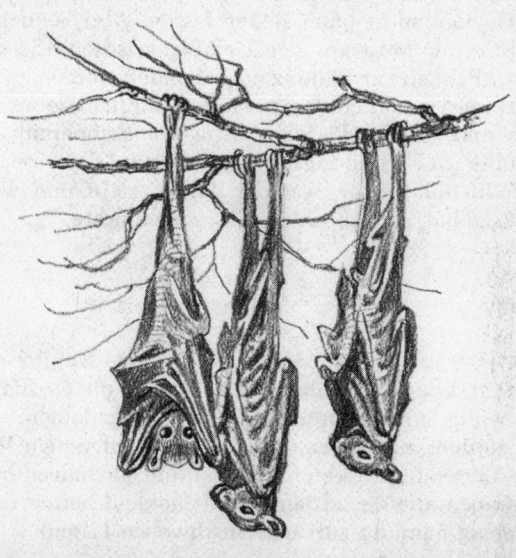

Halt! Eines fällt mir noch genauer ein: ein dicker Bo-Baum, wie er auf Ceylon vor jedem Tempel steht, weil seine weißen Blüten, die stark und süß wie Tuberosen duften, als Opfergaben dienen. Den Baum und seine Blüten kannte ich wohl; doch bis dahin hatte ich seine Früchte noch nicht gesehen und war deshalb verwundert, daß vom breiten Wipfel dicke schwärzliche Schoten niederhingen, die wohl einen halben Meter lang waren, Hunderte – wenn nicht Tausende – davon. So dick die Äste waren: sie bogen sich unter der Last. – »Zu wie großen Früchten so kleine Blüten werden!« staunte ich. Lächelnd klärte mich mein Begleiter auf, daß dies nicht Früchte des Bo-Baums seien, sondern Fledermäuse, die ihn tagsüber als Schlafbaum benutzten.

Genau gesagt waren es »Fliegende Hunde«, die einen Meter klaftern. Ceylon wimmelt von ihnen, und in mondhellen Nächten hatte ich schon oft ihren langsamen, doch fördernden Flügelschlag beobachtet. Nur in Schlafstellung hatte ich sie noch nicht gesehen, in der sie sich, wie auch unsere Fledermäuse, angekrallt kopfab hängen lassen und mit ihren gefalteten Flügeln zudecken.

»Fliegende Hunde« sind harmlose Tiere. Sehr zu Unrecht hat sie ein halbgebildeter Filmproduzent Hollywoods mit den Vampir-Fledermäusen Südamerikas verwechselt, die Mensch wie Vieh Blut abzapfen. Die einzige Unart Fliegender Hunde liegt darin, daß sie sich gern an Palmwein berauschen, weshalb ihn die Eingeborenen Ceylons nicht offen stehen lassen. Also können Ceylons Fledermäuse nur Most aus den Gefäßen naschen, die den angeschnittenen Palmen zur Füllung aufgebunden werden.

So lebhaft mir vom Peradeniya-Garten Riesenbambus, badende Elefanten und schlafende Fledermäuse in Erinnerung sind: das übrige müßte ich Fachbüchern entnehmen, und der Leser hat einen zu feinen Instinkt dafür, was der Autor erlebt und was er aus zweiter Hand hat, als daß ich dies riskieren möchte.

Orchideen

Der Blick in tropische Gärten, den das vorige Kapitel gab, wäre allzu flüchtig, übersähe er ihre bizarrste Zier: die Orchideen.
Doch so willig und anspruchslos sie dort gedeihen, sei davor gewarnt, sie hier zu pflegen. Bei uns brauchen sie ein Warmhaus und stete Betreuung. Rechten Umgang mit Orchideen haben hier nur die Frauen, die sie sich an das Abendkleid heften und mit jedem Atemzug anmutig auf- und abschweben lassen.

Männer sollten die Finger von Orchideen lassen: sie könnten sich anstecken. Es gibt eine Orchideenkrankheit. Ich weiß es; ich habe sie durchgemacht. Heimlich dringt sie ein und ist nur schwer wieder loszuwerden.

Nicht, als ob Orchideen giftig wären. Nein, das sind sie nicht. Von ihren dreißigtausend Arten, Abarten und Kreuzungen ist keine einzige giftig; die meisten sind schön; viele duften; und eine, die Vanille, ist sogar wohlschmeckend. Körperlichen Schaden fügen sie den Menschen so wenig zu wie den Bäumen, auf denen die meisten in Freiheit wachsen. Orchideen sind keine Schmarotzer. Daß man sie in Brasilien dennoch »parasitas« nennt, ist eine ebensolche Verleumdung wie die Benennung »Bluthunde« für die sanfteste Hunderasse auf Erden. Nur Wohnung, nicht Nahrung beanspruchen sie von ihrer Wirtspflanze. Nie zapfen sie ihr schmarotzend Saft ab wie etwa unsere Mistel (die dessenungeachtet als Symbol des lieben Weihnachtsfestes gilt).

Weshalb also die scheue Zurückhaltung, mit der wir eine Orchidee betrachten? Weshalb besingt sie kein Poet, der mit Rosen und Veilchen auf du und du steht? Nur, weil nicht einmal Rilke einen dreisilbigen Reim auf sie fände? Nun, auch Lilien sind widerspenstige Reimer und blühen dennoch ins Volkslied hinein.

Der Grund ist wohl, daß die Orchidee an Form wie Lebensart eine aparte Pflanze ist. Sie ist wie die schöne Seejungfrau, die den Fischer bezaubert, ohne daß er sich mit ihr zu vermählen vermöchte: sie hat einen Fischschwanz statt der Beine. Fremden Zaubers ist sie; das ist der Grund.

Doch ihr Zauber ist stark.

Daß der überschwengliche Jüngling sie seiner Liebsten kauft, ohne auf den Preis zu achten, der seine Verhältnisse bei weitem übersteigt, ist noch die geringste Gefahr. Das sind Ausgaben, die sich in der Ehe bald verlieren. Nicht darin äußert sich die Orchideenkrankheit. Sie befällt auch nicht die Handelsgärtner, die Orchideen an Blumenhandlungen liefern. Die betreiben ein diffiziles Handwerk und sind gegen sein Ergebnis so immun wie Diamantenschleifer gegen das ihre. Wären sie orchideenkrank, würden sie lieber ihr Bett verkaufen als die Cattleyas, die sie gezüchtet haben. Die Orchideenkrankheit, die hier gemeint ist, äußert sich im *Hobby*, Orchideen zu sammeln, zu pflegen, ja, im letzten Stadium sogar zu kreuzen und zu züchten. Mit Haut und Haaren kann einen das auffressen.

Ich infizierte mich in Brasilien, das die Heimat der schönsten *Laelias* und *Cattleyas* ist.

An einigen dürftigen Pflänzchen steckte ich mich an, die mir ein orchideenkranker Nachbar geschenkt hatte, weil seine Frau die Wäscheleine brauchte, an der sie hingen, und er nirgendwo sonst Platz für sie fand.

Sorglos nagelte ich sie in Astwinkeln meines dicksten Mangobaums fest. Ihr Spender hatte zwar »lockeren« Schatten empfohlen, doch gerade das Düster behagte den Pflänzchen über Erwarten. Mit saftig-frischen Haftwurzeln klammerten sie sich an die Rinde an, und ihre Scheinbulben schwollen, als hätten sie sich seit ihrer Erschaffung nach eben diesem Mangobaum gesehnt.

Schon im ersten Jahr schwebten die Blüten meines Oncidium flexuosum gleich einem Schwarm goldgelber Schmetterlinge in linder Brise. Damals glaubte ich an meine glückliche Hand für Orchideen, und damit drang der Keim der Orchideenkrankheit in mich ein.

Nun ist es in Brasilien leicht, Orchideen zu sammeln. Auf Bahnstationen im Walde reichen einem Negerbübchen wildwachsende Orchideen mitsamt den Aststücken, auf denen sie wurzeln, ins Coupé. Ein solches Blütenbüschel kostet kaum mehr als einen

Franken, und, wenn die Lokomotive zur Abfahrt pfeift, nur einen halben. Der Wald ist groß, und das Geld ist knapp. Wenn die Orchideenkrankheit irgendwo grassiert, dann dort.

Ihr Brutherd ist die alljährliche Orchideenausstellung im Automobilklub von Rio de Janeiro, dessen Ballsaal um die Neujahrszeit zwei Tage lang von weißen und gelben und lila und blauen Orchideen überschäumt. Angesichts der handgroßen Blüten bewährter Sorten und neuer Hybriden befällt auch vorsichtige Besucher mit *einem* Male die Sehnsucht, so bezaubernde Pflanzen ständig um sich zu haben.

Mit nur wenigen und billigen Pflanzen beginnen sie; doch mit höher fiebernder Besessenheit – und steigender Rücksichtslosigkeit gegen ihr Bankkonto – verschreiben sie sich immer seltenere und teuerere Sorten aus Amazonien, Ekuador, Venezuela und – sei's darum! – sogar himmelblaue Vandas vom Himalaja.

Selbst dieses zweite Stadium der Orchideenkrankheit, in dem der Patient bekannte Arten kauft, pflegt und durch Ableger vermehrt, ist aber noch minder gefährlich als das dritte, in dem er der Züchtung von Hybriden anheimfällt.

Hatte er sich bis dahin damit begnügt, seine Cattleyas und Miltonias wie eine mütterliche Katze aus der Sonne in den Schatten und aus diesem wieder in die Sonne zu tragen, und seiner Hausfrau nur damit Kummer gemacht, daß er in der Badewanne Holzkohle, Hühnerjauche, Moos und verfaulte Blätter zu Nährboden mischte: entfremdet ihn die Zucht neuer Abarten dem Beruf wie der Familie.

Steril gekleidet wie ein Chirurg, hantiert er nun in einer desinfizierten Kammer mit Versuchsgläschen, Pinzetten, Platindrähten, Nährbouillons und Pilzkulturen, um den sowieso dicken Orchideen-Katalog um noch eine Hybride zu erweitern, deren botanischem Namen sein eigener angefügt wäre.

Wunschtraum in weiter Ferne ...

Denn Orchideen lassen sich Zeit. Vom pulverfeinen Samen bis zur ersten Blüte lassen sie viele Jahre verstreichen.

Elf sorgsame Jahre lang hatte *Thomas Young* in *New Jersey* auf die erste Blüte einer Cattleya-Hybride seiner Zucht gewartet, bis ihm endlich die Geduld riß und er die Anzucht-Töpfchen in einen Winkel des Warmhauses warf. Als er beim nächsten Säubern die Scherben wegräumen wollte: siehe, da war aus *einem* Töpfchen groß und lila die erste »*Canhamiana*« erblüht. Seither hat sie ihren Züchter zum erfolgreichsten Orchideengärtner auf Erden gemacht. Seine Canhamiana-Treibhäuser liefern jetzt aus Ablegern jede Minute des Tages eine schnittreife Blüte und jedes Jahr eine halbe Million Dollar Gewinn. Wohlgemerkt: diesen beispiellosen Erfolg hatte ein Handelsgärtner, nicht ein Liebhaber! Dessen Steckenpferd frißt Geld, ohne welches einzubringen.

Außerhalb der Tropen Orchideen zu züchten, konnten sich früher einmal nur Millionäre leisten, spleenige Lords, Finanz- und Industriemagnaten. In Wien waren die Treibhäuser des Barons *Rothschild* auf der Hohen Warte berühmt. Wenn er sie zur Blütezeit öffnete, staunte das Publikum »Ah!« und »Oh!«. Sie waren eine Sehenswürdigkeit der alten Kaiserstadt.

Jetzt ist die oberste Klasse für Orchideensammler ebenso abgeschafft wie für Eisenbahnreisende. Die einst alchimistisch gehüteten Pflanz- und Zuchtrezepte werden nun in Vereinen diskutiert und von Büchern und Fachschriften erklärt. In Deutschland, der Schweiz und Österreich gibt es jetzt schon einige Hunderte ernsthafte Orchideensammler, deren Elite sich mit der Aufzucht neuer Abarten befaßt. Freimaurerisch verbunden, tauschen sie ihre Erfahrungen miteinander aus.

Einen von ihnen lernte ich bei einer Autofahrt durch den Kanton *Thurgau* kennen, zu der mich ein Blumenfreund eingeladen hatte. (Solange meine Freunde Autos haben, begnüge ich mich mit meiner leeren Garage, in der sie ihre Wagen abstellen können.) Nun gut; im Hauptstädtchen des Kantons Thurgau, das *Frauenfeld* heißt, stoppte mein Freund vor einer Tankstelle, in deren Besitzer ich alles eher vermutet hätte als einen Orchideenzüchter. Die Bärenpranke von Hand, die er mir reichte, paßte besser zum schweren Schraubenschlüssel, den sie bei unserer Ankunft hielt, als zum befruchtenden Holzstäbchen, mit dem er die Pollensäckchen einer Laelio-Cattleya zu deren Stempel niederbog, nachdem ich ihm als Leidensgenosse an Orchideenkrankheit vorgestellt worden war.

Kaum hatte ich ihn nach seinen Pflanzen gefragt, als er auch schon Werkzeug und Benzinschlauch beiseite legte und mich ins Glashaus führte, das der Hinterwand der Tankstelle angebaut ist. Mein Freund hatte aufs Benzin die gute Stunde zu warten, während der ich die sorgsam gepflegte Orchideensammlung besah. Als hernach endlich Benzin ins Auto geflossen war, konnte mein Freund noch immer nicht auf den Starter treten, weil sich der Garagist nicht mit mir einigen konnte, ob ein Virus der Blattscheiden nützlicher mit Nadelstichen zu bekämpfen sei, die er fürs einzig Richtige hielt, um den Kranken heilenden Sauerstoff zuzuführen, oder mit der Nikotin-Bepinselung, die ich schon deshalb für erfolgreicher halte, weil ich ein starker Raucher bin. Ich werde wohl nochmals nach Frauenfeld fahren müssen – sei es auch per Eisenbahn mit zweimal Umsteigen! –, um ihn zu überzeugen, daß ich recht habe. Auch seine Cypripedien muß ich blühen sehen, bevor ich ihm das Ausmaß ihrer Blüten glaube. Nach seiner Behauptung überträfe es das der meinen in Brasilien um einen guten Zentimeter, und das wäre fast beleidigend.

Der destruktive Gärtner

Von Orchideen-Träumereien zurück in den Alltag!
Wie sang doch das Couplet eines der ersten deutschen Sprechfilme – »Es muß nicht Hummer sein mit Mayonnaise, man kann auch glücklich sein bei Harzer Käse...« Und unser Garten ist wahrlich mehr als das. Auf alle Fälle riecht er angenehmer. Zurück zum Thema des Gartenbuchs also:
Auch ein Garten, der seinen Gewächsen zu Beginn ausreichend Distanz gegeben hatte, muß hernach ausgelichtet werden, wenn man nicht Fenster in ihn schneiden will.
Wie Meßschnur und Pflanzholz gehören auch Spitzhacke, Säge und Schere in die Hand des Gärtners. Nebst Unkraut und Krankem muß leider auch lang Gepflegtes aus dem Boden.
Der Holunder da hat sich so breit gemacht, daß er dem Phlox die Sonne nimmt, die gerade dieser dringend beansprucht; die Zeder dort ist so hoch gewachsen, daß sie dem Haus die Aussicht verdeckt; die Clematis kann es nicht lassen, in den Rhododendron zu ranken statt an die Pergola; von Lupinen gibt es jetzt stärkere Blüher und zweifarbige dazu; der Rosenlaube stünden neue Sorten besser an als die alte »Crimson Rambler«, die ihren Meltau nicht loswerden kann; und so fort, und so fort ...

Jeden Sommer sagt sich der Gärtner: »So geht es nicht weiter!« und nimmt sich vor, im nächsten Herbst dies und das Verbrauchte auszurotten, obzwar er es selbst gepflanzt und seit Jahren gepflegt hat. Wenn er es auch immer wieder aufschiebt: eines Tags geht es wirklich nicht so weiter, und er muß vernichten, was überständig geworden ist.

Die alte Edelkastanie, deren Wurzeln die Stützmauern aushebeln, muß endlich einmal fallen, sonst stürzte die Mauer ein! Zugrunde ginge die Kastanie ohnedies, weil die schwarzen Flecken des Kastanienkrebses sie zeichnen, der aus Nordamerika nach Europa eingeschleppt wurde und allein im Tessin Millionen Edelkastanien umbringt. Dagegen gibt es kein Heilmittel. Gnädiger, den mächtigen Baum unter der Axt sterben, als Ast um Ast verdorren zu lassen! – Nur ihn? erschrecke ich. *Alle* alten Kastanienbäume, die in meinem Grundstück seit wohl hundert Jahren aufgewachsen sind, werden daran glauben müssen!

Zwei Holzfäller aus Bergamo, wilde Burschen mit roten Tüchern um die Stirn, hauen und sägen im nahen Wald, Saisonarbeiter, die ihr Leben lang nichts anderes tun, als Bäume umzubringen. Die Gelegenheit nutze ich. Da sie nun einmal bei mir sind, müssen sie auch die drei Kirschbäume umlegen, von deren Früchten mir die Amseln ja doch nur kümmerliche Reste lassen. Als Gartenschmuck taugen japanische Kirschbäume besser. Zwar sind sie unfruchtbar, doch dafür blühen sie gefüllt und rosa.

Ach, wie leer sieht der Garten aus, seit Edelkastanien- und Kirschbäume ächzend zu Boden gesunken sind! Mir tut das Herz weh, wenn ich hinsehe – aber es *mußte* sein.

Seit ihre breiten Kronen zu Kaminholz zerhackt sind, kommt mehr Licht und Luft in den Garten. Dem Flieder und den Azaleen ist jetzt schon anzusehen, wie sie sich darüber freuen.

Zur schöpferischen Aufgabe des Gärtners gehört Vernichten wie Pflanzen. Schöpfung braucht beides. Geburt und Tod hält die Natur im Gleichgewicht. Pflanzen und Pflegen ist nur die konstruktive Seite der Gartenarbeit. Entspräche ihr nicht die destruktive, verwilderte der Garten und ginge zugrunde.

Es gibt freilich auch Gärtner, in denen der destruktive Trieb überwiegt.

Sie schneiden zu viel, und sie stutzen zu viel, und sie wechseln ihre Pflanzen zu oft aus. Ruhelose Verbesserer sind sie. Ihre Gärten werden zu chirurgischen Kliniken der Gewächse.

In manchem – ja, vielem – sollte man dem Garten seinen Willen

lassen. Nur wenige Pflanzen vertragen es wie der Buchs, nach der Schnur geschoren und zu Kugeln oder Säulen beschnitten zu werden. Wo man einem Nadelbaum Äste absägt, bleibt er zeitlebens kahl. Ein Kamelienbusch braucht viele Jahre, bis er an neuem Standort blüht.

Erst Erfahrung belehrt den Gärtner, welche Pflanzen Rückschnitt vertragen und welche nicht. Manche, wie die Rosen, erfordern ihn geradezu, um zu gedeihen; andere, wie die Glyzinen, drängen ihn dem Gärtner als Notwehr auf; auch Forsythien, Deutzien, Yukkas brauchen eine strenge Hand. Wer diese aber Magnolien, Lilien oder Azaleen anlegte, sollte die praktischer gleich ausreißen.

Je nun, nur Schaden macht klug, und wichtiger als derlei Regeln, die man doch erst befolgt, wenn Fehler sie bestätigt haben, ist für den Gärtner die »glückliche Hand«. Die allerdings ist weder aus Büchern zu lernen noch der Erfahrung abzugewinnen. Sie muß angeboren sein.

Jawohl, ich glaube an die glückliche Hand des Gärtners, mag auch die Wissenschaft sie als Aberglauben abtun.

Es gibt, meine ich, eine mystische Beziehung zwischen Gärtner und Garten, die sich so anziehend oder abstoßend äußert wie die Pole eines Magneten.

Pflanzen sind sensitiver als man annimmt, und ich glaube

Strindberg aufs Wort, daß eine Zimmerpalme so lange gedieh, als sie von Eheleuten gepflegt wurde, die einander liebten, doch zu kümmern begann, als sie miteinander stritten.

Gewiß, die Pflanze ist stumm – aber freut sich oder leidet nicht auch ein stummer Mensch gleich uns?

Auch daß die Pflanze ortsgebunden ist, beweist nichts gegen ihre Empfindsamkeit. Zu viele Emigranten habe ich auf fremdem Boden verkümmern gesehen, als daß ich auch uns Menschen Verwurzelung absprechen möchte.

Vernunft in Ehren! Ein langes Leben aber hat mich belehrt, auch Hamlets Worten zu glauben: »Es gibt mehr Ding' im Himmel und auf Erden, als eure Schulweisheit sich träumt.«

Mancher Aberglaube von gestern ist zum Glauben von heute geworden (die herzheilende Wirkung des Fingerhuts, zum Beispiel, war einmal Hexenzauber gewesen). Ebenso kann ein Glaube von heute schon morgen als Aberglaube belächelt werden (den an die Technik halte ich schon heute dafür).

Mag sein, eine feinerfühlige Psychologie als die unsere wird den »Aberglauben« an die glückliche Hand des Gärtners gleichermaßen als echten Glauben legitimieren, wie uns die Feinmechanik des Radios und Fernsehens den »Aberglauben« an Telepathie zum Verleiden hör- und sichtbar bestätigt.

Was wissen denn wir . . .

Im Umgang mit Gärtnern ist zu beobachten, daß manchen die Pflanzen üppig gedeihen, während sie anderen nur unlustig wachsen und blühen. – Da war meine alte Wirtschafterin, die nie ein Gartenbuch gelesen hatte.

Im Hause haben mir ihre Hände viel Porzellan zerschlagen, im Garten aber hatte sie »die gute Hand«. Nirgendwo weithin blühten Geranien so farbstark und gesund wie vor ihrem Schlafzimmerfenster, und wenn sie mir im Garten half, was sie gern tat, ließen sich die Blumen einfach alles von ihr gefallen.

Einmal klagte ich ihr, daß die Königslilien noch immer keine Knospen getrieben hätten. Mit den Fingern bohrte sie eine um die andere aus der Erde, betrachtete mißfällig die dürftig bewurzelten Zwiebeln durch die oft geflickte alte Stahlbrille, die nur noch Bindfäden zusammenhielten, schüttelte den Kopf und stopfte sie wieder in die Erde. Nun sind gerade Königslilien empfindlich; sie wollen tief gesetzt und nicht gestört werden, Kies unter sich haben, der überschüssiges Wasser drainiert, und locker durchlässige Krume darüber. Keinesfalls vertragen sie, daß man sie aus dem Boden zerrt und hernach so sorglos wieder hineinsteckt, als seien sie Buschbohnen. Zum Überfluß stampfte die gute Frau die Erde auch noch mit dem Schuhabsatz fest. Die Lilien sind hin! dachte ich bekümmert. Statt dessen trieben sie von jenem Tag an gehorsam Knospen, und zwei Wochen später prunkten sie in vollem Flor. – Da zweifle noch einer an der glücklichen Hand!

Auch der alte Weinbauer war mit ihr gesegnet, der meine Weinreben jahrzehntelang beschnitten und gegen Parasiten besspritzt hat. Reben brauchen Bauern-, nicht Gärtnerhände. Solange der Alte sie betreute, haben sie mir die dicksten Trauben weit und breit getragen. Seit er gestorben ist und ein anderer sie besorgt, geben sie nur Durchschnittsernte. Daß die Hand des Alten, wie die meiner Wirtschafterin, wohl für Pflanzen, doch nicht für anderes glücklich war, erwies mir dieses leidige Erlebnis:
Ich hatte mir aus China Seide für ein Dutzend Hemden mitgebracht, und da es eine so weiche, dünne und doch dichte Seide war, wie sie nur im damaligen China von Hand gesponnen und gewebt wurde, ließ ich mir die Hemden aus ihr von einer so feinen wie teueren Maßschneiderei in Zürich anfertigen. Als die mir sie geliefert hatte, wusch meine Wirtschafterin sie mit aller Vorsicht und hing sie zum Trocknen im Rebgarten auf. Stolz sah ich mein Dutzend Seidenhemden im Frühlingswind flattern.
Der Weinbauer aber, den sein Alter weitsichtig gemacht hatte, sah sie leider nicht, als er im Morgengrauen meine Reben spritzte; denn er war ein alter Mann und trug dazu noch eine Schutzbrille. Als ich mich nach dem Frühstück wieder am Anblick meiner schönen neuen Seidenhemden weiden wollte, war ich tief betroffen: sie waren ebenso bläulich besprenkelt wie die Weinblätter ringsum. Es war ein Jammer, und so jammerte ich denn auch meine brave Wirtschafterin an, bis sie zurückzankte, daß *ich* die Wäscheleine im Weinberg hatte spannen lassen. Während wir einander noch unmutig die Meinung sagten, spülte und rieb sie meine teuern Seidenhemden im Waschtrog, bis anstelle jedes blauen Fleckchens ein Löchlein war. Kupfervitriol und Seide vertragen sich schlecht miteinander . . .
Von alldem hat der Alte bis an sein Lebensende nichts erfahren. Als Gram und Zorn verraucht waren, sagte ich mir, daß die Hemden nicht wieder heil würden, wenn auch der Weinbauer sich grämte. Also haben wir aus den Hemden Putzlappen gemacht, und der Alte hat seine glückliche Hand bis ans Lebensende an meinen Reben bewährt. Schöne Weintrauben sind wichtiger als schöne Hemden.

Gute Hand im Garten bedeutet also nicht auch gute Hand in anderem. Ich, beispielsweise, bilde mir ein, sie im Garten zu haben, obzwar sie in allen technischen Dingen ausgesprochen unglücklich ist.

Mit einer guten Freundin hingegen verhält es sich umgekehrt. Obzwar sie von Autos mehr versteht als mancher Mann und eine verrußte Zündkerze im Handumdrehen auswechselt – wozu ich niemals fähig wäre –, ist sie nicht imstande, auch nur Petunien großzuziehen. Im Garten ist ihre Hand so destruktiv, daß ich sie keine Rose abschneiden lasse. Mit Vorliebe schneidet sie nämlich Rosen über einwärts gerichteten Augen, so daß der neue Trieb in die Krone hineinwachsen wird. Wie oft schon habe ich ihr gesagt, daß sie das nicht darf! Sie *kann* einfach nicht anders; ihre Hand gehorcht ihrem Willen nicht. So sicher sie ihr Auto beherrscht: als Gärtnerin ist sie im argen Sinne destruktiv.

Wer sich einen Garten wünscht, sollte zuvor ausprobieren, ob auch der ihn gern hätte. Zimmer- und Balkonpflanzen geben dafür brauchbare Fingerzeige. Wem seine Zimmerlinde kränkelt und Begonien im Fensterkasten kümmerlich blühen, sollte es sich dreimal überlegen, einen Garten anzulegen. Der Schritt ins Freie glückt zumeist nur dem, der schon im Zimmer- und Balkonpflanzen Erfolg hatte.

Schlüssiger noch erweist sich die glückliche Hand beim Okulieren der Rosen.

Der Anfänger wage es gleich zu Beginn seiner Gärtnerei! Es ist viel einfacher als die seitenlange Anleitung des Lehrbuchs. Ein Taschenmesser genügt, dem Rosenzweig, den man veredeln will, den T-Schnitt beizubringen, in den man flugs das Triebauge einschiebt, ein Faden, es dort festzubinden. In wenigen Minuten lernt der Neuling die Handgriffe vom Zünftigen. Okuliermesser, Bast, Baumwachs und was sonst das Lehrbuch vorschreibt, mag er sich später anschaffen. *Hat* er die gute Hand, wird er all das nie brauchen. Als Probe genüge es ihm, von einem Rosenstrauch zu dem nebenan zu okulieren. Nach ein paar Tagen tupft er dann ans Blattstielchen des okulierten Auges. Fällt es ab, ist die Veredlung gelungen, und der rotblühende Strauch wird aus dem eingepflanzten Auge weiße oder gelbe Rosen treiben – oder, je nachdem, auch umgekehrt. Bleibt jedoch das Stielchen haften, so verdorrt es mit seinem Keim, und die Hand des Amateurs taugt nichts.

Erstaunlich, wie vielen Anfängern diese Operation gelingt, während so manchem, der sich für einen erfahrenen Gärtner hält, der

Patient unter den Händen stirbt! Solch anderer hätte besser ein anderes Hobby gewählt als Gärtnern. Golfspielen soll ja auch recht erfreulich sein und Kegelschieben erst recht.

Als ich Neuling war, hatte ich einer hellroten Kletterrose drei verschiedene Buschrosen in die Beine okuliert. Mir zu Gefallen blühte sie von da an hell- und dunkelrot, weiß und gelb. Hernach mußte ich Haus und Garten für viele Jahre verlassen, und als ich wieder heimkam, waren meine Veredelungen abgestorben, und der ganze Rosenstock blühte, seinem Saft gemäß, einfarbig rosa. Mag sein, meine Mieter hatten ihm nicht zugesagt. Pflanzen sind wählerisch; einen haben sie gern, den anderen können sie nicht leiden.

Mit der Liebe zum Garten verhält es sich wie mit jeder anderen Liebe: sie muß erwidert werden. Sonst bringt sie nach flüchtigem Genuß dauernde Enttäuschung.

»Gezwungene Liebe tut Gott leid« – das gute alte Wort gilt auch für den Garten.

Kraut und Unkraut

Gegen Unkraut kann sich der destruktive Gärtner guten Gewissens austoben. Unkraut ist der Erbfeind des Gartens. Hier gilt es auszuhacken, auszuraufen, auszurotten! Sogar Giftmord ist hier löblich. Sagte ich »auszurotten«? Wunschtraum! Unerreichbares Ziel! Unkraut ist unausrottbar.

Die Frage ist nur: *was ist Unkraut?*

Mein Lexikon nennt neunundsiebzig Unkräuter bei Namen und bildet ihrer sechzig im Steckbrief ab. Dennoch ist seine Liste unvollständig. Mich ärgern noch viele andere.

Mein aufdringlichstes, das weithin Bandwürmer von Kriechwurzeln treibt, kann ich nicht einmal mit seinem botanischen Namen bestimmen. Da es mir zu Beginn der Nazizeit besonders lästig fiel, nannte ich es »*Adolfine*«. Es ist eine Art Raute mit tiefgezackten Blättern und wächst, sofern man es gewähren läßt, einen Meter hoch. Aber das dulde ich nicht, sondern ich reiße es ab und hacke es aus, wo immer es den Kopf herausstreckt. Als ich schon hoffte, seiner Herr geworden zu sein, schmuggelte es sich in Stallmist wieder ein. Mit Adolfine verglichen sind Löwenzahn, Sauerampfer, Hirtentäschel, Vogelmiere und Stinkende Hundskamille, die unter den Lexikon-Unkräutern obenan stehen, geradezu harmlos. Sogar die Quecke, die als Gartenfeind Nummer eins gilt und auch mir manch saure Stunden gemacht hat, bin ich endlich losgeworden. An Adolfine aber werde ich mein Leben lang leiden. Sie ist bei weitem ausdauernder als das Tausendjährige Reich.

Apropos *Quecke:* Als ich auf einer Insel bei Rio de Janeiro einen Garten anlegte, säte ich gewohntermaßen Rasen und sprengte und jätete ihn. Zwar warnte mich mein brasilianischer Nachbar übern Gartenhag: »Daraus wird nichts!« Doch mit gärtnerischer Überheblichkeit erwiderte ich ihm: »Ich weiß, wie man Rasen pflanzt.«

»Sie werden sich wundern, Senhor!« bemerkte er, ohne mich weiterhin belehren zu wollen. Widerspruch gilt in Brasilien für unfein; ihm genügte der meine.

Wirklich, ich habe mich gewundert!

Ich habe mich so sehr gewundert wie vorher einmal im Tessin, als ich einem Kamelienbusch Stallmist eingegraben hatte, obwohl der erfahrene einheimische Gärtner mißbilligend den Kopf schüttelte. Er war, wie die meisten Tessiner, zu höflich, um mich zurechtzuweisen, doch auch er mochte sich gedacht haben: Sie werden sich wundern! Kamelien sind nämlich Selbstversorger und nehmen Geschenke übel. Der Busch, dem ich nur Gutes hatte tun wollen, kränkelte so lange, bis ich den Mist wieder entfernt hatte.

Nun, der Rasen meines Inselgartens in der Bai von Rio de Janeiro dorrte unter der steilen Sonne, kaum daß er gewachsen war. In den Schattenwinkeln jedoch, in denen er gedieh, gab er Giftschlangen Unterschlupf, und das war noch unangenehmer. Also gestand ich meinem Nachbar, daß ich mich wirklich wundere, was aus meinem Rasen geworden sei. Der seine sei doch schön grün und niedrig... – »Nehmen Sie von meinem, was Sie brauchen!« lud er mich freigebig ein. »Er wächst bald nach. Das ist *echter* Rasen, nicht Unkraut wie Ihrer.«

Ich sagte ihm nicht, daß ich feinsten englischen Gartenrasen ausgesät hatte, sondern stach dankbar große Soden seines saftgrünen niederen Rasens für meinen Garten aus. Während ich sie verpflanzte, fiel mir ein: *das* Gras kennst du doch!

Natürlich kannte ich es und erkannte es auch: es war *Quecke!* Gerade *das* Unkraut, vor dem unsere Gartenbücher am eindringlichsten warnen, ergibt zehntausend Kilometer südwestlich von uns den einzig brauchbaren Rasen.

Woraus hervorgeht, daß es weniger aufs Was eines Unkrauts ankommt als aufs Wo.

Um das zu erkennen, braucht man nicht in die Tropen zu reisen. Der eigene Garten bezeugt es: Hafer im Mohnbeet ist ebenso Unkraut wie Mohn im Haferfeld; Fingerhut im Garten ist Schmuckstaude, während ihn der Bauer ärgerlich aus der Wiese reißt, damit sich kein Kalb daran vergifte; Eibe im Garten ist seltener Zierbaum, während es gesetzlich verboten ist, sie an Straßen zu pflanzen, wo Pferde daran knabbern und sich mit einem Maulvoll vergiften könnten.

Hinter meinem Haus stand die höchste (und wohl auch älteste) Eibe des Kantons Tessin. Obzwar mir ihr Abfall unablässig das Dach versaute, war ich stolz auf sie. Hatte sie doch einst Baedeker als Sehenswürdigkeit vermerkt!

Als ich aber aus Brasilien heimgekehrt war und meine Lieblingspapageien mitgebracht hatte, starb mein Blaukopf-Amazonas *»José«*, munterster Freund und geläufigster Sprecher aller Papageien, die ich je besessen habe. Bestürzt fragte ich mich, ob er den Flug in der »Constellation« nicht vertragen oder ob ich etwas an seiner Pflege verabsäumt hätte. Solcher Selbstvorwürfe wegen schickte ich seinen Kadaver zur Obduktion nach Zürich. Als Bescheid kam: »Das Tier war organisch gesund und ohne Parasiten; sein Magen aber ist malachitgrün verfärbt, was auf Vergiftung schließen läßt.«

Da erst fiel mir ein, daß ich José im Tessin wie in Brasilien frei im Garten gehalten hatte, damit er nach Herzenslust klettern, sich sonnen und im Regen baden könne (nichts ist Papageien lieber als Regen; unter ihm spreizen sie ihre Flügel dem Guß entgegen und schreien vor Wonne). Dem Fluchttrieb, dem Papageien, zumal in ihrer Paarungszeit, unterliegen, hatte ich da wie dort durchs Stutzen eines Flügels vorgebeugt. Erst der Veterinärbefund ließ mich daran denken, daß mein gefiederter Freund José mit Vorliebe an der alten Eibe emporgeklettert war, weil sie in meinem Garten zuhöchst wuchs, und Papageien mehr Kletter- als Flugvögel sind. An der Eibe hatte er sich vergiftet . . .

Damit war mir meine uralte Eibe zum Unkraut geworden, und ich habe einhundertundzehn Franken dafür bezahlt, daß der Stolz meines Gartens niedergesägt und mir stückweise aus den Augen geschafft wurde. Das dauerte mehrere Tage, weil Eibenholz eisenhart ist.

Ja, Unkraut zu bestimmen ist schon deshalb schwer, weil dieselbe Pflanze gleichzeitig Kraut und Unkraut sein kann.

Noch ein Beispiel dafür: die einzige Palme, die den subtropischen Gärten des Tessin geradezu tropischen Glanz verleiht, da sie sich hier verläßlich winterhart bewährt, ist die »Hohe Hanfpalme« (so benannt, weil hanfartiges Braunhaar ihren Stamm umwächst).

Botanisch heißt sie »Chamaerops excelsa« (zum Unterschied von ihrer strauchigen Abart »Chamaerops humilis«, die in der marokkanischen Steppe wie Unkraut wuchert).

Als ich mein Grundstück kaufte, standen auf ihm fünf ansehnliche Hohe Hanfpalmen. Obzwar sie so langsam wachsen wie andere Palmen auch, strecken sie jetzt, nach den dreißig Jahren, in denen ich mein Terrain zum Garten verwandelt habe, die Fächerblätter ihrer Wipfel an die acht Meter hoch ins Himmelsblau. Wie es dem Gärtner geziemt, habe ich seither da und dort etwa ein Dutzend Hanfpalmen nachgepflanzt, die nun auch schon geschlechtsreif geworden sind und im Mai blühen. Im Hochsommer reifen ihre gelbfleischigen Blüten zu schwärzlichen Fruchtständen, die wie fünfmal größere Weintrauben aussehen. Ihre Einzelbeeren, die kaum größer als Weinbeeren sind, trocknen im Winter zu einer Art Rosinen ein und geben den Vögeln Notfutter. Gleich Rosinen enthalten sie unverdauliche Kerne, welche die Vögel irgendwo im Garten wieder ausscheiden.

Irgendwo? Überall!

Im harten Winter des vergangenen Jahrs waren diese Samen zum Hauptunkraut meines Gartens geworden. Im Rasen und zwischen Rosen, unter Büschen und in Beeten, im Weinberg und im Obstgarten sprossen zarte Palmblätter hervor. An *einem* Tage habe ich einhundertundzwölf solcher Palmsämlinge herausgezogen – ich zählte sie, um das Kreuzweh zu vergessen, das sie mir brachten – und am nächsten Tage waren es noch um acht mehr!

Siehe da: auch hier war eine umsorgte Gartenpflanze zum Unkraut geworden!

Oder nehmen wir *Brombeeren!*

Ich esse Brombeeren gern, weil sie Süße mit Herbe so erfreulich verbinden wie Beethovens Musik. Deshalb pflanzte ich welche an eine sonnige Trockenmauer. Sie gediehen und fruchteten reichlich. Doch nach wenigen Jahren benahmen sie sich, als gehöre der Garten ihnen. Sie wuchsen und rankten und trieben Wurzeln bis gottweißwohin.

Ja, nur unser aller Schöpfer weiß, *wie* tief Brombeeren wurzeln und *wie* zeugungskräftig auch ihr kleinstes Wurzelstück bleibt!

Immerhin habe ich meine Brombeeren zur Raison gebracht,

während patagonische Siedler der Brombeeren wegen ihr Land verlassen mußten.

Nirgendwo sonst habe ich so saftige Brombeeren gegessen wie in Patagonien zwischen *Cayutue* im chilenischen Regenwald und dem Walfänger-Hafen *Puerto Montt* am Pazifik.

Dort wachsen sie einem überall in den Mund und so hoch dazu, daß man nicht vom Pferd zu steigen braucht, um sie zu pflücken. Seit dort ein englischer Farmer den ersten Brombeerstrauch in seinen Garten pflanzte, weil er so gern wie ich Brombeeren aß, ist jener weite Landstrich südlichsten Südamerikas zum Paradies der Brombeeren geworden. Doch damit auch – wie ich bald erfuhr – zur Hölle der Landwirte.

Mein schwäbischer Gastfreund in Patagonien, der sonst ein bedachtsamer Mann war, schrie mich, als ich die Brombeeren seiner Fazenda lobte, zornrot an: »Benützen Sie *nur* unser Klo! *Nur!* Verstehen Sie?!« – Nun ist Patagonien ein so einsames Land, daß man dort seinen biologischen Funktionen unbesorgt auch im Freien nachkommen kann.

Da ich gegen die Zumutung protestierte, fortan aus so nebensächlichem Grund von weiten Ritten heimkehren zu müssen, beschwichtigte mich mütterlich die Hausfrau: »Bitte, sprechen Sie nicht mehr von Brombeeren! Wir essen keine, und wer von unserem Gesinde welche ißt, wird sofort entlassen.«

Worauf sich der Farmer, der mir wochenlang gute Gastlichkeit erwiesen hatte, zu einer Erklärung dieses Inhalts verstand: sein Waldgut sei, wie ich nun wohl wisse, so groß, daß man es nicht an einem Tag durchreiten könne. In der Tat sei es so groß, daß es der vielen Berge wegen nur vom Flugzeug aus vermessen sei und er selbst es nicht bis in die letzten Winkel kenne. Immerhin habe er den Wald weit genug gerodet, um seinen Rinder- und Schafherden auskömmliche Weide zu schaffen. Viehzucht sei ja das Rückgrat patagonischer Landwirtschaft. Dann aber seien von Gott weiß woher Brombeeren in sein Land eingeschleppt worden, hundsmiserable, verteufelte Brombeeren (seine derberen Adjektiva schwäche ich hier aus Rücksicht für empfindsame Leser- oder gar Leserinnen-Ohren um mehrere Oktaven ab) und machten nun seinem Vieh die Weide streitig. Nicht aufzukommen sei gegen dies Unkraut! Wo immer er es aushacken ließe, setzten Vögel und Menschen flugs wieder Samen hin (auch hierin drückte er sich derber aus), und er sei es nachgerade satt geworden, eine Pest zu bekämpfen, die ein »Gringo« wie ich weiterverbreite und dazu auch noch lobe ...

Es war der einzige Krach, den ich mit dem braven Mann hatte.
Am nächsten Tag ritt ich nordwärts.
Freundschaft ist wie Glas: hat sie einen Sprung abbekommen,
klingt sie nie wieder richtig . . .

Also kann eine Pflanze Kraut oder Unkraut sein, je nachdem,
wo sie wächst. – Nur sie? Verhält es sich nicht auch ähnlich mit
Tieren und uns Menschen?
Ist nicht der Löwe in seiner afrikanischen Heimat ein Untier,
während ein europäischer Zoo eine Menge Geld für ihn bezahlt?
Ist nicht der Kommunist Kraut in Rußland und Unkraut an-
derswo? Oder, um unparteiisch zu sein, der Kapitalist Kraut im
Westen und Unkraut im Osten?
Ob ein Lebewesen – sei es Pflanze, Tier oder Mensch – als
Kraut gehegt oder als Unkraut verfolgt wird, hängt zunächst von
seinem Standort ab. In den USA gilt der Neger als Unkraut, in
Afrika der Weiße; in Frankreich der Algerier, in Algier der Fran-
zose; im Süden der Protestant, im Norden der Katholik; von den
Juden zu schweigen, die vielerorts, und von den Zigeunern, die
überall als Unkraut gelten.
Ach ja, aus der Pflanze hat sich das Tier und aus dem Tier der
Mensch entwickelt, wobei ihnen insgesamt gemeinsam blieb, daß
sie ihren Standort gegen Fremde verteidigen. Was nicht bodenständig ist, mißfällt.

Wozu in die Ferne schweifen? Sieh, das Arge liegt so nah!
Gras im Rasen ist Kraut; Gras auf dem Kiesweg ist Unkraut.
Kürzlich habe ich aus meinem Phlox Ackerwinden ausgehackt,
die ihn zu erwürgen drohten. Zwar blühen sie in schönen weißen
Trichtern, aber diese Rabatte gehört nun einmal dem Phlox. Da er
sich nicht selber wehren kann, müßte ich ihm selbst dann zu Hilfe
kommen, wenn die Ackerwinde im Mittelpunkt der Erde wurzelte
– und das tut sie wahrscheinlich, denn es ist noch keinem gelungen,
sie bis zur letzten Wurzelfaser auszugraben. So eigensüchtig bin
ich bestrebt, der anmutigen Winde das Leben zu vergällen, wie
der angestammte Käsehändler einer Straße seinem neu etablierten
Konkurrenten.
»Der Mensch ist das Maß aller Dinge«, sagte schon ein helle-
nischer Weiser, und was in meinem Garten Kraut oder Unkraut
ist, entscheide ich Gärtnermensch.

Nun ist Unkraut nicht nur örtlich bedingt, sondern auch zeitlich. Unkräuter wechseln mit den Jahreszeiten und außerdem von Jahr zu Jahr.

Einmal bestand meine Hauptarbeit darin, wilde Astern auszuraufen, ein andermal machte mir Löwenzahn Kummer. Dann wieder sprossen überall *Robinien* hoch, die fast so schwer auszurotten sind wie ihr volkstümlicher Name Akazie. Die richtige Akazie ist nämlich die Pflanze, die in der Umgangssprache Mimose heißt, während wiederum diese – da fällt mir ein Erlebnis ein:

Was echte Mimosen sind, erfuhr ich, als mein Fuß tropischen Boden betrat. Auf Sumatra glaubte ich, ihn auf eine grüne Wiese zu setzen, doch indem ich näher hinsah, erblickte ich nur rötliche Erde mit dürren Stengeln darauf. Ich hatte einen Rasen der *Mimosa pudica* betreten, deren Fiederblättchen augenblicks zusammengefallen waren und ihre Berührungsscheu an alle Nachbarinnen weitergegeben hatten. – Doch, ob nun Robinie oder Akazie oder Mimose: der stattliche Baum, den der Volksmund *Akazie* nennt, obwohl er eigentlich eine »Robinia pseudacacia« ist, erzeugt hartnäckiges Unkraut, wenn er seine duftenden weißen Blütendolden nach der Reife weithin aussamt.

Als einst die Deutschen ihre Chinakolonie *Kiautschou* gegründet hatten, pflanzten sie dort Robinien in ihre Gärten, und als ich jene Provinz dreißig Jahre später durchreiste, fand ich selbst küstenferne Gebirge von dornigem Robiniendickicht undurchdringlich verdschungelt. Seither war jenes Gebiet erst japanisch und dann wieder chinesisch geworden. Doch zu seinem wahren Gebieter hatte sich die Robinia pseudacacia aufgeschwungen.

Ähnlich böse Erfahrungen haben die Australier mit dem *Feigenkaktus* gemacht. Sie hatten die »Opuntia« aus Mittelamerika importiert, um ihre Viehweiden stachelig einzuhegen. Doch sie wuchs über ihre bescheidene Stellung als Heckenpflanze so weit hinaus wie einst die Karolinger über die Merowinger, deren untertänige »Hausmeier« sie gewesen waren, und ist nun zu einer wahren Landplage geworden. Gelingt es den Australiern nicht, sie mit den – gleichfalls importierten – Insekten zu vernichten, die ihre Heimatschädlinge sind, wird sie halb Australien für Mensch wie Vieh unbewohnbar machen.

Hingegen ist mir der kleine Feigenkaktus, der in einer Trockenmauer meines Gartens wächst, besonders lieb, weil er alljährlich fremdartige rote Blüten sprießen läßt.

Doch zurück zum jährlich wechselnden Unkraut! Viele Jahre mußte ich den asiatischen *Bambus* bekämpfen, den ich arglos rings um die Mauern meines Sonnenbads gepflanzt hatte.

Zehn, ja zwanzig Meter weit trieb er unterirdisch beinharte, fingerdicke Wurzelstränge und ließ sie an unerwarteten Stellen aufsprießen. Mir wird schwach, wenn ich daran denke, wie viele Arbeitsstunden ich seinetwegen dem Lohngärtner fürs Rigolen und Hacken bezahlen mußte, denn ich allein war ihm nicht gewachsen.

Erst zu zweit sind wir seiner mühsam Herr geworden.

Je nun, vertan ist vertan! Doch gestaunt habe ich, als ich einen Bekannten ausgerechnet Bambus einkaufen sah – nicht nur *eine* Pflanze, nein, ganze Klumpen von Bambus mit Wurzelballen! Vergebens warnte ich ihn; er hatte nun einmal sein Herz an Bambus gehängt. Da der Handelsgärtner verschiedene Sorten anzubieten hatte, kaufte er außer dem gemeinen Bambus, der mir saure Jahre gemacht hatte, auch noch südamerikanischen dazu, der in seiner Heimat weite Gebiete unpassierbar macht, und zu allem Überfluß noch »Schwarzen Bambus«, dem ich auch nicht über den Weg traue, obzwar ich ihn bei dieser Gelegenheit zum ersten Male kennenlernte.

Als der tüchtige Handelsgärtner in Stresa auch den Riesenbambus Ceylons empfahl, den er auf Lager – oder, genauer gesagt, in der Erde – hatte, leuchteten die Augen des Bambussüchtigen auf, und er bestellte noch ein paar Quadratmeter Riesenbambus! Auch er wird sich wundern. Über die Rechnung sowohl wie über die Bambuswurzeln.

Jetzt glaubt er, ohne Bambus nicht leben zu können, doch in ein paar Jahren wird er erfahren, wie anstrengend es ist, *mit* Bambus zu leben!

Auch gärtnerische Liebesehen sind meist kurzfristig, und gerade bei Bambus kommt die Scheidung viel teurer zu stehen als die Hochzeit . . .

Jeden Frühling und jeden Herbst beschäftige ich im Garten mit Wochenarbeit eine *»Cannobina«*, will sagen eine Bergbäuerin aus der nächsten italienischen Grenzgemeinde, Cannobio, die zur Saisonarbeit ins Tessin kommt. Emsig sichelt die ältliche Frau den Steilhängen meines Gartens das Gras ab, das der Sense unerreichbar ist, harkt den Weinberg, säubert die Plattenwege und lockert Baumscheiben. Vor allem jätet sie Unkraut, und fast stets muß ich ihr ein anderes zu vordringlicher Bekämpfung denunzieren.

Die brave Frau kommt gern zu mir, weil sie nebst ihrem Wochenlohn meine abgetragenen Kleider und Schuhe für ihren Mann heimträgt. Ich schreibe das nicht hin, um mich als Wohltäter aufzuspielen. Keineswegs! Bei all dem kommt sie mich billiger als die vier Franken, die jetzt ein hiesiger Gärtnermeister für sich und die drei, die er für seinen Gehilfen je Arbeitsstunde beansprucht. Darüber will ich mich beileibe nicht beklagen. Wie umständlich es doch ist, sich unserer mißtrauischen Zeit verständlich zu machen! Ich weiß, daß die Schweiz mit ihren hohen Arbeitslöhnen sich wie mir den Kommunismus vom Leibe hält, der das Hungerödem unterernährter Staaten ist. Doch haushalten muß ein jeder, und ein Schriftsteller hat genauer zu kalkulieren als ein Alteisenhändler.

Da mich also jede Arbeitsstunde des Gärtnermeisters und seines Burschen sieben Franken kostet, und sie an Sommertagen zehn Stunden täglich schaffen (den Samstag-Nachmittag abgerechnet, an dem jetzt niemand mehr arbeiten will), hätte ich also den Zünftigen je Arbeitswoche dreihundertneunzig Franken (oder fast ebensoviele Deutsche Mark) auszubezahlen. Bedenkt man, daß meine sechstausend Quadratmeter Garten außer meiner eigenen Arbeit, der meines Sekretärs, der meiner Wirtschafterin und der Cannobina mindestens vier Wochen gelernte Gärtnerarbeit für Umpflanzen und Neupflanzen, fürs Schneiden der Obstbäume und anderes mehr beanspruchen: wird man verstehen, daß ich den Gärtner nicht auch noch in Anspruch nehme, um Unkraut zu jäten. Solch untergeordnete Arbeit würde zudem seinen Berufsstolz verletzen.

Auch hierin möchte ich nicht mißverstanden werden: die Einzelheiten meines Budgets lege ich nicht vor, um mich bedauern zu lassen. Solange ich Papier und Feder habe, beanspruche ich kein Mitleid. Was mich mein Garten kostet, vermerke ich nur, um eine Lücke auszufüllen, die in anderen Gartenbüchern klafft. Die enthusiasmieren sich entweder über Pflanzen oder belehren Gärtner. Noch in keinem aber habe ich berechnet gelesen, was ein Garten kostet. Deshalb sei hier vermerkt, daß Gärtnerei ein zwar erfreuliches, doch sehr gefräßiges Steckenpferd ist. An Löhnen, Neupflanzungen, Dünger, Geräten, Pfählen, Spritzmitteln und was sonst noch kostet mich jetzt mein Garten an die dreitausend Schweizer Franken jährlich (oder etwa ebensoviel wie das Auto, das ich mir seinetwegen nicht leiste).

Keine teureren Rosen als die eigenen; kein teurerer Wein (und sei er rosa Champagner edelsten Jahrgangs!) als der eigene, der meist sauer mißrät; keine teureren Erdbeeren, Tomaten, Bohnen und Äpfel als die aus dem eigenen Garten!

Auch das, meine ich, gehört in ein Gartenbuch.

Wer gärtnert, um zu sparen, sollte sich mit einem Gemüsegärtchen begnügen, das für seinen Haushalt genau zureicht; wer gärtnert, um damit Geld zu verdienen, darf durchaus nichts anderes tun. Wer sich aber aus Liebhaberei eines allseits blühenden und fruchtenden Gartens erfreuen will, muß recht tief in die Tasche greifen.

Doch zurück zum Unkraut meines Gartens und Portemonnaies!
»Signora Giulia«, sprach ich meine Cannobina an, als sie, Demut im Blick und die Sichel in der Hand, wiederkam: »Diesmal ist es die *Ölweide!*«
»Si, Signor Riccardo«, antwortete sie mit einem Hofknicks, der ihre kurzen schwarzen Bäuerinröcke bis zur Erde senkte, und machte sich sogleich an die Arbeit.
Diesmal also muß die Ölweide daran glauben, botanisch gesprochen die »Elaeagnus pungens«.
Wie die Australier den Feigenkaktus, hatte ich die Ölweide als immergrüne Stachelhecke gepflanzt. Wo sie hingehört, leistet sie immer noch gute Dienste. Seit aber die Vögel ihre Samen ins Rosenbeet, in den Obstgarten und sonstwohin verdaut haben, ist sie mir zu lästigem Unkraut geworden.

Es ist in der Tat schwer zu bestimmen, was Kraut und was Unkraut ist. Es läßt sich nur feststellen, daß als Unkraut gilt, was wächst, wo es nicht hingehört. Damit wird man jedoch einzelnen Pflanzen so wenig gerecht wie einzelnen Tieren oder Menschen. Unter diesen wie jenen gibt es wenige, die allerorts schaden.
Solch absoluter Unkräuter gibt es in meinem Garten nur drei: Adolfine, Brennessel und Ginstermörder, und unter meinen Gar-

tentieren kenne ich nur zwei absolute Untiere: Vipern und Stech-
mücken. Was aber absolutes Menschenunkraut betrifft, beschränkt
sich meine Kenntnis auf eine einzige Spezies: Fanatiker.

Das sind verschwindend kleine Ausnahmen unter unzähligen
Pflanzen-, Tier- und Menschensorten, und selbst sie verurteilen wir
nur nach dem Gebot unseres egoistischen Urteils über Nutzen
und Ordnung. Denn auch die Brennessel hat ihr Lebensrecht, die
Viper und der Nazi.

Genug davon! Es ist höchste Zeit, die Taglilien auszureißen, die
von ihrem Beet in den Steingarten eingedrungen sind, wo sie
Unkraut sind.

Kraut oder Unkraut? – Ehrlich gestanden: ich weiß es nicht.

Ach, weiß ich doch nicht einmal, wohin ich selbst gehöre!

Lob kleiner Gärten

Ein Garten sollte exakt so groß sein, daß sein Gärtner ihn allein
betreuen kann. Seine rechte Proportion ergibt sich demnach aus
der Freizeit des Gärtners. Wendet sich ja dieses Buch an den Gärtner aus Liebhaberei und nicht an den professionellen, der, wie
alle Unternehmer, eine immer weitere Ausdehnung seines Betriebs
mit immer mehr Personal anstrebt. Auch dieser ist ein Gartenfreund (sonst hätte er gewiß ein anderes Handwerk gewählt), aber
er ist es zu verschiedenem Zweck.

Es versteht sich, daß hier unter den Sammelnamen Gärtner
auch die *Gärtnerinnen* einbezogen sind, die oft eifriger und meist
geschmackvoller gärtnern als wir Männer. Beweis dessen sind die
hübschen *Bauerngärten*, die fast stets von Frauen gepflegt werden,
weil ihren Männern Felder und Wiesen mehr als genug Arbeit
machen.

Solche Bauerngärten haben das rechte Ausmaß. Selbst im statt-
lichsten Bauernhof ist der Garten eben nur so groß, daß ihn die
Bäuerin in ihrer knappen Freizeit besorgen kann. Doch wie ver-
ständig ordnet sie, wie aufmerksam pflegt sie ihn! Wie üppig
blühen in ihm Goldlack, Georginen, Malven und Lilien! Wie
leuchten seine wenigen altmodischen Rosenstöcke von gesunden
Blüten! Wie ordentlich nach der Schnur sind seine Gemüsebeete
bepflanzt! Wie reichlich fruchten in ihm Beerensträucher auf wohl-
gejätetem und -gedüngtem Boden! Vor solcher Ordnung und solchem Gedeihen sollte so mancher Herr eines Schloßgartens vor
Neid erblassen, wenn er Bauerngärten aus der Nähe besähe, statt

an ihnen im Auto vorbeizuflitzen. – Wie auch sonst im Leben kommt es im Garten auf *Qualität* an, nicht auf Quantität.

Ein Schrebergarten, in dessen engbegrenzter Parzelle jeder Quadratmeter ausgenützt ist und dennoch jede Pflanze auf dem rechten Platz steht, ist gärtnerisch von weit höherem Wert als so mancher protzige Park!

Eine Gartenminiatur besonders feiner Pinselführung sah ich am Häuschen einer Schrankenwärterin. Es war bloß ein schmaler Streifen zwischen Eisenbahngeleisen und Straße, den sie mit einem niedrigen Ligusterhag abgegrenzt hatte, ein sonst nutzloser Gürtel Bodens zwischen Asphalt und Schotter, der nicht einmal ihr gehörte, sondern der Bahngesellschaft. Doch welche Gartenschönheit hatte sie ihm abgewonnen!

Brennrot erblühte seiner Mitte ein Strauch Japanischer Quitte. Dieser »Chaenomeles« wegen sprach ich die Schrankenwärterin an; denn meine eigenen Schmuckquitten sind nur blaßrot.

Mit der freimaurerischen Vertrautheit der Gartenfreunde lud sie mich, als der Zug vorbeigedonnert war, in ihr schmales Gärtchen ein und brach mir dort einen Zweig des leuchtenden Busches ab. Mit ihm schenkte sie mir den Rat, ihn bis zur ersten Bewurzelung im Wasser (nur im Dunkeln!), hernach (bei mäßigem Licht!) in Sand und dann erst im Freiland großzuziehen. Sie selbst habe es ebenso gehalten, als sie solch ein Zweiglein – hier stockte sie und verbesserte sich: nein, als ihr ein Ableger geschenkt worden war. Ich erriet, was sie noch rechtzeitig unterdrückt hatte: es war ihr nicht geschenkt worden, sondern sie hatte es über einen Zaun weg geklaut, was ich entschuldbar finde. »Nur gestohlene Ableger gehen an«, pflegte meine Großmutter zu sagen, wenn man ihre Blumentöpfe bewunderte. So rechtschaffen sie sonst war: fremde Pflanzen, die sie begehrte, machten ihre Gewissen sonderbar elastisch. Weil ich das Quittenreis nicht gestohlen hatte, ist es denn auch eingegangen. Hingegen sind mir Samen der Victoria-Balsaminen, die ich aus einem Stadtgarten gemaust habe, zu einer schönen Rabatte erblüht.

Der schlichten Schrankenwärterin, mit der mich ein zufälliger Spaziergang zusammenführte, verdanke ich mehr Gartenwissen als so mancher Parkanlage. Die knappe Zeit zwischen zwei Zügen, in der sie mir ihr Gärtchen zeigen konnte, war mir lehrreicher als die halben Tage, die ich in berühmten Großgärten verbracht habe, ohne ihnen mehr abzugewinnen als die Erkenntnis, daß ein »Parterre« aus zehntausend Tulpen nicht schöner ist als eine einzige, und daß mir kilometerlange Buchshecken, auch wenn sie drei Meter hoch und nach dem Lineal geschnitten sind, minder gefallen als ein einzelnes Buchsbäumchen, das rundum so gewachsen ist, wie seine Natur es will.

Jene plumpe Matrone in bäuerlichem Kleid und Kopftuch erwies sich mir als echtere Verkörperung der Gartengöttin Flora als die Marmorstatuen, die sie als grazile Jungfrau mit Füllhorn auf einer Fußspitze schweben lassen.

In der kurzen Zeit zwischen dem Öffnen und Schließen der Bahnschranken habe ich von jener verantwortungsvoll beschäftigten und dennoch heiteren Gartenfreundin auch gelernt, wie man ein *Gewürzgärtlein* anlegt.

Den äußersten, engsten Winkel ihres Gartenstreifens hatte ich auf den ersten Blick verunkrautet geglaubt und ihm deshalb mit dem Gärtnergriff, der nicht zu unterdrücken ist, eine feiste Pflanze ausreißen wollen, die ich für Schierling gehalten hatte. Denn der ist ein Unkraut, dem man so bald wie irgend möglich zu Leibe gehen muß.

Doch die Frau hielt mir den Arm fest und rief erschrocken: »Das ist doch *Dill!*« Und das war er in der Tat.

Im einzelnen bewies sie mir, daß jener Winkel nebst Dill auch Rosmarin, Thymian, Melisse, Minze, Bohnenkraut, Estragon und

Schnittlauch trug, von jedem zwar nur *eine* Pflanze, doch insgesamt so gut wie *alle* Kräuter, die Suppe und Fleisch doppelt würzen, wenn man sie frisch aus dem Garten nimmt, statt sie gedörrt vom Kaufmann zu beziehen.

»Außerdem kosten sie nichts«, fügte sie hausfraulich bei.

Solch ein Würzgärtlein habe ich mir dann selbst angelegt und kann meinen Zunftgenossen nur empfehlen, das gleiche zu tun. Zwei Quadratmeter Bodens genügen dafür vollauf. Von Gewürzpflanzen braucht man aufs Mal nur wenige Blättchen. Manche – Pfefferminz etwa, Rosmarin und Bohnenkraut – neigen zum Wuchern und verlieren dann ihr Aroma.

Jede Handelsgärtnerei liefert für wenig Geld Jungpflanzen in Töpfchen. Tee aus frisch gepflückten Pfefferminzblättern macht sich allein bezahlt. Er ist ein so angenehmes wie beruhigendes Getränk, und die Araber wissen wohl, weshalb sie ihn dem Schwarztee vorziehen.

Räumen also auch Sie Gewürzkräutern einen sonnigen Gartenwinkel ein! Es sind dankbare Pflanzen. Was man ihnen abzupft, lassen sie eilig wieder nachwachsen. Alle sind winterhart, und die meisten überdauern Jahrzehnte. Von ihrem Gärtner erwarten sie nicht mehr, als daß er ihnen den Boden locker und sauber hält. Doch das geht in *einem;* denn Jäten lockert gleichzeitig den Boden. Ihre Frau, oder wer sonst für Sie kocht, wird Ihnen fürs Gewürzgärtlein dankbar sein.

Ach, die schönen kleinen Gärten!

Meiner ist viel zu groß.

Schon als ich die dreitausend Quadratmeter kaufte, auf denen er jetzt grünt und blüht, waren sie zuviel für einen Garten, den ich eigenhändig hätte besorgen können.

Je nun, dachte ich damals, den Rebberg und die Obstbäume lasse ich, wie sie sind, und die Wiese verkaufe ich später einmal! Statt dessen wuchs mit dem Garten auch meine Liebe zu ihm, und ich kaufte noch mal soviel Terrain dazu.

Damit steht mein Häuschen nun hübsch in seiner Mitte statt am Rand eines öffentlichen Fußstegs, über den vorher Bauern Holz aus dem Wald geschleppt und damit unweigerlich schon um fünf Uhr morgens an die Wand meines Schlafzimmers gestoßen hatten.

Parzelle um Parzelle kaufte ich dazu, bis mir endlich die Gemeinde Locarno die Erlaubnis gab, den öffentlichen Fußweg zu schließen. Dazu verstand sie sich allerdings nur unter der Bedingung, daß ich einen breiteren Weg außen um mein Grundstück anlegen ließ, der weniger steil und besser gepflastert sein mußte. Gemeinden sind nun einmal so: sie schenken einem nichts. Wie schon ihr Name sagt, betreuen sie das Gemeinwohl und nicht meinen Garten.

Obzwar mich der bequemere neue Weg hübsch paar tausend Franken kostete, war es mir doch ein Freudentag, als ich den alten Fußsteig oben wie unten mit Eisentüren abschließen durfte. Nun erst gehörte mir mein Garten ganz. – Inzwischen war er freilich doppelt so groß geworden.

Seit vielen Jahren stehe ich· also mit nur zwei Händen sechstausend Quadratmetern Garten gegenüber. Dieses Mißverhältnis erweist sich als um so schwieriger, je weniger Hilfskräfte jetzt erhältlich sind.

Die Zeiten, in denen mich Gärtner, Kleinbauern und wandernde Handwerksburschen um Arbeit ansprachen – und sei es für *einen* Franken die Stunde! –, sind lange vorbei. Jetzt ist ja Hochkonjunktur, und Helfer lassen sich lange bitten, bevor sie sich für den drei- bis vierfachen Lohn zu gärtnerischer Mitarbeit herbeilassen.

»Nächste Woche oder übernächste – wenn's geht«, ist jetzt ihr Bescheid. Ich muß froh sein, wenn er wenigstens nach dreien eingehalten wird. Wären meine Beziehungen zur Umgebung nicht mehrere Jahrzehnte alt, und fügte ich nicht dem Lohn ein Doppelliter-Fiasco Chianti bei: ich müßte meinen Garten einem der Wirtschaftswunderkinder überlassen, die immer wieder im Straßenkreuzer angebraust kommen, um mir mein Grundstück – koste es, was es koste! – abzukaufen. Daß ich ihnen immer noch »Nein, hier wird nichts verkauft!« über den Hag weg zurufen kann, verdanke ich lediglich der Fügung, daß ich einige Gärtnermeister noch von ihren Kinderkleidchen her kenne, und so mancher Arbeiter sich daran erinnert, daß er als Junge in meinem Garten Maroni aufklauben durfte und ich wegsah, wenn er dabei auch ein paar Äpfel mitlaufen ließ.

Könnte ich mich dazu entschließen, meinen Garten zu verkaufen, weil die Grundstückpreise im Tessin aufs Zehnfache gestiegen sind, würde er sich als beste Kapitalanlage meines Lebens bewähren. Doch eben das kann ich nicht. Verkauft man seinen besten Freund? Nein, ein Garten ist keine Aktie!

Daß ich den meinen so weit anwachsen ließ, ist, versteht sich, nur meine Schuld. Hätte ich ihm mit dem gesunden Menschenverstand eines Bauern bloß bescheidenen Platz ums Haus herum zugewiesen, wäre mir manche Sorge erspart geblieben. Freilich hätte mich das auch um manche Freude gebracht.

Der Mensch ist leider gierig, und der Gärtner ist auch nur ein Mensch. Obzwar ich nicht zu jenen gehöre, die wie Wölfe hinterm Geld her sind und sich wunder was einbilden, wenn sie ihrem Bankkonto noch eine Null anhängen können, bin ich doch ein gieriger Gärtner und scharf hinter Pflanzboden her. Erst kürzlich habe ich zum Herbst eine stahlblaue Scheinzypresse bestellt, die recht viel Platz brauchen wird, ohne daß ich eine Ahnung hätte, wo ich ihn hernehmen soll . . .

Statt mich an meine Proportionen zu halten, erweitere ich meinen Garten immer noch, so daß ich nun schon meinen Tannen zu Leibe rücken muß.

Ja, unersättlich ist der Mensch, ob er nun nach Geld giert oder nach Pflanzen!

Wie der Briefmarkensammler sein Album, will der Gärtner seinen Garten komplettieren, und wenn er anderswo einen rotblätterigen japanischen Ahorn sieht, den er noch nicht hat, schlägt er den eigenen Rat in den Wind, das Maß einzuhalten, das ihm seine beiden Hände zumessen.

Hätte ich doch einen Schrebergarten! Nur so viel brauchte ich, wie die Schrankenwärterin, von der ich gelernt habe, alle Gewürzkräuter in einem Winkel unterzubringen, in dem kaum ein Komposthaufen Platz fände! Ach, wäre der Gärtner doch bescheiden!

Das freilich ist ein frommer Wunsch, den ich an andere richte, ohne ihn selbst einzuhalten. Wozu mir einfällt:

Als *Peter Altenberg* (dessen wenige Büchlein aphoristischer Lebensweisheit ich angelegentlich empfehlen würde, wenn sie nicht längst vergriffen wären) in ein Sanatorium für Magenkranke gebracht wurde, setzte man ihm dort *die* Kost vor, die er seinen Lesern zu wiederholten Malen empfohlen hatte: Spinat, Apfelmus, Nüsse. – Er besah seinen Teller und schob ihn unwillig zurück. »So was schreibt man, aber so was frißt man doch nicht!« murrte er.

Ähnlich schreibe ich den Rat für kleine Gärten, ohne ihn selber zu fressen.

Richtig ist er trotzdem.

Ein Garten kann *nie* zu klein sein; meist ist er zu groß.

Meiner wächst mir buchstäblich über den Kopf. Er benimmt

sich wie ein Großbetrieb, den das Auge des Herrn nicht mehr überblicken kann. Da hilft keine Organisation . . .

Als ich eine Ecke meines Gartens wieder einmal von den Stachelranken jener wilden Himbeeren überwuchert fand, die sauer und ungenießbar sind, fiel mir ein Erlebnis im Berliner *Ullstein-Verlag* ein, der sich, bevor er mich jungen Mann auf verantwortliche Stelle berief, aus bescheidenen Anfängen zum größten Verlag Europas entwickelt hatte:
Einer der fünf Ullsteinbrüder – wenn ich mich recht entsinne, war es *Rudolf Ullstein* – hatte sich vorgenommen, den Betrieb bis in den letzten Winkel persönlich zu inspizieren. Angesichts der Riesengebäude mit ihren zwölftausend Angestellten und Arbeitern war das keine kleine Aufgabe. Allein die Garagen nahmen einen Häuserblock ein.
Als der gewissenhafte Ullstein auch das Bürohaus in der Kochstraße durchstöberte, das von Redakteuren, Lektoren, Zeichnern, Buchhaltern, Sekretärinnen, Botenjungen und sonst noch vielerlei Angestellten und Arbeitern durchsummt war wie ein übervölkerter Bienenstock, geriet er am Ende eines der ewig langen Korridore auch in ein Stübchen, in dem ein einsamer alter Mann vor einem leeren Schreibtisch geruhsam seine Pfeife rauchte. Nie vorher hatte er ihn zu Gesicht bekommen.
Was er dort mache, fragte ihn der Chef.
»Ich warte aufs Verbrennen«, antwortete ihm der Alte gemächlich und deutete, da er den Chef verwundert sah, auf einen Eisenofen, der an der Wand stand. »Aufs Verbrennen der Offerten, die nicht abgeholt werden«, erklärte er so beiläufig, als verstünde es sich von selbst.
»Und wo sind die?«
Der Alte zuckte die Achseln: »Seit acht Jahren habe ich keine mehr bekommen.«
Rudolf Ullstein notierte sich den eigenartigen Fall und brachte ihn in der nächsten Vorstandssitzung zur Sprache. Bei dieser ergab sich – nach einigen Telefonaten und mancherlei Hin- und Widerreden – das Folgende:
Vor langer Zeit hatte der Direktor der Anzeigenabteilung angeordnet, daß nicht abgeholte Zuschriften auf Chiffre-Inserate verbrannt werden müßten, damit sie nicht in unrechte Hände gerieten. Dazu war, nach eindringlichen Umfragen des Personalchefs, jener würdige und diskrete Mann berufen worden, der in der Buchhaltung für allzu gemächlich, doch unbedingt verläßlich galt.

Einige Zeit später war dem Chef der technischen Abteilung der Einfall gekommen, eine Spezialmaschine anzuschaffen, die alle Makulatur des Betriebs zerschnitzelte, um sie, derart vorgekaut, der Kartonage-Fabrik, die ihr Abnehmer war, zu höheren Preisen liefern zu können. Fortan wurden dieser Zerkleinerungsmaschine mit anderem Altpapier auch die überständigen Offerten zugeführt. An ihren menschlichen Spezialverbrenner hatte seither keiner mehr gedacht.

Während acht Jahren hatte er vergebens auf Material für seinen Ofen gewartet und, wie sich das in einem sozialbewußten Betrieb von selbst versteht, an jedem Ersten des Monats sein Gehalt mit Dienstzeit-, Kinder- und Alterszulage (nebst Weihnachtsgratifikation) bezogen.

Der übergroße Betrieb hatte ihn ebenso vergessen wie ich den himbeerverstachelten Winkel meines übergroßen Gartens . . .

Der Rat zum kleinen Garten ist so wichtig, daß ihm eine überzeugendere Begründung gebührt als die eines Gärtners, der ihn nicht selbst befolgt. Deshalb sei dieses Kapitel mit dem Hinweis auf einen Gärtner beschlossen, dessen Schreiben mit seinem Leben vorbildlich übereinstimmte.

Goethe, auch als Gärtner ein Meister, schrieb:

»Weit und schön ist die Welt! doch o wie dank' ich dem Himmel,
Daß ein Gärtchen, beschränkt, zierlich, mir eigen gehört.«

Man beachte: »*Gärtchen*« schrieb er, nicht »Garten«, und um
die Verkleinerung zu präzisieren, setzte er »beschränkt« und
»zierlich« dazu!
Sein so anmutiges wie lehrreiches Epigramm hat er nie veröffentlicht, so daß die Verse unbekannt geblieben wären, wenn sie
sich nicht in einem Brief fänden, den er aus Venedig an *Herder* geschrieben hat.
Hingegen hat er sein Gedicht »*Hausgarten*« in nicht weniger als
drei Bände seiner gesammelten Werke aufgenommen:

»Hier sind wir denn vorerst ganz still zu Haus,
Von Tür zu Türe sieht es lieblich aus;
Der Künstler froh die stillen Blicke hegt,
Wo Leben sich zum Leben freundlich regt.
Und wie wir auch durch ferne Lande ziehn,
Da kommt es her, da kehrt es wieder hin;
Wir wenden uns, wie auch die Welt entzücke,
Der Enge zu, die uns allein beglücke.«

Der »*Enge*«, wohlgemerkt!

Goethes Garten vor den Toren Weimars war nur klein und sein
Haus darin noch kleiner, wie er selbst befriedigt feststellt:

»Übermütig sieht's nicht aus,
dieses stille Gartenhaus;
Allen, die daselbst verkehrt,
ward ein froher Mut beschert.

Schlanker Bäume grüner Flor,
selbstgepflanzter, wuchs empor.
Geistig ging zugleich alldort
Schaffen, Hegen, Wachsen fort.«

Ein rechter Gärtner bewährt sich auf geringem Raum!

Der *Graf zu Sternberg,* der den weisen Alten besuchte, beschreibt
dessen Gartenhaus so:

»Goethe führte mich sodann in sein Haus am Park, welches ihm der Großherzog geschenkt. Es liegt in einer anmutigen Gegend, ist von innen einfach aber bequem eingerichtet und von außen ganz mit Rosa turbinata bepflanzt, welche bis unter das Dach hinaufgezogen wird, so daß er eigentlich mitten in einem Rosenbusche wohnt. Hier zieht er sich manchmal ganz allein zurück, um ungestört seinen Studien nachzuhängen.«

Im kleinen Garten und im noch kleineren Gartenhaus hat Goethe seine botanischen Schriften verfaßt. Dort hat er als erster Naturforscher festgestellt, daß die Blütenblätter der Pflanzen (wie auch ihre Staubgefäße und Stempel) nichts anderes sind als umgewandelte Laubblätter.

Mehr als die folgenden beiden Verse hätte ihm auch ein prunkender Park nicht eingeben können:

»Jede Pflanze verkündet dir nun die ew'gen Gesetze,
Jede Blume, sie spricht lauter und lauter mit dir.«

Mauerblümchen

Spricht man vom Garten, denkt man an eine Fläche oder allenfalls an eine Böschung. Gewöhnlich gärtnert man horizontal.

Es gibt aber auch *senkrechte* Gärten, und gerade sie haben ihren besonderen Reiz.

Den Flachland-Gärtner leitet manchmal sein »Alpinum« zur vertikalen Gärtnerei über. Die Steintrümmer, die er von Edelweiß, Enzian, Karpathen-Glockenblumen, Island-Mohn, Nepal-Fingerkraut und solcherlei umblühen läßt, um dem Berggipfel, der seiner Phantasie vorschwebt, eine kosmopolitische Gebirgsflora zu schaffen, erweisen ihm, daß auch Bergpflanzen *ebene* Mulden brauchen. So klein die auch sein dürfen: horizontal müssen sie sein, damit nicht der nächste Regenguß sie ausschwemme. Anderseits aber nimmt der Gärtner wahr, daß dem Steinbrech, dem Mauerpfeffer, dem Frauenhaar-Farn, die er zur Begrünung steiler Spalten verwendet, kein Gewitter etwas anhat, ja, daß sie desto williger wachsen, je steiler ihr Stand ist. Von dieser Beobachtung ist es nur *ein* Schritt zur senkrechten Mauergärtnerei.

Der Berggärtner bedarf nicht der Zwischenstufe eines Alpinums. Auf Schritt und Tritt sieht er frisches Grün aus den Trockenmauern sprießen, die seine Terrassen stützen.

Meist ist es Unkraut, das er ausstochern muß, damit es sich nicht in Beete darunter aussame: Brennesseln im besonderen haben die Fähigkeit, in Mauerfugen so dreist zu wachsen wie auf Plattenwegen, und Schöllkraut tut nichts lieber als das. Hat sich der Gärtner die Hände immer wieder an den einen verbrannt und mit dem gelben Saft des anderen imprägniert, reißt ihm endlich die Geduld, und er läßt die Fugen seiner Trockenmauern mit Zement verstreichen.

Hat er hernach die Zementbrocken aufgelesen – *der* Maurer, der nach seiner Arbeit sauber macht, muß erst geboren werden! – und die zertrampelten Beete halbwegs wieder in Ordnung gebracht, streckt er den Rücken und atmet befriedigt auf: *die* Arbeit bin ich los!

Mitnichten, leider . . .

Indem nämlich der Gärtner das Werk des Maurers besieht, kommen ihm die Trockenmauern fremd und kahl vor. Solange ihre Steine einfach übereinander gelegen waren, hatten sie sich dem Garten eingefügt, als seien sie ihm entwachsen. Der Glimmer ihrer Kanten hatte in der Sonne geglitzert, und zwischen ihnen war Grün gewachsen, und sei es bloß Unkraut. Seit ihre Spalten aber mit Zement plombiert wurden, sehen sie garstig gartenfremd aus.

Der Gärtner überlegt, wie dem abzuhelfen sei. Daß sie so bleiben können, ist ausgeschlossen. Der Garten lehnt sie ab.

Was nun? Soll er den Zement wieder herauskratzen lassen? Das würde mehr kosten als das Hineinstreichen. Oder soll er diese Bastarde von Trockenmauern und Wänden hinter Kletterpflanzen verstecken? Hinter Efeu etwa oder Ficus repens? Dann würden ihn seine verpatzten Mauern noch manches Jahr ärgern. Soll er Wilden Wein oder Jelängerjelieber an ihnen hochziehen? Die klettern zwar flink, werden aber im Winter kahl; ihre dürren Ranken würden den gelben Zement völlig trostlos machen.

Da entsinnt sich der Gärtner der Trockenmauern eines alten Schloßgartens am See. Was sind die schön! Aus ihren Löchern wachsen Aloen und Feigenkakteen, aus ihren Fugen blüht Steinbrech rot und gelb und Hauswurz weiß; ihre Ritzen schimmern lila von Zymbelkraut und goldfarben von Horn-Sauerklee. Und am allerhübschesten sind die vielen Polster der Mauerblümchen, die er zuerst für Gänseblümchen gehalten hatte, obzwar sie nicht einzeln blühen, sondern ganze Büschel zartweißer, rosa überhauchter Blumengesichtchen dem Licht entgegenspreizen. Seit ihnen der

Gärtner auch an vielen anderen Trockenmauern begegnete und sie so ausdauernd blühen sah, daß sie noch vor den Gänseblümchen begannen und erst mit den Chrysanthemen erfroren, hat er sich nach ihrem Namen erkundigt. Doch kein Tessiner, den er fragte, wußte ihn zu nennen. Schließlich fand der Gärtner dieses anmutigste Mauerblümchen in Prof. *Schröters* »Flora des Südens« abgebildet und beschrieben. Botanisch-umständlich heißt es dort »Erigeron Karwinskyanus De Candolle var. mucronatus« und deutsch *»Karwinskys Berufskraut«* (was für ein so kurzstieliges Pflänzlein immerhin lang genug ist).

Da es selbst harte Winter übersteht, sei es auch Gartenfreunden und Handelsgärtnern nördlich der Alpen empfohlen. An Südmauern sollte es auch dort gedeihen, sofern es mit unverletzter Pfahlwurzel eingesetzt wird und sommers reichlich Sonne bekommt. Schatten verträgt es nicht. Mag eine Mauerritze noch so schmal sein: hat es sie einmal akzeptiert, macht es dem Gärtner nur noch Freude und keine Arbeit. Ein Mauerblümchen, wie es sein soll!

»Mauerblümchen« – in meiner Jugend nannte man die unbegehrten Mädchen so, die an den Mauern sitzen blieben, weil niemand mit ihnen tanzen wollte. Für rechte Mauerpflanzen sollte ein hübscherer Name gefunden werden. Sie verdienen, daß man sie zu sich nach Hause bringt – und das tue ich immer wieder.

Seit ich meinen Trockenmauern allen Zement ausmeißeln und auskratzen ließ, bin ich zum Mauergärtner geworden.

Das ist ein erfreulicher, wenn auch bedenklicher Zeitvertreib. Schabe ich einer fremden Außenmauer Moospolster ab oder stochere ich ihr Mauerfarn heraus – am gierigsten bin ich hinter Karwinskys Berufskraut her! –, beschwichtige ich mein Gewissen damit, daß die Grenzmauer eines Gartens auch das Eigentum seines Gärtners abgrenzt. Die Pflanzen, die in den Luftraum des öffentlichen Weges wachsen, gehören demnach der Öffentlichkeit. Immerhin muß ich zugeben, daß sie in der Mauer (und damit in Privateigentum!) wurzeln, so daß ich sie, rechtlich beurteilt, zwar abschneiden, nicht aber ausstochern dürfte. Also gehe ich meiner Liebhaberei erst bei Dämmerung mit Messer und Tüten nach. Nicht jeder möchte darüber so arglos denken wie der Bergbauer, der sich noch bei mir bedankte, daß ich ihm »das Unkraut« von der Mauer schabte. Dabei war es kalkflüchtiger Streifenfarn, der schon recht selten geworden ist!

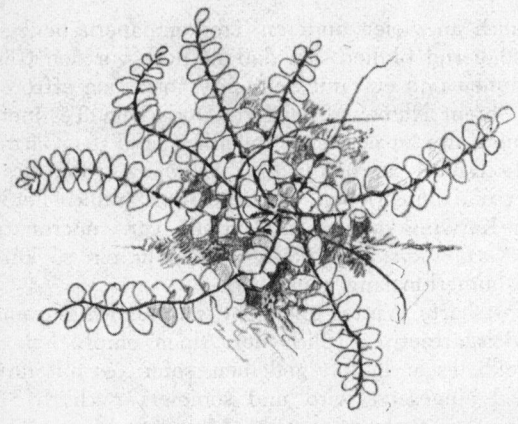

Wer sich einmal in blühende Mauern verliebt hat, hält ihnen zeitlebens die Treue und läßt keine Fuge leer. Eine leuchtend gelb blühende »Milde Fetthenne« oder ein »Zerbrechlicher Blasenfarn« graziöser Fiederung nimmt ja mit der engsten Ritze vorlieb!

Fällt beim Einpflanzen ein tüchtiger Steinbrocken heraus, bedeutet das dem Gärtner kein Mißgeschick, sondern einen wahren

Glücksfall. Das Loch, das er hinterläßt, gibt einer Opuntie ausreichendes Quartier, vielleicht sogar der gelb panaschierten Agave, die er sich schon lange gewünscht hat. Wenn er auch noch die Nebensteine aushebt, hat sie gewiß Platz . . .

Der Gärtner riskiert es – und die Mauer hält!

Eine rechte Trockenmauer und ein rechter Mann vertragen manchen Stoß.

Helden und Märtyrer des Gartens

Auch der Garten hat seine Helden; auch der Garten hat seine Märtyrer.

Vor meinem Fenster blüht die *Königslilie*. Wahrhaft königlich wendet sie ihre hermelinweißen Trichter der Sonne zu und saugt ihr Gold so inbrünstig ein, bis es ihr aus dem Schlund glänzt.

Sie blühte weder bei mir noch anderswo, hätte nicht ein Heros der Gärtnerei sie aus Ostasiens Bergwildnis zu uns gebracht – und das zu einer Zeit, die ich schon miterlebt habe!

Nur wenige wissen, wem sie so edle Gartenzier verdanken und wie heroisch sie errungen wurde. So nämlich:

Zur Entdeckung neuer Blumen hatte der englische Gärtner *Veitch* eine Expedition nach Ostasien ausgerüstet und zu deren Leiter Mr. *Wilson* bestellt.

In *China* hörte dieser von einer besonders schönen Lilie, die nirgendwo anders wüchse als im fernen Gebirge an der Grenze Tibets.

Nach harten Entbehrungen erreichte dort Wilson endlich das *Min-Tal* über einen geheimen Saumpfad mongolischer Schmuggler. Sein Glück war, daß er dort zur Blütezeit des »*Lilium regale*« eintraf, so daß er die weltferne Pflanze nicht erst zu suchen brauchte, sondern kurzerhand an die siebentausend Zwiebeln ausspaten und seinen Saumtieren aufladen konnte.

Doch sein Unglück wollte es, daß dabei ein Felsblock des brüchigen Gesteins abstürzte und ihm ein Bein zermalmte.

Hilflos lag er quer über dem einzigen Pfad, der ihm und seiner Beute den Heimweg bot!

Was tat er? Versuchte er, sich zu retten, wie das jeder von uns getan hätte? – Nichts davon!

»Zuerst die Lilien!« stöhnte er und ließ fünfzig Maultiere mit ihren Treibern über seinen verstümmelten Leib hinwegsteigen, bevor er sich auf dem letzten Saumtier festbinden ließ.

Der Rückweg war lang und qualvoll. Das Bein vereiterte. Doch Wilson erreichte die Küste und brachte uns die ersten Königslilien. Millionen Königslilien blühen nun in unseren Gärten.

Sie alle stammen von den Zwiebeln ab, die Mr. Wilson im Min-Tal eingesammelt hat . . .

Auch Hybriden sind aus ihnen gezüchtet worden, die noch schöner sein sollen. Sind sie das? Ich weiß es nicht; ich halte mich an die Königslilie aus dem Min-Tal.

Jetzt sticht blendend ihr Weiß vor dem Fenster, an dem ich schreibe, vom Dunkelgrün des Wacholders ab.

Wilson also heißt der Held, der einer Blume wegen die Schmerzen eines zerschmetterten Beines verbissen und dazu noch Huftritte riskiert hat.

Als ich vor Jahren ein Dutzend Zwiebeln des Lilium regale in Tessiner Boden pflanzte, wußte ich das nicht. Ach, wir wissen so wenig! Den Namen ihres Helden erfuhr ich erst durchs Buch »Kaiserkron und Päonien rot« der Frau *Gabriele Tergit*, deren Namen ich allerdings kenne, weil sie Sekretärin des »PEN-Club« in London ist und mich kurz vorher um meinen Jahresbeitrag gemahnt hatte. So verschlungen sind die Wege des Lebens! Ohne ihre Aufmerksamkeit als Sekretärin meines Berufsvereins wäre mir ihr Name als Verfasserin eines ebenso aufmerksamen Buchs vielerlei Gartenhistorien entgangen. Sooft mir nun meine Königslilien durchs Fenster zublinken, denke ich an Mr. Wilson, den Leonidas des Min-Tals – das war ein Mann! – und an Frau Tergit . . .

Doch vergessen wir die Frau nicht, die im Goldenen Buch der Gärtnerei verzeichnet ist!
Eine Menge Hortensien blühen in meinem Garten: Sträucher, hoch wie Fliederbüsche nördlich der Alpen. Sie sind allesamt blau, denn mein Gartenboden ist eisenhaltig. Ich brauche ihnen keine Eisenfeilspäne einzuharken, damit sie nicht rötlich werden. Vom Juli bis in den Spätherbst setzen sie ihr helles Blau ins Rasengrün.
Hortensie – woher ihr Name?
Da lebte – um weit auszuholen – gegen Mitte des XVIII. Jahrhunderts in Paris ein Botaniker namens *Louis Antoine de Bougainville*, dem sein gartenfreudiger König Ludwig XV. eine Studienreise rund um die Erde finanzierte. Bougainvilles Name blüht in der Bougainvillea fort, einer Kletterpflanze mit lila Schaublättern, die er aus Brasilien in die Alte Welt gebracht hat. Doch nicht von ihr soll die Rede sein; denn sie verträgt keinen Frost

und gedeiht bei uns nur im Warmhaus. Worauf es uns hier ankommt, ist nur, daß er den alten Botaniker *Commerson* und dessen Assistenten *Baret* auf seine Weltreise mitgenommen hat. Commerson hatte er eingeladen, weil er nicht nur ein Botaniker gründlichen Wissens, sondern auch ein Arzt war, ohne den keine riskante Expedition auskommt; Baret war seines Fleißes wegen dem müden, ältlichen Commerson unentbehrlich. Baret war seine rechte Hand.

Eifrig botanisierend war die Expedition bis in die Südsee vorgedrungen. Ihr Segelschiff ankerte vor *Tahiti,* als Commerson sich mit Baret an Land rudern ließ, um mit den Eingeborenen zu palavern. Die galten zwar für so friedfertig, daß ihr Archipel den Namen »Gesellschaftsinseln« erhielt, doch so ganz war auch ihnen nicht zu trauen. War nicht Captain Cook von Polynesiern ähnlich guten Rufs auf Hawaii gefressen worden?

Der alte Commerson war also zutiefst bestürzt, als der Häuptling, der zu ihrer Begrüßung an den Strand gekommen war, den jungen Baret um die Hüften packte und mit sich ins Dschungel riß. Nur mit Schreien und Drohen bekam Commerson seinen Assistenten wieder frei.

»Ich bin in sie verliebt!« stöhnte der Häuptling.

»In *sie*?« staunte Commerson.

»Ja, in dein Mädchen«, bestätigte der Häuptling und wies auf Baret, dessen Jacke im Handgemenge zerrissen war, so daß jetzt auch ein alter Botaniker erkennen konnte, daß sein Assistent eigentlich eine Assistentin war.

Der feine Geruchssinn des Primitiven hatte sogleich erwittert, was dem Gelehrten trotz langem und engem Zusammenleben an Bord eines Segelschiffs verborgen geblieben war.

Da keine Zweifel mehr möglich waren, hatte »Monsieur Baret« einzugestehen, daß er in der Tat eine *Mademoiselle* Hortense Baret war, die sich aus Leidenschaft für Gärtnerei und Botanik als Mann verkleidet hatte, um wissenschaftlich arbeiten zu dürfen.

Damals gab es ja noch keine Studentinnen oder gar Assistentinnen!

Der alte Commerson schämte sich tief. Wer in ganz Frankreich würde ihm glauben, daß er, der männliche Blüten von weiblichen auf den ersten Blick unterschied, das Geschlecht seines engsten Mitarbeiters verkannt hatte? Als Arzt noch dazu!

Welch ein Spaß für die Pariser!

Der in Ehren ergraute Gelehrte Commerson wagte es nicht, mit der Expedition heimzukehren. Verzweifelt machte er zur

Wahrheit, was man ihm sowieso nachgesagt hätte: auf der Heimfahrt durch den Indischen Ozean stieg er auf der Insel Mauritius aus und nahm seinen Assistenten – pardon, seine Assistentin! – mit sich. Beide botanisierten dort einige Zeit zu zweit.

Nach Commersons Greisentod kehrte Hortense nach Frankreich zurück und verheiratete sich mit wem anderen. Sie war die erste Europäerin, die die Erde umsegelt hat, und ihr zu Ehren wurde eine aus Japan importierte Blütenstaude *Hortensie* benannt.

Jetzt gibt es schon fünfunddreißig Hortensien: in Doldenrispen, in Rispen, flach, halbkugelig und pyramidenförmig blühend. Sogar eine kletternde Hortensie gibt es, die an Häusern bis zur dritten Etage hochklimmt. Eine jede von ihnen – ob blau, ob lila, weiß, rosa oder rot – trägt den Namen des Mädchens, das ihretwegen sein Geschlecht verleugnet hat ...

Bewundernswert, zu welcher Selbstlosigkeit die Liebe zum Garten anspornt!

In einer kalten Frühlingsnacht des Jahres 1847 hat sich ein englischer Weber, dessen Name leider verschollen ist, den Tod geholt, weil er sein kleines Tulpenbeet mit der einzigen Decke, die er besaß, vor Frost geschützt hatte.

Vor etwa hundert Jahren wurden Englands armselige Weber und Spinner zu den erfolgreichsten Staudenzüchtern ihrer Zeit – wohl deshalb, weil viele von ihnen aus Flandern eingewandert waren, dessen Gärtnereien noch heute weltberühmt sind.

Daß die *Aurikel* aus einer unscheinbaren Alpenprimel zu einer Unzahl schönfarbiger, gefüllter Gartenvarietäten hochgezüchtet wurde, ist das Verdienst der Weber von Lancashire, die sich zu Aurikelklubs zusammenschlossen und ihren knappen Löhnen Preise für Neuzüchtungen absparten. Mit ihren Notgroschen finanzierten sie sogar eine Fachzeitung!

Leider haben jetzt steigende Bodenpreise und zunehmende Verbauung die englischen Arbeitergärtchen ebenso eingeengt wie unsere Schrebergärten ...

Was Tulpen, Aurikel und Nelken den Armen Englands bedeuteten, wurden die *Orchideen* für die Reichen.

Die allerdings opferten ihren Lieblingspflanzen nur Geld, nicht aber sich selbst. Das Risiko überließen sie den Orchideensuchern, deren manche in West- und Ostdschungeln zugrunde gegangen sind. Einer von ihnen, *Leon Humbolt*, hat nicht nur sich, nein, er selbst wurde ihnen buchstäblich geopfert! Auf Madagaskar fingen eingeborene Priester den Eindringling, der hinter ihren heiligen

Blumen her war, schleppten ihn vor ihr Götzenbild, begossen ihn mit Öl und verbrannten ihn bei lebendigem Leibe!

Man gerät vom Hundertsten ins Tausendste, wenn man an die Opfer denkt, die unseren Garten befruchtet haben!
Auch noch dabei macht man Fehler. Schrieb ich nicht eben, daß reiche englische Gartenfreunde für ihren Spleen andere geopfert haben? Nun, dem *Lord Petre* brach das Herz, als die zwei ersten *Kamelienbüsche* eingingen, die er ihrem Namenspatron, dem Jesuitenpater Kamel, abgekauft hatte. Er konnte es nicht überleben, daß sie in seinem Glashaus zu Tode gepflegt wurden, statt daß er sie im Freien sich selbst überlassen hätte. Sein Gärtner hingegen wurde aus dem Schaden klug, versuchte sein Heil mit anderen Kamelien und ist, dank seiner Freilandzucht, als reicher Mann gestorben.
Wie so oft ist auch hier der Pionier zugrunde gegangen, und der Kommerz hat den Gewinn eingestrichen . . .

Allerlei Gartentiere

Zum Garten gehören auch seine Tiere.
Wie einsam wäre er ohne sie!
Nun ist es keineswegs meine Absicht, auch noch eine Gartenzoologie zu schreiben. Das Streben nach Vollständigkeit liegt mir fern.
Im heimatlichen Böhmen kannte ich einen alten Jesuiten-Pater, der dessentwegen an Herzeleid starb.
In den Mußestunden, die ihm seine Pflicht ließ, oblag er dem weltlichen Hobby, alle – aber auch wirklich *alle!* – Pflanzen, die in und um sein Kloster wuchsen, aufzuzählen und zu beschreiben. Sein Manuskript hieß »Die Flora von Mariaschein«. Es ist nie veröffentlicht worden. Als er ans Schlußkapitel gekommen war, das er den Farnen reserviert hatte, ernannten ihn die Oberen zum Superior eines anderen Klosters. Demütig brachte er ihnen die Bitte vor, noch die wenigen Monate verweilen zu dürfen, die er für die Farne Mariascheins brauchte. Die Antwort war ein herber Hinweis auf die *unbedingte* Gehorsamspflicht des Ordens. Schweigend fügte er sich ihr und reiste am gleichen Tage ab.
Vom anderen Kloster schrieb er mir noch, daß er die »unverdiente neue Würde« in der stillen Hoffnung trage, sein botanisches Werk vielleicht doch noch mit den »Kryptogamen Mariascheins«

abschließen zu dürfen. Kurz danach las ich in der Zeitung die Nachricht von seinem Tode. Er starb, fürchte ich, an gebrochenem Herzen . . .

Nicht einmal ein Briefmarkensammler, geschweige denn ein Gärtner hat das ihm vorschwebende Ideal der Vollständigkeit je erreicht. Auch nur alle Gräser zu beschreiben, die im eigenen Rasen wachsen, wäre eine unerfüllbare Aufgabe. Gäbe der Gärtner sein Manuskript in Satz, entdeckte er, bevor das Buch erschiene, neue Arten oder doch Abarten.

Wie mit den Pflanzen des Gartens, so mit seinen *Tieren:* wer könnte sich unterfangen, sie alle aufzuzählen: angefangen von bodennahen Schnecken, Laufkäfern, Eidechsen, Schlangen und Igeln – nein, wir müßten tiefer schürfen und bei den unterirdischen Würmern, Werren, Ameisen, Maulwürfen und, was sonst noch unter der Erdkrume lebt, beginnen! – über die vielerlei Läuse, Wanzen und Raupen hinweg, die an den Pflanzen hochkriechen, bis in den Luftraum überm Garten, dessen Tierleben an Schmetterlingen, Fliegen, Bienen, Wespen und Vögeln von verwirrender Vielfalt ist! Allein den lieben *Meisen,* die meinen Garten durchzwitschern, habe ich vier Gattungen und elf Arten nachgezählt, und das sind gewiß nicht alle. Denn wenn ich Meisen beobachte, fliegen sie gewöhnlich weg. Erstaunlich, wie unruhig sie sind! Keinen Augenblick kann so ein Vögelchen stille halten; immer zuckt und ruckt es in ihm; keine Stellung ist ihm recht; kaum sitzt

es, will es hüpfen, kaum hüpft es, flattern. Wieviel lebensfrohe Unrast vibriert in ein paar Gramm Meise!

Oder ein *Kleiber*, der die Miniaturausgabe eines Spechtes ist! So rastlos läuft er senkrechte Stämme hinauf und hinab – und das kopfunter! –, daß es mir nicht möglich ist festzustellen, welcher der dreißig Arten seiner Familie er angehört. Bei solcher Hast bringt er es auch noch fertig, Insekten aufzupicken! Ein Kleiber ist wie ein Manager, der an zwei Apparaten gleichzeitig telefoniert und zwischendurch seiner Sekretärin ins Stenogramm diktiert.

Ich könnte es nicht; ich habe ein eingleisiges Gehirn.

Die meisten Gartentiere haben es eilig: die *Hummeln* tun, als müßten sie ihre Brut heute mit einem Jahresvorrat versorgen (selbstverständlich brummen sie deshalb); die *Bienen* rackern sich derart ab, daß sie nur hundert Tage leben (vermutlich sterben sie an Herzinfarkt); und selbst ein plumper Rosenkäfer frißt so rasch, daß ihm der Rosenstock, der ein pflanzenhaft vernünftiges Arbeitstempo einhält, erst nach geraumer Frist frische Blüten nachservieren kann. So gern sich die Eidechsen sonnen: ein Sonnenbad gönnen sie sich erst nach flinker Dauerjagd auf Insekten.

Wie ruhig der Garten einem oberflächlichen Beobachter erscheinen mag: das Tempo seiner Tiere ist so gehetzt, daß es sogar meine dicke Pudelhündin ansteckt. Sowie sie den Garten betritt, unterliegt sie ihrem Kategorischen Imperativ, in jappender Hast Igeln und Katzen aufzuspüren.

Hunde und Katzen gehören ebenso zur Gartenfauna wie Vögel, Bienen und Feuersalamander. Wer sie bei noch so flüchtiger Aufzählung vergäße, wird durch ihr Bellen und Maunzen daran erinnert, daß sie sich für wichtiger halten als alle anderen Gartentiere zusammengenommen. – Kurz gesagt: was im Garten sein Wesen treibt, ist ein Gartentier.

Hunde und Katzen? mag man zweifeln, kommen sie denn gleichzeitig vor? Jawohl, das tun sie. Wo sie Hausgenossen sind, finden sie sich auch im Garten miteinander ab.

Solange mein altes Haus unter Mäusen litt, die im Keller hinter eingewinterten Dahlienknollen und Kartoffeln her waren (und sogar den Weinflaschen die Etiketten abnagten, weil ihnen deren Kleister schmeckte), hielt ich nebst meinem Hund auch eine Katze. In leidlicher Koexistenz kamen sie miteinander aus. Erst seit meine Katze mit der Mäuseplage aufgeräumt hat, begnüge ich mich mit dem Hund.

Wer gern Vögel im Garten hat, soll keine Katze halten. Das Räubern steckt ihr zu sehr im Blut, als daß es ihr abzugewöhnen wäre. Dagegen helfen nur die Zwangsmittel, daß man ihr eine Schelle umhängt, um die Vögel vor ihrem Anschleichen zu warnen, oder daß man sie kastrieren läßt, um sie träge zu machen. Da mich aber eine Katze nervös macht, die beständig klingelt, kann ich mir vorstellen, um wieviel mehr sie darunter leidet; und kastrierte Tiere will ich schon gar nicht um mich haben. Man soll der Natur nicht ins Handwerk pfuschen!

In Paris hatte ich die wohlgenährten Katzen bewundert, die in Schaufenstern und Restaurants herumliegen. Als ich aber hörte, daß solche Weltstadtkatzen verschnitten sind, mochte ich sie nicht mehr streicheln. Zu Unrecht, mag sein. Doch ich meine, daß Tiere, mit denen man sich befreundet, *ganze* Tiere sein sollten. Ich mag keine Eunuchen-Katze – und ist sie das nicht, jagt sie Vögel.

Da dem Gärtner die Vögel, die seine Blumen und Obstbäume von Ungeziefer säubern, lieber sind, habe ich meine Katze verschenkt, nachdem sie mein Haus entmaust hatte. Ein mäusegeplagter Nachbar nahm sie mir gern ab. »Katzen sind steuerfrei«, bemerkte der sparsame Schweizer, indem er sie forttrug. In der Tat: das sind sie, während ich meine Pudelhündin jedes Jahr versteuern muß.

Warum eigentlich sind Katzen steuerfrei? überlegte ich mißgünstig. Da mir aber einfiel, daß meine staatsbürgerliche Heimat Brasilien sogar Schriftsteller steuerfrei läßt, obzwar sie nicht einmal Mäuse fangen, ließ ich es dabei bewenden.

Trotz dem behördlichen Entgegenkommen (dessentwegen hier viel zu viele Katzen herumzigeunern) verzichte ich der Gartenvögel wegen auf eine Gartenkatze.

Deshalb ist mein Garten vogelreicher als irgendeiner der Umgebung, in dem eine Hauskatze ihr berechtigtes Jagdrevier hat. Deshalb wiederum schleichen sich wilddiebende Katzen häufig in ihn ein: große Katzen und kleine Katzen, weiße, schwarze, graue, braune und scheckige. Der gerissenste Wilddieb ist ein alter gelber Kater unbestimmbarer Zugehörigkeit.

Hier nun bewährt sich meine Pudelhündin »Asta«. Trägt ihr der Wind Katzenwitterung zu, bebt ihre Brust in gewitterhaftem Grollen, und schon stürmt sie dem Erbfeind entgegen. Dann ist sie nicht zu halten. Obzwar Mut nicht zu ihren Tugenden gehört – seit eine Biene sie in die Schwanzwurzel gestochen hat, flüchtet sie vor jeglichem Summen –, rast sie in den Garten, wenn ich »Muschi« auch nur flüstere oder ein scheuchendes »Sch-sch-sch-« zische.

Ich habe kein probateres Mittel, sie loszuwerden, wenn sie andauernd Pfötchen gibt, um mich an die Essenszeit zu erinnern, während ich einen Absatz zu Ende schreiben will. Katzen sind ihr noch wichtiger als Fressen, das ihr wahrlich wichtig genug ist. Ein wahres Glück, daß sie Katzen nur verjagt, nicht aber abwürgt! Sonst hätte ich ständig Streit mit katzenhaltenden Nachbarn. Doch so eifrig sie hinter Katzen her ist: noch keiner hat sie etwas zuleide getan. Denn sie verscheucht nur *die* Katzen, die vor ihr davonlaufen. Als der alte gelbe Kater, der mit Vorliebe in meinem Garten wildert, vor ihrem Ansturm stehenblieb und gesträubten Fells einen Buckel krümmte, zog sie in vollem Galopp ihre Vierpfotenbremse und tat, als wollte sie lediglich an einer Azalea indica riechen, die, nebenbei bemerkt, so duftlos ist wie fast alle Azaleen. Aus seinen großen grünen Augen beobachtete der Kater genau, daß sie dabei den Schwanz einzog. Seither krümmt er nicht einmal mehr den Rücken, wenn sie angebraust kommt. Er ist die einzige Katze, vor der sie Respekt hat. Ich will nur hoffen, daß er seine Taktik nicht den anderen Katzen mitteilt, die sich vom anstürmenden Tank einer fünfundfünfzigpfündigen Pudelin in Panik jagen lassen.

Bitte, glauben Sie ihr nicht!
Es ist nicht wahr, daß ich sie hungern lasse. Sie tut nur so und bringt mich in Verruf.
Um Himmels willen: zeigen Sie ihr kein Mitleid! Darauf wartet sie. Wenn Sie nur *ein*mal »Du Arme!« flüstern, merkt sie sich Ihre Adresse vor, Ihre Essenszeit und Ihr Menu, und Sie werden sie nie wieder los! Von da an brauchen Sie ständig eine Portion Fleisch mehr, und das kommt teuer.
Was schert das die Heuchlerin? Sie wird sich regelmäßig einfinden – es sei denn, daß eine Nachbarin zu gleicher Zeit Kuchen bäckt. Dann bettelt sie die an. Kuchen ist ihr lieber als Fleisch; sie riecht ihn auf weite Entfernung. Am allerliebsten freilich sind ihr Pralinees. Doch die bekommt sie kaum je in der Nachbarschaft; also stiehlt sie meine, denn ich bin ein zerstreuter Mensch und vergesse immer wieder, das Büfett abzuschließen. Meine Wirtschafterin läßt es absichtlich offen – »Du Arme!« flüstert auch sie. Von meinem Sekretär zu schweigen; sobald ich den Rücken kehre, steckt er ihr Schokolade zu.
Protestiere ich, bekomme ich zur Antwort: »*Sie* geben ihr am meisten!« Das ist nicht wahr; ich halte sie diät! Doch wir leben in einer Demokratie, und ich bleibe in der Minderheit.
Helfen Sie mir, liebe Nachbarn! Was nützt es, im eigenen Hause Ordnung zu wollen, wenn auch Sie mich überstimmen?
Bitte, bleiben Sie hart! Glauben Sie *mir*, in meinem Hause hungert keiner! Werfen Sie die Heuchlerin hinaus!
Sie dürfen dabei so resolut vorgehen wie der Küchenchef des Erstklaßhotels, in dessen Revier sie sich bei einem Spaziergang eingeschlichen hatte. Kaum hatte Bratenduft sie in seine Küche gezogen, als sie auch schon in unwürdiger Hast zu mir zurückkehrte. In der Tür der Hotelküche sah ich noch den erhobenen Fuß, der sie hinausbefördert hatte, und ein zornrotes Gesicht unter hoher weißer Kochmütze. Wie ein Fußball schnellte sie mir zu.
Der wackere Mann wußte Bescheid! Seither macht sie einen weiten Bogen um seine Türe. Doch selbst er wäre unterlegen, wenn er sich Zeit genommen hätte, ihr in die Augen zu sehen, in diese feucht flehenden topasbraunen Augen, die sie – vergessen Sie das, bitte, nicht! – als Werkzeug professioneller Bettelei mißbraucht.
Gewiß, es ist schwer, solchen Augen zu widerstehen, wenn sie

jeden Bissen bis in den Mund hinein verfolgen: inbrünstig flehend erst, wenn man ihn abschneidet, voll dunkler Gier dann, wenn man ihn vom Teller hebt, und schließlich in düsterer Enttäuschung – »Der Mensch ist schlecht!« – sofern man imstande ist, ihr keinen Happen davon abzugeben.

Solche Blicke sprechen ergreifender als die Stimme aus dem Radio, die zu wohltätigen Spenden aufruft und die Nummer des Postscheck-Kontos eindringlich wiederholt. Die Bettlerin meines Hauses braucht kein Postscheck-Konto; sie kassiert an Ort und Stelle, und das bis zum letzten Bissen.

Deshalb warne ich Sie: sehen Sie ihr nicht in die Augen! Sonst werden Sie die Heuchlerin nie wieder los. Beobachten Sie statt dessen, wie *dick* sie ist!

Auch das ist freilich nicht so einfach, wie es klingt – ich weiß, ich weiß ... Sie hat eine perfekte Technik entwickelt, ihre Rundungen zu verbergen: ihr dickes Hinterteil, indem sie sich darauf setzt, und ihren stattlichen Bauch, indem sie ihn einzieht.

Hierin benimmt sie sich anders als die Stute, die ich einst geritten habe. So gern ich die ritt, so ungern ließ sie sich von mir (oder sonstwem) reiten. Sowie ich ihr den Sattel auflegte, schnaufte sie alle Luft ein, die irgend in sie hineinging. So eng ich den Sattelgurt schnallte: kaum saß ich oben, atmete sie tief aus, und ich rutschte mit dem Sattel seitab von ihrem entleerten Leibe. Worauf sie sich prompt wieder aufblies und ich zu warten hatte, bis Atemnot sie zwang, sich zu verdünnen, und ich den Gurt ein Stückchen enger bekam. Sie war ein zeitraubendes Reitpferd. Zweimal aufblasen war ihr Durchschnitt; einmal brachte sie es sogar auf viermal. Doch da sie dabei ins Husten geriet, hat sie diesen Rekord nicht wieder angestrebt.

Umgekehrt macht es meine Hausgenossin, wenn sie mich bei Ihnen, liebe Nachbarn, in den Verdacht bringt, ich ließe sie hungern. Sie erweitert ihren Bauch nicht, sondern zieht ihn ein. Durch stete Übung vermag sie, ihn auf fast unbegrenzte Zeit zu verbergen. Nicht einmal, wenn sie satt wäre, würde sie Ihnen zeigen, *wie* dick sie ist!

Doch, du lieber Himmel, wann wäre sie jemals satt! Selbst wenn Sie ihr den ganzen Sonntagsbraten vorsetzten, würde sie hernach ums Dessert flehen. Sie ist ein Faß ohne Boden.

Lassen Sie sich *ja* nicht mit ihr ein!

Ich habe keine Ahnung, wo sie all das Essen unterbringt, das man ihr zusteckt.

Unlängst begleitete sie mich ins »Posthotel«, in dem ich mein

Glas Bier zu trinken pflege. Da der Hotelier ein weiches Herz hat, winkt er sie, während ich Zeitung lese, in die Küche. Ich weiß nicht, was er ihr dort serviert – aber es muß eine Menge sein, denn sooft sie wiederkommt, stöhnt sie befriedigt. Der Hotelhund knurrt vorwurfsvoll. So manierlich der weiße Spitz sonst zu Gästen ist – ein rechter Hotelhund entwickelt den gleichen Takt wie ein erfahrener Receptionist –: in solchem Falle scheint selbst ihm das Maß des Erlaubten überschritten.

Hochnäsig überhört sie seinen Protest; sie ist zu voll Kotelett-Knochen, als daß sie ihm antworten möchte.

Immerhin ist sie noch imstande, mich auf meinem Nachmittags-Spaziergang zu begleiten. Bewegung ist gut für die Verdauung, mag sie bei sich denken. Vor übermäßiger Bewegung braucht ihr, seit ich die Siebzig überschritten habe, sowieso nicht mehr bange zu sein.

Wie gewöhnlich endet mein Spaziergang im Restaurant der Drahtseilbahn, das einen sauberen Espresso siedet. Ein gedeihlicher Altersspaziergang führt vom Bier zum Kaffee. Zudem hätte sie geschmollt, wenn ich sie anderswohin geführt hätte. Denn auch der Wirt der Drahtseilbahn ist ihr Gönner. Das erweist die stürmische Freude, mit der sie ihn begrüßt (eingezogenen Bauchs versteht sich). Sie kann sich gar nicht genug tun mit Schmeicheln und Pfötchengeben . . .

Ach so – Pfötchengeben . . . Habe ich schon gesagt, daß sie ein Hund ist? Sie, liebe Nachbarn, wissen es ja, doch da dies ein offener Brief ist, sei es für ortsfremde Leser nachgetragen. Sie könnten sie sonst für einen Menschen halten. Gibt es doch auch Menschen dieser Art: Freßsäcke, Nassauer und dennoch sanften Gemüts. Hunde und Menschen haben so vieles gemeinsam! Nur möchte ich den Vergleich nicht weiterspinnen; sonst kämen wir Menschen schlecht dabei weg. So große Egoisten Hunde auch sind: hierin könnten wir ihnen Punkte vorgeben . . .

Sie ist also eine Hündin – genau gesagt, eine schwarze Großpudel-Hündin – und heißt »Asta von Bebelingen«. Ihr Adelsprädikat will freilich wenig bedeuten, weil jeder reinrassige Hund im Stammbuch seines Klubs außer seinem Namen auch den des Zwingers führt, der ihn gezüchtet hat. Das will nicht sagen, daß man ihn auch so anzusprechen hat. Riefe ich meine Pudelhündin mit ihrem vollen Namen, wäre sie schon zehn Meter weitergelaufen, bevor das »von Bebelingen!« sie erreichte. Rufe ich sie knapp »Asta!«, kommt sie zwar auch nicht, setzt sich aber wenigstens hin und wartet, bis ich sie eingeholt habe. Das ist das Äußerste an

Appell, das ich ihr beizubringen vermochte. Deswegen melde ich sie nicht zu den Dressurprüfungen unseres Pudelklubs an. Auch auf Ausstellungen zeige ich sie nicht. Es wäre *zu* peinlich, ihre Taille vom Pudelrichter nachmessen zu lassen ...

Daran sind *Sie* schuld, liebe Nachbarn, und deshalb wende ich mich in aller Öffentlichkeit an Sie: bitte, hören Sie endlich auf, Asta zu mästen! Sie nehmen ihr Jahre des Lebens und gefährden dazu ihren Ruf. Wenn ich im »Schweizer Hundesport« die Namen prämiierter Großpudel lese, sage ich zu Asta: »Hier köntest auch *du* stehen ...« Betrachte ich aber die Photos der schlanken Preisträger, schließe ich resigniert: »... wenn du nicht so fett wärst!«

Ihr ist das egal. Wie stets, wenn ich sie anspreche, wedelt sie lässig mit dem Schwanzstummel, der ihr vom Kupieren verblieben ist, und wälzt sich auf den Rücken, damit ich ihr den dicken Bauch kraule. Vor mir geniert sie sich nicht, vor mir zieht sie ihn nicht mehr ein. Leben wir doch schon das sechste Jahr in gemeinsamem Haushalt.

»Auch meinetwegen solltest du nicht so viel fressen!« appelliere ich an ihre Freundschaft. »Seit ich zwei Bücher über Hunde geschrieben habe, hält man mich für einen Fachmann; sieht man aber *dich*, du Fettlawine, geht auch *mein* Renommee flöten! Wer wollte sich von einem Kynologen belehren lassen, dessen Hund Mastschinken hat!«

Es nützt nichts. Sie grunzt so zufrieden wie eine dicke Araberin, die sich loben hört: »Eine Frau für zwanzig Kamele!«

Doch das ist vorgegriffen. Erst einmal sind wir im Restaurant der Drahtseilbahn, dessen gutmütiger Wirt ihr verheißungsvoll zublinzt. Sie wedelt ihn hurtig an und schielt dabei rechts hinter die Theke nach der Küchentür.

»Bitte, Signor Renzo, geben Sie ihr *nichts*!« mahne ich und binde die Dicke am Tisch fest.

Nun kann nichts passieren, denke ich und lese weiter, wer wen in Hinterindien umbringt. Aber es passiert doch etwas! Erst zerrt sie am Tisch, daß die Kaffeetasse klirrt, und da das nichts hilft, weil der Tisch zu schwer ist, um sich von ihr in die Küche zerren zu lassen, beginnt sie zu winseln. Das versteht sie meisterhaft. Ich habe mein Leben lang Hunde gehalten; doch noch keiner hatte es verstanden, so herzzerreißend zu winseln wie sie. Kaum wimmert sie im schwierigen Pianissimo, mit dem erlesene Sängerinnen hauchzart den Saal durchtönen, wie ich auch schon von Nebentischen mitleidiges Gemurmel höre.

Ja, die Frau Wirtin hinter der Theke sagt eben das, wovor ich gleich zu Beginn gewarnt hatte.

»*Arme* Asta!« flüstert sie mitleidig. »Du hast wohl Hunger?«

»*Nein!*« bemerke ich mit einiger Schärfe. »Sie hat eben erst gefressen!«

»Aber sie *jault* doch so!«, höre ich eine mitleidige Frauenstimme von einem Tisch. In der Tat: Asta hat zweite Lautstärke eingeschaltet und unterbricht ihr Winseln alle paar Takte mit schneidendem Jaulen.

»Vielleicht muß sie hinaus«, vermutet ein alter Herr und läßt dabei durchklingen, daß ihm das lieber wäre.

»Sie *war* gerade draußen«, verteidige ich mich, während sich ihr Jaulen in immer höhere Tonlagen versteigt. Nun jodelt sie schon.

»Manche Leute *schlagen* ihre Hunde«, erklingt eine argwöhnische Frauenstimme.

»Ich *nicht!*« verteidige ich mich spitz. Das ist wahr. Eine Hündin könnte ich so wenig schlagen wie ein kleines Mädchen. Einen Hund schon; der braucht manchmal einen Klaps. Aber eine Hündin? Es wäre mir unmöglich – leider, möchte ich hinzufügen.

»Sie tut nur so«, schließe ich matt.

Doch was soll ich machen? Sie jault in der Tat so herzbrechend, als mißhandelte ich sie unter dem Tisch. Auf alle Finessen verzichtend, quiekt sie jetzt wie ein abgestochenes Schwein. Das ist nicht mehr Heuchelei; das ist Erpressung! Seit sie einmal im Tram so geschrien hat, weil neben ihr eine Hausfrau die Markttasche

verteidigte, in der Fleisch war, ist Asta die Benützung der Straßen-
bahn verboten worden – und damit in beschämend öffentlicher
Rüge auch mir, weil ich es nun einmal nicht lassen kann, sie ins
Städtchen mitzunehmen.

Doch auch das gehört nicht hierher. Noch bin ich mit ihr im
»Ristorante della Funicolare Locarno-Madonna del Sasso«.

Schon greife ich nach Hut und Mantel, um nicht das ganze Lo-
kal gegen mich aufzubringen, als es mit *einem* Male stille wird. Die
Hündin, die eben noch geschrien hatte, als brächte ich sie um,
ist plötzlich verstummt.

Wie die Sonne durch Gewitterwolken, aus denen es eben noch
gedonnert hatte, strahlt nun ihr Blick dem Wirt entgegen, der
vor uns steht. Zwar blinkt in seiner Rechten ein Küchenmesser,
doch Asta riecht genau, daß es auf seine Linke ankommt, die er
hinter dem Rücken verbirgt. »Ein *wenig* nur, Signore, ein *ganz*
klein wenig . . .«, spricht er mich mit Tessiner Gentilezza an.

Was anderes bleibt mir übrig, als widerstrebend zu nicken und
»Tante grazie, Signor Renzo . . .« zu sagen?

Nun kommt des Wirtes linke Hand hinter seinem Rücken hervor, und in ihr liegt ein halbes Kilo (nein, ich will nicht übertreiben, aber gewiß mehr als ein Viertelkilo!) rosigen rohen Fleisches:
Kalbsfilet. Ich weiß, was das kostet. Der Mann ruiniert sich . . .
Davon schneidet er einen Happen ab und noch einen und noch
einen und »Basta!« rufe ich.

Doch da Asta ihn zögern sieht, läßt sie ihren schrillsten Hunger-
schrei los, und er kann nicht so schnell weiterschneiden, wie sie
frißt. Frißt? Sie kaut nicht, sie schlingt; sie atmet das schiere
Fleisch ein. Sie giert wie ein Schiffbrüchiger, der aus dem Rettungs-
boot gehißt wird, in dem er tagelang gehungert hatte.

»Wie hungrig sie ist!« bedauert sie Signor Renzo.

»Wer seinen Hund hungern läßt, sollte keinen halten«, spricht
eine tierliebende Dame deutlich mir zu Gehör.

»Ich lasse meinen Hund nicht hungern«, wehre ich mich.

»Das sieht man ja!« tönt es scharf zurück.

Es wäre zwecklos, mich zu rechtfertigen. Zu deutlich spricht
der Augenschein gegen mich. Klüger, ich räume das Feld . . .

Doch halben Wegs zum Ausgang zieht Asta die Leine straff
und bleibt stocksteif stehen. Ein Ruck – und sie hat mir die Leine
aus der Hand gerissen.

Sie hat Stanniol rascheln gehört, und dieses Geräusch verleiht
ihr magische Kräfte.

Zu Hause mag sie im hintersten Weinberg einen Igel verbellen, den zu verjagen sie für noch dringlicher hält, als eine Katze zu verscheuchen: raschelt irgendwo im Hause – und sei es bei geschlossenen Fenstern! – Stanniol, fegt sie in gestrecktem Galopp heran, klinkt alle hindernden Türen auf (das kann sie nämlich, während ihr nicht beizubringen ist, sie auch wieder zu schließen) und tanzt auch schon auf den Hinterbeinen vor dem, der raschelt. Von jedem Stanniol erwartet sie Schokolade, und die ist ihr das Allerliebste. Daß auch Zigaretten in Stanniol verpackt werden, trübt ihren Glauben an die Menschheit. »Ich verstehe diese Welt nicht mehr!« jammern ihre feuchten Augen, wenn sie voreilig vor einem Zigarettenpäckchen getanzt hat. Frei auf den Hinterbeinen zu tanzen, bedeutet ihr etwas Ähnliches wie einem Akrobaten der Doppelsalto vom fliegenden Trapez, vor dem die Zirkuskapelle jäh innehält, um hernach in frenetischen Trommelwirbel zu verfallen. Nur vor Schokolade hüpft Asta mit der Falstaffschen Grazie der Dicken auf den Hinterbeinen, und noch keiner meiner Gäste hat ihrem Tanz widerstanden. Ich würde es auch keinem geraten haben! Käme er wieder, würde sie ihn anknurren. Nicht beißen, nein, das täte sie nicht. Zähne, meint sie, sind nur zum Fressen da. Auch diesmal tanzt sie nicht umsonst: eine junge Mutter hat ihrem Kindchen eine Tafel Schokolade ausgepackt, und Astas Tanz überwindet sogar die Mutterliebe. Mehr als die halbe Schokoladetafel landet ratenweise in ihr.

Hernach läßt sie sich endlich hinauszerren. Bis zum Rande vollgefressen, zottelt sie mit mir nach Hause.

Man sollte annehmen, daß sie sich dort nur noch ihrer Verdauung widmete. Doch dem ist nicht so. Zunächst springt sie an der Wirtschafterin hoch und macht ihr die Schürze schmutzig.

»Du Arme!« bemitleidet die gute Frau sie mit zärtlichem Streicheln. »Du bist wieder zu viel gelaufen!« – dies mit einem vorwurfsvollen Seitenblick zu mir hin. »Wie hungrig du bist!« und schon hat sie ihr einen vollen Napf Abendessen auf den Küchenboden serviert. »Lammfleisch mit Spaghetti«, empfiehlt sie ihr dabei so angelegentlich wie eine Gastwirtin dem Herrn Bürgermeister.

Jedesmal, wenn ich verreise, erwarte ich, meine Pudelhündin im Bett der Wirtschafterin und die im Hundekorb wiederzufinden.

Ob Sie es glauben oder nicht, liebe Nachbarn: Asta frißt auch diesen Napf leer und leckt ihn nachher so aus, daß die Wirtschafterin schmunzelt: »Den brauche ich nicht mehr zu waschen!«

Worauf meine unersättliche Pudelhündin, vor Überfülle schnaufend, darauf wartet, bis auch mir das Abendessen serviert wird, um mich bei jeder Platte mahnend mit der Schnauze anzustoßen.

Von mir aber bekommt sie nicht mehr als eine winzige Kost-
probe. – Sehen Sie, liebe Nachbarn; *so* verhält es sich mit meiner
bettelnden Hausgenossin!
Ich flehe sie an; glauben Sie ihr nicht und geben Sie ihr nichts!
Sie verleumdet mich. Ich lasse sie nicht hungern.
Bitte, *bitte*, geben Sie ihr nichts! Aber auch *gar* nichts! Nicht
einen einzigen Bissen! Sonst schaden Sie ihr und mir, und wir
kommen doch sonst gut miteinander aus.
Bitte, flüstern Sie nicht: »Du Arme!« – sondern brüllen Sie:
»Hinaus mit dir, du verfressene Heuchlerin!«
Bitte, sehen Sie ihr nicht in die Augen, sondern auf die Schin-
ken, und werfen Sie mein vertrautestes Haus- und Gartentier
stracks hinaus!

Das Vogelbad

Mit Wasserhahnen für den Garten ist es wie mit Aschenbechern
für den Raucher: er kann ihrer nie genug bekommen.
Daß ein Garten Wasser braucht, weiß jeder; aber nicht alle
wissen, welche Unmengen er einsaugt. Er trinkt es nicht, er säuft
es und lechzt sofort nach mehr.
Wasser ist Pflanzen noch nötiger als Sonne. Es gibt Gewächse,
die auch in dumpfem Schatten gedeihen – nicht nur halbwilde wie
Farne, Moose, Veilchen, Maiglöckchen und manche andere, sondern auch einige hochgezüchtete Gartenblumen wie Hortensien,
Geißbart oder Akelei. Sogar in Meerestiefen, in die kein Licht-
strahl mehr dringt, wachsen Algen, und wenngleich sie bräunlich
bleiben, weil sie ohne Licht kein Chlorophyll entwickeln können,
gedeihen sie in Menge, weil sie Wasser im Überfluß haben. Selbst

so kamelhaft durstfähige Pflanzen wie Kakteen oder Wolfsmilch kommen auf die Dauer nicht ohne Trinken aus.

Für einen Garten ist Wasser das Allerwichtigste. Das sollte sich jeder gesagt sein lassen. Wasser ist wichtiger als Sonne, Dünger und alle Gartenbücher zusammen. Deshalb lasse, wer einen Garten anlegt, noch vor dem Gärtner den Installateur kommen. Umgekehrt ist es komplizierter. Wer für seinen Garten alle zehn Meter im Umkreis einen Wasserhahn vorsieht, wird zwar, wenn er die Rechnung bekommt, über meinen Rat schimpfen, doch Jahr für Jahr dankbarer für ihn werden. Befolgt er ihn nämlich nicht, wird ihn entweder das Schleppen der Gießkanne lendenlahm machen, oder der überlange Gartenschlauch wird ihn einwickeln wie die Schlangen Laokoon. Auch wird seine Frau zanken, wenn sie ihm immer wieder durchnäßte Kleider aufbügeln muß.

So viel Wasser also, wie sich irgend beschaffen läßt! Der Neuling denke daran, daß nur dürre Jahre Hungerjahre sind, während nasse Rekorderten bringen. Selbst dem Winzer ist zu viel Wasser lieber als zu wenig. Liefern auch gut besonnte Reben süßeren Wein, so machen sich dafür Regenjahre mit der Menge der Trauben bezahlt. Zucker macht auch saueren Wein trinkbar, und ganz große Jahrgänge sind sowieso rar. Doch das ist zwar dem Verfasser wichtig, der sich nach ihnen die Lippen leckt, entspricht aber nicht mehr dem Kapiteltitel, der ein Vogelbad verheißt. Zu diesem also!

Sein erstes Vogelbad bekam mein Garten so:

Mit der Heckenschere war ich daran, die alten Kirschlorbeeren meines Grenzhags, die wieder einmal außer Rand und Band geraten waren, ordentlich senkrecht zurechtzustutzen, als mich von der Straße her zwei zierliche ältere Damen ansprachen und fragten, ob der Schriftsteller Richard Katz zu Hause sei. Da ich nickte, bat mich die eine schüchtern, ihm den Besuch zweier dankbarer Leserinnen anzumelden – wenn ihn das nicht störe, verstehe sich –, während die andere in ihrem Handtäschchen nach einem Trinkgeld kramte. Bei der Gartenarbeit trage ich zu zünftig geflickten Manchesterhosen ein verblichenes Flanellhemd, so daß mir das Trinkgeld zugekommen wäre, hätte ich nicht voreilig die Gartentür aufgeschlossen und mich vorgestellt.

Man weiß nie, was bei neuen Bekanntschaften herauskommt. So oft sie enttäuschen: manchmal bewährt sich eine. Ein bedeutender Juwelier, dem ich befreundet bin, hat mir einmal erzählt, daß er solch einer Zufallsbekanntschaft seinen Aufstieg verdankt. Als er ein noch recht unbedeutender Juwelier in San Remo war, sei während eines Platzregens eine alte Engländerin in sein Lädchen eingetreten und habe ihm brüsk aufgetragen, den lockeren Griff ihres Regenschirmes festzumachen. Als gefälliger Mann schraubte und klebte er ihren Schirmgriff fest, und sie ging, ohne ihm seine Arbeit zu bezahlen. Nächsten Tags aber kam sie wieder und kaufte, ohne zu feilschen, den Smaragdring, der das Glanzstück seines bescheidenen Schaufensters war. Schon das sollte einem Schriftsteller als Pointe genügen, wie nützlich sich eine Zufallsbekanntschaft auswirken kann. Doch wieder einmal erwies sich das Leben pointenstärker als die Phantasie: die alte Engländerin, die ihre Ferien in San Remo verbrachte, war die Gattin des Vizekönigs von Indien, und seit sie Kundin meines Freundes geworden war, stand seine Ladentür nicht mehr still vor Engländern und Engländerinnen, die beim Lieferanten der First Lady Indiens einkaufen wollten. Wenn es irgendwo Snobs gibt: dann unter den Engländern, die dieses Wort geprägt haben. Die Geschichte hat mir mein Freund erzählt, als wir seine Aufnahme in die exklusive Diamantenbörse von London feierten, und nachdenklich hinzugefügt: »Hätte ich ihr nicht den Schirmgriff geflickt, säße ich heute noch in meinem Lädchen in San Remo und wäre froh, wenn mir ein Bursche seinen Verlobungsring aus Trompetengold abkaufte . . .«

Nun, mein Zufallsbesuch hat mir, wenn auch kein Vermögen, so doch etwas eingebracht, was ich mir seit langem gewünscht hatte: ein *Vogelbad*.
Die Frage, warum ich es mir nicht schon angeschafft hatte, ist müßig. Denn wo kauft man es? Selbst die Auskunftsstelle eines allseits assortierten Warenhauses geriete in Verlegenheit, wenn man sie fragte: »In welcher Etage führen Sie Vogelbäder?«
Ein gutes Vogelbad ist ebenso Glückssache wie eine gute Ehefrau. Mag sein, man stöbert es bei einem Steinmetz auf, der gleichzeitig Naturfreund ist. Ließe man es nach Maß anfertigen, ärgerte man sich hernach, wie wenig Bescheid man gewußt hatte.
Das hübscheste Vogelbad, das ich kenne, war vorher Taufbecken einer Dorfkapelle gewesen. Seine Schale aus weißem Marmor steht auf einer Porphyrsäule, und die Vögel umschwärmen es, als habe es ihnen kein Geringerer geweiht als ihr gütigster Freund, der heilige Franziskus von Assisi.

Nachdem die beiden alten Damen meinen Garten besehen und

dabei respektablen Sachverstand erwiesen hatten, war der Nachmittags-Kaffee fällig geworden, und während wir ihn am Steintisch des Gartens tranken, entschlüpfte der einen die erste Kritik. Bis dahin hatten beide nur gelobt: meine Bücher, meine Rosen, meine Obstbäume und was sonst noch.

Nun aber blickte eine auf die Buchfinken, die wie gewöhnlich auf Kuchenkrümel warteten, und bemerkte mit sanftem Vorwurf: »Sie haben so viele Vögel und kein Vogelbad . . .«

Die andere stieß sie herzhaft mit dem Ellbogen an – was sie sich wohl erlauben durfte, weil sie Schwestern waren – und fiel ihr ins Wort.

Es sei ganz recht, meinte sie verbindlich, daß meinem Garten irgend etwas fehle, um ihn vom Paradies zu unterscheiden. Wobei sie freilich die Frage offenließ, ob Adam und Eva ein Vogelbad besessen hatten.

Dann sprachen wir von anderem, und ich hatte jenen angenehmen Zufallsbesuch längst vergessen, als ihn mir ein gewichtiges Paket in Erinnerung rief. Es kam aus *Zug*, nahe Zürich, das zwar der kleinste Kanton der Schweiz, doch einer ihrer anmutigsten und seiner niedrigen Steuern wegen so beliebt ist, daß nicht wenige waschechte Zürcher dort wohnen. Und in dem Paket lag mit einem liebenswürdigen Dankbrief für den genossenen Kaffee ein sehr hübsches Vogelbad! Annähernd kreisrund, ist es aus einem rauhen Material geformt, dem grüne Flußkiesel eingebettet sind. Ein Bildhauer, der auch Vogelfreund sei, habe es für mich geschaffen, schrieben die beiden Damen und wünschten dazu, daß es die Vögel meines Gartens zufriedenstellen werde.

Das tut es denn auch. Daß Vögel gern baden, weiß jeder, der auch nur einen Kanarienvogel hält; und seit das Vogelbad eben dort steht, wo uns die Buchfinken angebettelt hatten, ist es zu ihrem ständigen Treffpunkt geworden und dem der Meisen und Kleiber dazu. Sie trinken daraus und baden darin und schwatzen dabei. Selbst Einzelgänger wie Rotkehlchen und Dompfaff kommen gelegentlich zu Besuch und hören, während sie sich flatternd übersprühen, von den geschwätzigen Kohlmeisen die letzten Nachrichten. Ein Vorteil dieses Vogelbads ist sein kleines Ausmaß, das für Amseln und Stare nicht zureicht. Die sind bei meinem zweiten Vogelbad abonniert, das um vieles geräumiger ist.

Jawohl, mein Garten, der jahrzehntelang ohne Vogelbad auskommen mußte, hat jetzt deren zwei. Duplizität der Ereignisse! Nicht nur Peinliches, wie Furunkel, unangenehme Nachbarn oder Flugzeugabstürze, tritt meist paarweise auf, sondern auch so Erfreuliches wie ein Vogelbad. Und auch das zweite verdanke ich einer Zufallsbekanntschaft!

Der Besucher, der es mir eingebracht hat, glich in keiner Weise den beiden grazilen Damen, die mir mein erstes geschenkt hatten. Er war ein Mann der Statur, die man in der Schweiz »fest« und anderwärts dick nennt, und waren die beiden Schwestern schüchtern gewesen, so war dieser es durchaus nicht, sondern einer von jenen, die ohne Umschweife sagen, was sie wollen. Die setzen es denn auch durch.

»Ich brauche vier *Yuccas!* Was kosten sie?« sprach er mich an. Nun bin ich insofern ein unverbesserlicher Kapitalist, als ich nichts wieder hergebe, was ich einmal habe; und obzwar ich als Schriftsteller nur ein winziger Kapitalist bin, verteidige ich doch mit Nägeln und Zähnen, was mir gehört. – »Ich verkaufe nichts!« lehnte ich deshalb sein Ansinnen unwirsch ab.

Doch er war nicht nur körperlich fest. »*Alles* hat seinen Preis«, entgegnete er.

»Meine Yuccas nicht!« entschied ich.

Das überhörte er einfach und fuhr fort: »Ich brauche *kräftige* Pflanzen! Ich mache mir hier einen Garten und will nicht jahrelang warten, bis er was Rechtes vorstellt.«

»Gehen Sie zum Handelsgärtner!« wies ich ihn ab. »Ich verkaufe keine Yuccas.«

Zugegeben, Yuccas habe ich im Überfluß, und welche waren mir schon so in den Weg gewuchert, daß ich sie absägen mußte; doch ich habe auch andere Dinge im Überfluß – Böhmische Gläser etwa oder Webereien der Primitiven und derlei, was ich früher einmal gesammelt habe, ohne daß ich mich jetzt noch darum kümmerte – dennoch aber verkaufe ich es nicht.

Yuccas – oder »Palmlilien« – hatte ich schon auf meinem Grundstück vorgefunden und seither durch Ableger vermehrt. Erst schätzte ich sie wegen ihrer meterhohen weißen Blütentrauben; später sind sie mir eher lästig gefallen, weil man ihnen alljährlich die dürren Blätter abschneiden muß, deren jedes in einen nadelspitzen Dorn endet. Säubere ich meine Yuccas, sehen meine Hände danach aus.

Armdicke Strünke treibt so eine Yucca, und jeden Herbst muß man sie putzen. Als mich eine Yucca ins Auge gestochen hatte, war ich in Versuchung, alle auszurotten. Das aber ist unmöglich. Die Yucca ist eines der zähesten Gewächse auf Gottes weiter Welt. Wenn man sie ins Feuer würfe und siebenmal darin umdrehte, würde im nächsten Jahr eine neue Yucca aus der Asche wachsen und im übernächsten blühen.

Trotzdem wehrte ich mich für meine Yuccas, als bedeuteten sie meine Existenz. Bin ich doch nicht nur ein Kapitalist, sondern auch einer der Gartenliebhaber, die lieber ihr Bett verkauften als ihre Pflanzen. Verschenken allenfalls, obzwar ich innerlich stöhne, wenn ich einer Besucherin ein paar Rosen abschneiden muß. Auch über Tauschen ließe ich mit mir reden – eine Yucca etwa für eine rundum blühende Forsythie, weil meine nur nach unten blühen – aber verkaufen? Gott behüte, daß ich meinen Garten zum Geschäft machte! – Mein Nein klang so fest, daß der Besucher, so willenskräftig er war, seine Taktik änderte.

»Ich bin Steinhändler«, lockte er. »Meine Spezialität ist Granit. Den braucht jeder Garten. Vielleicht kommen wir soherum ins Geschäft.« – Man merkt, er war nicht nur ein fester, sondern auch ein kluger Mann.

»Ich habe genug Granit«, wehrte ich mich und wies auf meinen Weinberg, dessen Reben ich von Holz auf Granitpfeiler verschult habe.

»Haben Sie auch ein *Vogelbad*?« versuchte er mich. »Für vier gute Yuccas mache ich Ihnen ein schönes aus Granit!«

Ich wurde unsicher; denn obzwar ich damals schon das Vogelbad aus inkrustierten grünen Bachkieseln besaß, bestand es im großen ganzen nicht aus Granit, sondern aus einer Zwischenstufe zwischen Terracotta und Zement. Immerhin zeigte ich es ihm, um zu beweisen, daß ich auch damit versorgt sei.

Er schüttelte den Kopf: »Ein bißchen klein, und Frost verträgt es auch nicht.«

»Im Winter nehme ich es ins Haus«, verteidigte ich es.

»Meines können Sie draußen lassen; Granit ist unverwüstlich«, warf er sich in die Brust.

Damit hatte er mich.

Wir kamen überein: vier stämmige Yuccas für ein großes Vogelbad aus Granit.

»Abgemacht!« rief der energische Herr und hielt mir eine Hand hin, der anzusehen war, daß sie Granit nicht nur zu verkaufen, sondern auch zu behauen verstand.

»Und wer soll die Yuccas ausgraben?« bedachte ich noch, bevor ich ihm die meine reichte. Sind doch Gartenarbeiter schwer zu beschaffen, seit Hotels und Fabriken um vieles besser zahlen als wir Gartenfreunde. Den letzten tüchtigen Gartenarbeiter hat mir die Gemeinde Locarno weggeschnappt, indem sie ihn zum pensionsberechtigten Straßenarbeiter ernannte, und ich bin schon zu alt, um vier Yuccas nebst Erdballen mit der Picke auszugraben.

»Das mache *ich*!« wischte der Besucher mein letztes Bedenken beiseite.

Ich schlug ein.

Dann begossen wir unsern Handel mit dem echten »Burekirsch«, den ich direkt von Bauersleuten aus dem Aargau beziehe. Er schmeckt würziger als andere »Kirschwasser«, weil die Kirschkerne mit hineingequetscht werden.

Tags darauf kam der Steinhändler mit Pickel und Schaufel in einem Straßenkreuzer angebraust, und ein paar Wochen später setzte er mir eigenhändig ein Vogelbad in den Garten, das sich sogleich einfügte: gewachsener Stein in gewachsene Pflanzen. Auf rechte Schweizer ist Verlaß. Ich bekam eine dicke, schwere Granitplatte, der eine Höhlung so praktisch schräge eingemeißelt ist, daß sich jeder Gartenvogel vom Zaunkönig bis zur Taube in ihm die

Badetiefe aussuchen kann, die seiner Größe entspricht. Das tun nun die Vögel meines Gartens gern, bis eine dicke Amsel hergehüpft kommt und sich darin so breit macht wie eben jetzt ...

»Ach, die lieben Amseln!«

Der gute Vater Brehm rühmt die Amsel als zweitbeste Sängerin unserer Zonen. Gleich hinter die Nachtigall reiht er sie ein.
Aber selbst Vater Brehm hat nicht immer recht.
Zugegeben: die Amsel flötet angenehm, und täte sie es zu passender Zeit, stimmte ich in ihr Lob ein. Doch auch eine berühmte Koloratursängerin sollte nicht ausgerechnet um fünf Uhr morgens konzertieren und ihr Programm eben dann wiederholen, wenn ich meinen Mittagsschlaf halten will!
Wer in den Tropen gelebt hat, weiß, wie wichtig die Siesta ist. Bewunderte ich den alten Churchill nicht aus gewichtigeren Gründen: ich täte es seiner Bemerkung wegen, die er zu wiederholen pflegt, sooft ihm mitgeteilt wird, irgendwer sei gestorben. »Wahrscheinlich hat er nicht nach dem Mittagessen geschlafen!« sagt dann der große alte Mann.
Schlafe einer, wenn ein brünstiges Amselmännchen gerade zur Siestazeit das Bedürfnis verspürt, seine Braut mit den durchdringenden Trillern anzuflöten, denen Vater Brehm den schriftdeutschen Text »Sri« und »Tränk« unterlegt! – Ach, wäre es nur *ein* Amselmännchen! Meist sind es drei bis fünf, die einander in meinem Garten übertrillern! Das Malheur ist: es gibt ihrer zu viele!

Die Amsel ist ein sehr geselliger Vogel.

Wo eine sich eingenistet hat, folgen ihr andere nach, um gemeinsam auf dem Boden herumzuhüpfen, zu flattern – zu richtigem Fliegen sind sie meist zu fett – und, versteht sich, gemischten Chor zu singen.

»Wenn eine ihren Gesang beginnt, beeilt sich jede andere, die sie hört, ihr singend zu antworten«, vermerkt ihr wohlwollender Freund Brehm. »Eine lernt auch von der anderen, gute Sänger erziehen treffliche Schüler, Stümper verderben ganze Geschlechter.« – Mag sein, ich bin voreingenommen, aber ich werde den Verdacht nicht los, daß die Amseln meines Gartens verdorbenen Geschlechtern angehören.

Da lobe ich mir das Rotkehlchen, das mir bei der Gartenarbeit nachhüpft. Auch dieses zwitschert melodisch, doch um vieles leiser und – vor allem – *solo!* Nie hört man zwei Rotkehlchen gleichzeitig; jedes hat sein Revier und verteidigt es gegen andere. Einer Amsel hingegen ist nichts lieber als andere Amseln. Sie singt so gern in Gesellschaft, daß sie einen aufseufzen läßt:

»Liegt ein Wäldchen wo in Ruh –
Gleich singt's Quartett ›Wer hat dich, du‹ . . .«

An Geselligkeit gibt übrigens die *Nachtigall,* Primadonna unserer Sängerinnen, der zweiten Besetzung Amsel wenig nach.

So lange hatte ich in Versen und Prosa begeisterte Kritiken über die Nachtigall gelesen, bis ich mich heftig danach sehnte, sie mit eigenen Ohren zu hören. Vom »Tandaradei« Walthers von der Vogelweide (der ihr Lied poetischer übersetzt als Vater Brehm mit »Glock-arr«) über Heines Verszeile »Die Nachtigall, der edle Sprosser« und Oscar Wildes träumerisches Märchen »Die Rose und die Nachtigall« bis zu zeitgenössischen Lyrikern, die sich ihrer wenigstens dann entsinnen, wenn sie einen Reim auf »Schall« brauchen, hatte mir der und jener sentimentale Dichter von ihr vorgeschwärmt.

Bis ins Mannesalter aber hatte ich noch keine aus erster Kehle gehört. Dies empfand ich so tief als Manko, daß ich in *Fiesole,* oberhalb Florenz, nur deshalb Quartier nahm, weil mir ein Pensionsprospekt »florentinische Nachtigallen« verhieß.

In der Wirtin lernte ich eine deutsche Baronin kennen, die einst bessere Tage gesehen hatte, doch damals in solche Geldnot geraten war, daß sie in ihre Villa »paying guests« aufnahm. Zwar wußte ich schon damals, daß »zahlende Gäste« mehr zu zahlen und weniger zu beanspruchen haben als Hotelgäste. Trotzdem mietete ich mich bei der Frau Baronin ein, um meine Nachtigallen-Chance wahrzunehmen.

Die Dame des Hauses, die, wenn auch keine gute Wirtin, so doch eine gute Fünfzigerin war, wies mir, der Nachtigallen wegen, ein Zimmer mit Parkaussicht an und forderte eine stolze Wochenmiete im voraus. Unbesonnen bezahlte ich sie.

Schon bei Sonnenuntergang setzte ich mich ans offene Fenster, um meiner teuer erkauften ersten Nachtigall zu lauschen. Ich hatte lange zu warten, doch ich wartete gern. Es war ein milder Maiabend, der einem Juniabend nördlich der Alpen glich. Flieder und Jasmin dufteten zu mir empor, und über die Baumwipfel erhob sich feierlich ein dicker orangefarbener Vollmond.

Als sänge diese bezaubernde Stimmung selbst, vibrierte sie endlich im schluchzenden Flöten meiner ersten Nachtigall . . .

Sie sang ihr Lied mit einer Hingabe, die alles übertraf, was ich je zu ihrem Lob gelesen hatte. Solche Töne lassen sich nicht in Worte übersetzen. Da aber ich auf Worte angewiesen wäre, um sie zu schildern, will ich hier lieber den Einsiedel des alten Grimmelshausen sein inniges Mitternachtslied singen lassen:

»Komm, Trost der Nacht, o Nachtigall,
Laß deine Stimm mit Freudenschall
Aufs lieblichste erklingen;
Komm, komm und lob den Schöpfer dein,
Weil andre Vögel schlafen sein
Und nicht mehr mögen singen.
Laß dein Stimmlein laut erschallen,
Denn vor allem
Kannst du loben
Gott im Himmel hoch dort droben.«

... Doch nichts ist vergänglicher als Stimmungen, die man für unvergänglich hält.
Meine liebe Nachtigall hatte kaum mit einem schmelzenden Glissando vom Schluchzen zum Frohlocken übergeleitet – als der holde Zauber brach ...
Man wird kaum erraten, woran! Keine Katze hatte die bodennahe Sängerin beschlichen; auch nicht das leiseste Geräusch hatte sie aufgeschreckt – ich hütete mich, auch nur einen Finger zu rühren –: nein, im Busch nebenan war eine zweite Nachtigall mit ihrem Adagio ins Allegro der ersten eingefallen, und da war kein Dirigent, der abgeklopft und sie ermahnt hätte, im Takt zu bleiben. Vergebens bemühte ich mich, die beiden Stimmen auseinanderzuhalten: atonal durchdrangen sie einander. Und nun setzte noch eine dritte Nachtigall ein! Es war, als ob drei Primadonnen gleichzeitig Koloratur sängen, ohne auch nur die geringste Rücksicht auf einander zu nehmen.
Es war nicht zum Aushalten!
Seufzend schloß ich das Fenster und legte mich schlafen. Aber schlafe einer – und sei es bei geschlossenem Fenster! –, wenn sich sämtliche Nachtigallen von Florenz und Umgebung verschworen haben, ihm vorzusingen. Vermutlich hatte es sich herumgezwitschert, wie sehr ich mich nach ihrem Lied gesehnt hatte, und nun tat jede, als hätte ich gerade sie eingeladen.
Am nächsten Morgen bat ich die Wirtin – pardon, die gnädige Frau Baronin – um ein anderes Zimmer.
»Haben Sie die Nachtigallen nicht gehört?« staunte sie.
»Haben Sie kein Zimmer, in dem man sie nicht hört?« – wollte ich wissen.
Sie hatte keines, oder gab doch vor, keines zu haben, denn bezahlt hatte ich ja, und daß ich nur eine Woche bleiben wollte, wußte sie.

Nach einer weiteren schlaflosen Nacht war mein Bedarf an Nachtigallen gedeckt; ich packte meine Koffer, ließ fünf Tage sehr teurer Pension schwimmen und übersiedelte in ein zwar lärmiges, doch nachtigallenfreies Hotel im Zentrum von Florenz. Seither verstehe ich Christian Morgensterns Appell an die Nachtigall, und da dieses Kapitel einem Singvogel gilt und demnach viel Lyrik verträgt, sei auch sein Gedicht zitiert:

»Möchtest du dich nicht in einen Fisch verwandeln
und gesanglich dementsprechend handeln?
Da es sonst unmöglich ist,
daß mir unternachts des Schlafes Labe
blüht, die ich nun doch notwendig habe!
Tu es, wenn du edel bist!

Deine Frau im Nest wird dich auch so bewundern,
wenn du gänzlich in der Art der Flundern
auftrittst und im Wipfel wohlig ruhst,
oder, eine fliegende Makrele,
sie umflatterst, holde Philomene,
(– die du mir gewiß die Liebe tust!)«

Selbst Nachtigallen können einem leidig werden, wenn ihrer
zu viele singen.
Seien wir ehrlich: fühlten wir uns nicht ein wenig erleichtert,
als Mozarts Gedenkjahr zu Ende gegangen war und wir – bei aller
Bewunderung seiner unsterblichen Musik! – hoffen durften, in
Konzerten und Radio auch einmal etwas anderes zu hören?

Nun erst die *Amseln!*
Sie übertreffen die Nachtigallen bei weitem an Zahl wie Sanges-
freude.
Daß Vater Brehm sie so sehr liebte, mag daran liegen, daß es
ihrer zu seiner Zeit viel weniger gab.
Vom Gesang der Amsel verstand er gewiß mehr als ich. Hatten
doch gerade Singvögel seine Tierliebe geweckt, derentwegen er
als Achtzehnjähriger dem elterlichen Pastorenhaus entlaufen war,
um einen deutschen Adeligen nach Nordafrika zu begleiten. Als
dieser seine zoologische Entdeckungsfahrt abbrach, weil ihm das
Geld ausgegangen war, schlug sich der junge Brehm auf eigene
Faust durch den Sudan. Dort entstand sein liebevolles Kapitel über
die jungen Hyänen, die er großzog – über Tiere also, die sonst für
widerlich gelten. Brehm war frei von Vorurteilen. So sehr ich ihn
deshalb bewundere: sein Urteil über die Amseln halte ich für allzu
wohlwollend. Die sind, meine ich, nicht nützlich, sondern lästig.

Als ich mich vor nunmehr dreißig Jahren im Tessin ankaufte,
hatte ich mich noch wie Brehm darüber gefreut, daß Amseln in
meinem Garten sangen.
In *meinem* Garten? In *ihrem*, hieße es richtiger.
Aufdringlich, wie sie sind, haben sie ihn für sich und ihre Brut
annektiert.
»Amseln«, schreibt Vater Brehm, »unterscheiden recht wohl
zwischen gefährlichen und ungefährlichen Leuten« – und mich
haben sie leider unter die ungefährlichen eingereiht, weil ich seit
vielen Jahren keine Flinte mehr anrühre.
Schlau wie sie sind, machen sie sich das zunutze. Beständig

höre ich ihr Zwitschern und Flöten. Nur eine Katze würde ihrer Herr, nicht ein Katz. Doch seit mein Haus entmaust ist, halte ich keine Katze mehr, um nicht auch ehrbare Vögel zu verschrecken. Deshalb habe ich meine mit viel Mühe großgezogenen Kirschbäume abhacken lassen, weil doch nur Amseln sie abernteten, und habe es aufgegeben, Gemüse zu pflanzen, weil sie die Saaterbsen aus dem Boden picken und alle anderen Sämlinge dazu. Sogar auf mein Erdbeerbeet habe ich verzichtet, obwohl ich frische Gartenerdbeeren sehr gerne esse. Es ist zu mühsam, über jedes Pflänzchen eine Drahthaube zu stülpen, um sie vor gierigen gelben Amselschnäbeln zu sichern! Vergißt man es einmal, sind alle Amseln des Distrikts Locarno am Schnabulieren.

»Geselligkeit scheint den meisten Amseln Bedürfnis zu sein«, schreibt lobend Vater Brehm, obschon er, der Wahrheit zuliebe, zugeben muß: »Sie sind keineswegs friedfertig, geraten vielmehr recht häufig in Streit; aber der Lockruf, den eine von ihnen ausstößt, wird von anderen selten gehört, ohne befolgt zu werden.« Das stimmt: reiften mir Erdbeeren, hörten alle Amseln bis Bellinzona im Norden und Stresa im Süden den Lockruf der meinen und folgten ihm im Nu.

Brehm lobt die Amseln nicht nur ihres Gesanges, sondern auch ihres Nutzens wegen, während ich ihnen selbst Werren und Blattläuse vorziehe, die des Gärtners geschworene Feinde sind.

Mag sein, unsere Meinungsverschiedenheit liegt daran, daß ich, trotz meinem Alter, um gut sechzig Jahre jünger bin, als er es wäre, wenn er noch lebte. Und diese sechzig Jahre haben auch im Leben der Amsel allerhand geändert.

Zu Brehms Lebzeiten waren die meisten Amseln noch Zugvögel, die im Herbst gleich den Schwalben in den sonnigen Süden flogen, um erst im Frühjahr wiederzukehren.

Als Kind habe auch ich das Liedchen gesungen:

»Alle Vögel sind schon da,
Alle Vögel, alle!
A m s e l , Drossel, Fink und Star
Und die ganze Vogelschar
Wünschen dir ein frohes Jahr,
Lauter Glück und Segen.«

Was die Amsel anlangt, ist das längst nicht mehr wahr. Sie ist nicht »schon da«, sondern gar nicht erst weggeflogen. Aus einem Zugvogel, der vordem den Winter in Afrika verbracht hatte, wurde sie vorerst zu einem Strichvogel, der sich mit dem halbwegs milden Norditalien begnügte. Weil jedoch dort allzuviele in die Netze der Vogelsteller und danach in die Bratpfanne gerieten, haben die Überlebenden auch auf kurze Saisonreisen verzichtet und bleiben nun, wo sie sind. Lieber im Schnee als in Polenta, denken sie wohl (sofern Amseln an etwas anderes denken können als ans Fressen) und stehlen den Meisen das Winterfutter.

Als ich mich im Tessin ansiedelte, trat ich auch dort dem Tierschutzverein bei und unterstützte seinen steten Kampf gegen die »Vögel in Polenta«, nach denen nicht nur den Italienern, sondern auch recht vielen italienischen Schweizern der Mund wässert.

Seit jedoch zu viele Amseln bei mir nisten, urteile ich milder. Ja, um ganz ehrlich zu sein: auch ich delektierte mich an Amseln in Polenta, wenn nicht die Gattin unseres Bürgermeisters, die der gute Geist unseres Tierschutzvereins ist, so energisch wäre, daß sie mich in solchem Sündenfalle mit Schimpf und Schande ausschlösse. Sonst äße ich die Amseln meines Gartens mit Genuß! Denn was alles haben *die* mir schon weggefressen!

Mit dem Schaden an Beeren und Obst ist ihr Sündenregister noch lange nicht erschöpft.

Seit die Amsel bei uns vom Zug- zum Standvogel geworden ist, hat sie der Zwang des Winters vom Insekten- zum Allesfresser gemacht. Unter unseren Gartenvögeln ist sie etwa das geworden, was Mark Twains »Weißer Elefant« unter den Säugetieren war: »Er frißt Bibeln und Menschen und alles, was zwischen Bibeln und Menschen liegt.«

Auf die Amsel meines Gartens angewandt: ich habe sie an Blütenknospen picken sehen, an Kirschen, Äpfeln, Birnen, Feigen und Kakis; mit Vorliebe plündern sie Himbeer-, Brombeer-, Johannisbeer- und Stachelbeersträucher (um auch hier nur die wichtigsten aufzuzählen). Sogar dem Holunderbaum fressen sie Beeren ab, weil sie sich sagen, daß immerhin eßbar sein sollte, woraus der Mensch Marmelade macht. Nicht einmal *Hagebutten* sind vor ihnen sicher! Die Parkrose, die ich ihrer leuchtenden Herbstfrüchte wegen gepflanzt habe, fressen sie schon vor Weihnachten ratzekahl!

Die Amseln meines Gartens fressen Brot und Salat, und geradezu leidenschaftlich stehlen sie meiner Arara das Futter aus dem Napf. Besonders gern fressen sie Weintrauben. Das versteht sich; die weidet auch meine Pudelhündin genießerisch ab. Notfalls fressen sie aber auch die Fruchttrauben meiner Hanfpalmen und hinterlassen den Gegenwert allüberall im Garten. Werden ihnen die Palmbeeren zu hart, weichen sie sie in Wasser auf und versauen damit mein Vogelbad. Sie fressen – ach, was fräßen sie nicht!

Halt ja, eben das fressen sie *nicht*, dessentwegen Brehm sie für nützlich hält: *Insekten*. Die rühren sie nur im äußersten Notfall an. Geradezu gelangweilt lassen sie Raupen und Blattwanzen an sich vorbeikriechen.

Während ein Rotkehlchen täglich ein Mehrfaches seines eigenen Gewichts an schädlichen Insekten vertilgt, ist solch gartennützliches Gehaben den Amseln meines Gartens an den Fingern *einer* Hand aufzuzählen: in all den Jahren habe ich nur fünfmal gesehen, daß eine Amsel einen Engerling aus dem Boden gestochert, und

nur dreimal, daß sie ihn auch gefressen hat. Einmal stahl ihn ihr ein Spatz unterm Schnabel weg, und ein andermal ließ sie ihn, geradezu angeekelt, liegen. Hätte ich jenen Engerling nicht zertreten: er hätte sich ruhig wieder eingegraben, um zum gefräßigen Maikäfer heranzuwachsen. Die Amsel war inzwischen weitergehüpft, um Regenwürmer aufzustochern.

Regenwürmer sind die Grundnahrung der Amseln, ihr tägliches Brot. Schon deshalb halte ich Amseln für schädlich. Regenwürmer sind ja die wahren Freunde des Gärtners! Still und stetig lockern sie ihm den Humus auf und sieben ihn düngend durch ihren Darm. In Nordamerika (das uns an rationeller Gärtnerei weit überlegen ist) beschäftigen sich Farmen ausschließlich mit der Zucht von Regenwürmern, um sie Gärtnern für gutes Geld zu verkaufen. Derlei liegt Amseln fern. Um Hunderttausende biederer Regenwürmer berauben sie die Gärten!

Seien wir gerecht! Dies ziemt sich selbst gegenüber einem so lästigen Wesen wie der Amsel. Auch sie hat gute Eigenschaften. Zuvörderst einmal singt sie. Zwar meine ich, daß sie nicht so rein singt, wie Vater Brehm es ihr nachrühmt, doch klingt ihr Solo immerhin annehmbar.

Ferner ist sie ein schmucker Vogel. Deswegen vor allem steht sie unter Vogelschutz und hat – leider! – das ganze Jahr hindurch Schonzeit.

Doch diesen beiden Gutpunkten sei nochmals entgegengehalten: es gibt ihrer zu viele!

Im Vertrauen auf ihre Unantastbarkeit vermehren sie sich in geometrischer Progression. Zwei-, ja, dreimal jährlich brüten sie vier bis sechs Eier aus, und seit die Raubvögel immer seltener werden, die ihre natürlichen Feinde sind, wird der Gärtner der Amseln nicht mehr Herr.

Äßen die Italiener – und auch recht viele Tessiner – nur Amseln und nicht auch Lerchen mit Polenta: ich für mein Teil hätte nichts dagegen einzuwenden . . .

Gegen die Amsel-Plage sind wir Gärtner auf die nutzlosen Scheuch- und Schutzmittel angewiesen, welche die Gartenkataloge anpreisen. Den Amseln wäre allenfalls zugute zu halten, daß sie damit eine betriebsame Industrie in Nahrung setzen. Doch deren Abwehr hilft, wenn überhaupt, bloß kurzfristig.

Nur naive junge Amseln nehmen einen Katzenkopf aus Blech ernst, auch wenn seine Glasaugen grüngrausam funkeln. Daß gar Metallfolien, die im Wind knattern, auf sie schießen, glauben nur noch Amselküken, bevor sie flügge werden.

Wirksam sind nur schützende Drahthauben über den Sämlingen. Brehm empfiehlt sie als »*leichte Mühe*«, aber Brehm war leider kein Gärtner. Sonst hätte er gewußt, wie *schwere* Mühe es bedeutet, jeder Erdbeerpflanze eine Drahthaube überzustülpen.

Immerhin rügt selbst er, daß »manche Amseln nackte kleine Singvögel verschlingen«. Das schränkt er freilich, in seiner Voreingenommenheit für Amseln, dahin ein, »daß solche Nesträubereien nur einzelnen entarteten Stücken und nicht dem ganzen Geschlecht zur Last gelegt werden können«.

Da ich noch keine Amsel beim Nestraub erwischt habe, muß ich es dahingestellt sein lassen, ob auch mein Garten Amsel-Kannibalen beherbergt. Mit Bestimmtheit weiß ich jedoch (weil ich es immer wieder sehe), daß meine Amseln nützlichere Vögel protzig verdrängen, sobald sich die unterstehen, in ihrer Nähe etwas aufzupicken. Nur ihresgleichen dulden sie um sich.

Aus all diesen Gründen seufzte ich tief, als mich eine altjüngferliche Besucherin anschwärmte: »Ach, die *lieben* Amseln! Wie *viele* Sie haben!«

»Wollen Sie welche? – Bitte, bedienen Sie sich!« antwortete ich ihr bitteren Tonfalls.

Gärten nach außen und Gärten nach innen

Wie der Gärtner, so sein Garten.

Wer nach außen lebt, legt seinen Garten so an: die Prachtstücke zur Straße hin, die minderen nach innen.

Je mehr wir uns amerikanisieren, um so auffälliger wachsen unsere Gärten nach außen. Gilt es doch in den USA als Bürgertugend, »extravert« zu sein. Also blühen jetzt immer mehr Gärten dem Publikum entgegen, während sie ihren Besitzern die Rückseite weisen. Hingegen zeigen Gärten aus der Epoche kultivierter Lebensführung Fremden die kalte Schulter einer hohen Mauer und werden dafür um so anziehender, je tiefer Vertraute in sie eindringen. Am schönsten blühen sie in ihrem Herzen: ums Haus herum und an ihm empor. Man merkt ihnen an, daß ihr Eigentümer sie in die Privatsphäre seiner Familie und Freunde einbezieht, die er von der Umwelt abzusondern wünscht. Damit erweist er sich als

»introvert«, was heutzutage für recht bedenklich gilt. Umgänglichen Schulterklopfern sind Introverte verdächtig.

Wenn ein Extraverter an hohen Gartenmauern vorbeigeht – oder, was wahrscheinlicher ist, im Auto vorbeifährt –, hält er den Gartenbesitzer, der sein Privatparadies nicht fremden Blicken preisgeben will, für einen Egoisten und unpraktischen Mann dazu. Er denkt nicht daran, daß das Paradies ein Garten, doch kein Supermarket war. Hingegen weiß er mit Sicherheit, daß die Zeit vorbei ist, in der sich Friedrich der Große den Wahlspruch kürte: »Mehr sein als scheinen!« Lehrt ihn doch die Erfahrung, daß jetzt die obenauf schwimmen, die mehr scheinen als sie sind. »Wer angibt, hat mehr vom Leben« ist die Devise unserer Zeit.

Ein extraverter Dauerlächler hat als Politiker, Manager oder gar Filmstar alle Chancen auf die nötigen Mittel, seinen Garten vom »Gartenarchitekten« planen und von Lohngärtnern pflegen zu lassen, um ihn als Aushängeschild des Wohlstands zu benützen.

Der Introverte, der seinen Garten ebenso abschirmt wie sein Privatleben, hat sich hingegen mit einem bescheidenen Einkommen zu begnügen und muß es als Glücksfall betrachten, wenn er dabei unabhängig bleibt, ohne sich einem Extraverten als Handlanger verdingen zu müssen. Als Trost diene ihm, daß die Kultur der Menschheit nicht von Generaldirektoren und Filmproduzenten geschaffen wurde, sondern von seinesgleichen – von Plato etwa, Michelangelo, Kant, Beethoven, die unbelehrbare Eigenbrötler waren, während sich die Leistungen der Extraverten als zwar einträglich, doch zumeist kurzlebig erweisen ...

Solch allgemeine Überlegung gehört insofern hierher, als sie den Gärtner rechtfertigt, der seine Prunkmagnolie nicht an die Straße pflanzt, sondern so nahe ans Haus, daß ihm ihre tellergroßen weißen Blüten ins Fenster sehen. Der rechte Gartenfreund ist introvert. So stolz ihn sachverständiges Lob stimmt: das alberne »Ah!« und »Oh!« vorübergehender Gartenignoranten ist ihm egal. Sogar »schnurzegal« ist es ihm, wie die Berliner sagen. Der rechte Gärtner liebt seinen Garten nicht als Egoist, weil er ihm gehört, sondern vor allem deshalb, weil er das Werk seiner Hände ist. Wenn seine Azalee von Blüten so überschäumt, daß in all dem Karmin kein grünes Blättchen mehr sichtbar ist, steht er ihr mit dem Stolz des Schöpfers gegenüber. In ihr erblüht seine Arbeit. Ein Wunder hat sich ereignet: sein Schweiß hat sich in Schönheit gewandelt ... Viele Jahre des Grabens und Jätens und Gießens liegen zwischen seinem Nachsinnen über ihren günstigsten Standort und jetzt. Betrachtet der introverte Gärtner das Ergebnis, weiß er, daß es keine verlorenen Jahre waren! Während er immer älter und müder wurde, ist sein Garten immer frischer und kräftiger geworden.

Der Gärtner weiß: Pflanzen sind dankbarer als Menschen. Ist er darum ein Egoist, weil er sie außer Blickweite bloßer Passanten rückt? Ich meine, er ist wohl mehr als das . . .

Wer südliche Gegenden durchwandert – am Lago Maggiore etwa, über dem mein Garten liegt –, den führt sein Weg oft lange Strecken längs so hoher Gartenmauern, daß nur die Wipfel alter Bäume und hohe Palmen über sie emporgrünen.

Der Südländer schirmt seinen Garten ab wie sein Haus; ja, einst umschloß er ihn sogar mit dem Hause.

Hellenen und Römer legten den Garten nicht ums Haus an, sondern bauten das Haus um den Garten herum. Das »Atrium« mit seinen Beeten und Lauben und Brunnen war des Hauses Herzstück. Doch so weit brauchen wir nicht zurückzugehen: Patrizierhäuser des Südens umfrieden noch heute den Innengarten ihres »Patio«, dessen Arkaden auch bei Regen Gartenfreude sichern.

Die Vorliebe südlicher Völker für Gärten nach innen hat allerdings noch einen anderen Grund: die Angst vor dem »Bösen Blick«. Dieser sogenannte Aberglaube (dessentwegen ein Italiener ein Korallenhörnchen, ein Araber »die Hand der Fatima« oder ein Brasilianer ein geballtes Fäustchen mit sich trägt) erklärt sich recht simpel: der böse Blick ist der Blick des Neiders. Und der ist in der

Tat gefährlich. Aus Neid wächst Leid von Klatsch bis Krieg, und Gartenneid ist besonders häufig.

Um nicht nur Lob über uns Gärtner auszusagen, sei zugegeben, daß wir in besonderem Maße aufeinander neidisch sind. Sehe ich in einem anderen Garten einen Hartriegel mit großen rosa Blüten, während der meine nur kleine weiße treibt, wünschte ich mir magische Kräfte, um jene großartige Cornus rubra in meinen Garten und meine minderwertige Cornus alba in jenen zu zaubern. Es mag mich sogar der kriminelle Einfall heimsuchen, die Bäumchen nächtlicherweile selbst auszutauschen. Blüht aber mir in vollen gelben Dolden die einzige gänzlich dornenlose Rose, die es meines Wissens gibt (die »Rosa Banksiana« nämlich), auf die ein anderer giepig ist – spitzen Sie nicht die Ohren, lieber Gartenfreund, nördlich der Alpen erfriert sie! –, höre ich in seiner Bewunderung einen Unterton mitschwingen, der sich gegens zehnte Gebot versündigt, das da lautet »Laß dich nicht gelüsten . . .«

Das Auge des Gärtners ist nur allzuoft das Auge des Neiders, und gegen solch bösen Blick schützen nur Mauern und Hecken. Mit gutem Grunde also frieden unsere südlichen Kollegen ihre Gärten so hoch und fest wie möglich ein und spicken dazu noch die Mauerkronen mit Glasscherben.

Nichts läge einem Extraverten ferner! Da er sich eines straßenwärts protzenden Gartens zum gleichen Zweck bedient wie einer pseudogotischen Madonna mit eingeschossenen Wurmlöchern und Möbeln im Solinger Barock – zur Bestätigung seines Wohlstands nämlich –: stellt er ihn aller Welt zur Schau.

Unsereins hütet sich, seinen Garten nach außen zu präsentieren. Dafür wächst er uns ans Herz und nicht an die Straße . . .

Gartenwetter

Es regnet . . .

Es stäubt, es rieselt, es gießt, und kaum hat es sich ausgegossen, fängt es wieder zu nieseln an . . .

Bisweilen guckt die Sonne durch ein Wolkenloch nach, ob es noch immer nicht genug geregnet hat, und versinkt dann wieder schläfrig in graue Polster. Kaum, daß ein vertrauensseliger Spatz zu piepsen beginnt und ein naiver Mensch ohne Regenschirm ausgeht, pladdert es wieder los.

Die Prospekte unseres Verkehrsvereins rühmen Locarno als

sonnigste Stadt der Schweiz. Addiert man die Sonnenstunden
eines ganzen Jahres, trifft das zu. Die Alpen im Norden und
ihre Ausläufer im Osten dämmen viele Wolken zurück. Schleicht
sich aber ein Gewitter durch ein Seitental zu uns ein, kann sich die
Sonne tagelang ausschlafen, und die Tessiner Bauern tun das
gleiche.

Der Talkessel des Lago Maggiore gibt Regenwolken keinen
Ausgang mehr. Haben sie sich einmal dort verfangen, müssen sie
sich bis aufs letzte ausregnen. Bald da, bald dort stoßen sie an
Berge und schütten dabei jedesmal Wasser aus. Nach solch einem
Rundreise-Gewitter muß die Sonne viele Überstunden machen,
um unseren Verkehrsverein zu rechtfertigen.

»*Miserables* Wetter!« stöhnt der Tourist und fordert Kursbuch
und Rechnung zur Heimreise.

»*Großartiges* Wetter! Jetzt brauche ich nicht mehr zu gießen!«
freut sich indes der Gärtner und reibt sich befriedigt die schwieligen Hände.

Mit dem Wetter verhält es sich wie mit abstrakten Bildern: dem
einen regen sie die Galle an, dem andern die Phantasie. Der Gärtner gehört zu den anderen (wenigstens, was das Wetter anlangt;
von der Kunst erwartet er, schon aus Gewohnheit, Natürlichkeit).
Wetter ist also zweierlei: es kommt darauf an, für wen.

Dem Städter ist Regen ein Ärgernis, während der Gärtner
schmunzelt: »Es regnet – Gott segnet.«

Dem einen verdirbt Regen die Kleider, dem andern befruchtet er den Garten. – Es gibt kein schlechtes Wetter, es gibt nur gute Kleider, meint der Gärtner, wenn er in seinem alten Pullover und noch älteren Manchesterhosen niedergeregnete Stauden hochbindet, ohne sich um die Nässe zu scheren.

Zum Ausgleich freut sich der Tourist über beständiges Sonnenwetter, das unsereinen verdrießlich stimmt. »Nichts ist schwerer zu ertragen als eine Reihe von schönen Tagen«, knurrt in solchem Fall der Gärtner, denn selbstverständlich zitiert er nur *das* Sprichwort, das ihm in den Kram paßt.

In diametral entgegengesetzter Erwartung also schaltet Gärtner und Nichtgärtner sein Radio an, um den »*Wetterbericht*« zu hören. Zwar wissen beide, daß Wetterprognosen so oft danebenprophezeien wie Börsentips (»Die Börse ist wie eine Lawine, bald rollt sie hinauf, bald rollt sie hinunter«, pflegte der alte Rothschild zu sagen, der Lawinen nur vom Hörensagen kannte). Doch in Dürrezeit ermutigt es gleichermaßen den Gärtner, »gelegentliche Niederschläge« prophezeit zu hören, wie den Spekulanten à la hausse die Voraussage einer »zuversichtlichen« Börse.

Weil soeben von Dürrezeit die Rede war: »Eine große Dürre wird kommen«, meldet der wachthabende Wetterengel seinem vorgesetzten Erzengel – »Eine kleine Dicke wäre mir lieber!« seufzt der.

Doch hier geht es nicht ums Witze-, sondern ums Wettermachen, genau gesagt um den Wetterbericht, den der hiesige Sender fünfmal täglich ausstrahlt.

Schon sein Beginn: »Zunächst vernehmen Sie den Wetterbericht«, macht Gärtner wie Nichtgärtner kribbelig. Lange Erfahrung hat zwar den Hörer belehrt, daß ihm der Radiosprecher zu schmeicheln glaubt, wenn er ihn vornehm anspricht. Wer seine Gebühr bezahlt, erwirbt damit den Anspruch zu »vernehmen« statt zu hören. Doch sei es darum! Vornehmtuerei ist dem Ansager auferlegt. Ihm zufolge darf ein Staatsmann zu einer Konferenz weder fahren noch fliegen, sondern er hat sich zu ihr zu »begeben«, um, »weilt« er dort, nicht etwa zu reden, sondern »sich zu äußern« oder gar »sich vernehmen zu lassen«.

Nebst solchem Unkraut hochstelzigen Stils macht sich im Wetterbericht obendrein wissenschaftliche Wichtigtuerei breit.

Dem Gärtner juckt es in den Fingern, die Dahlienknollen einzupflanzen, die er aus dem Keller geholt hat. Wohlgebündelt, nach Sorten und Farben sortiert, liegen sie neben ihm. Vorsorglich hat er sie auch schon zuzweit oder -dritt zerschnitten, weil sie ihm sonst mehr Laub als Blüten brächten. Nun will er vom Wetterpropheten nur noch erfahren, ob er sie auch einbuddeln darf. Die drei Eisheiligen nebst der Kalten Sophie stehen vor der Tür. Werden sie ihren Namen Ehre machen? Der Gärtner bebt vor Spannung, ob es frieren wird oder nicht. Jeder Tag früher, an dem die Knollen in die Erde kommen, bedeutet einen Blütentag mehr. Wird es also frieren oder nicht? Nicht mehr als das will der Gärtner wissen (der Städter übrigens auch, weil er erfahren will, ob er wollene Unterwäsche anziehen soll).

Statt aber dies mit knappen Worten zu erfahren, hat der Hörer seine Ungeduld so lange zu zügeln, bis er ausführlich gehört – pardon, »vernommen«! – hat, was im Radiojargon »die allgemeine Wetterlage« heißt. Dem Orakel übers kommende Wetter geht unweigerlich seine schwerverständliche Begründung voran. Ach, was wimmelt »die allgemeine Wetterlage« von »Depressionen«, die Island verlassen haben und, bevor sie uns erreichen, Gefahr laufen, von »Antizyklonen« über Schottland umgesteuert zu werden, von »Einbrüchen maritimer Luftmassen« in Nordfrankreich und ähnlichem Kauderwelsch!

So gern man es Island, als der ältesten Demokratie, vergönnte, daß es seine Depression loswird, und so unsympathisch einem seit dem Krieg Einbrüche in Nordfrankreich sind: wettermäßig interessiert es uns keinen Deut. Obgleich man aus langer Erfahrung mutmaßt, daß ein »Hochdruckgebiet« beständiges und eine »Tiefdruckzone« schwankendes Wetter verheißt, weiß man damit immer noch nicht, ob man die Dahlienknollen in die Erde bringen oder wollene Unterwäsche anziehen soll. Weder ein Hochdruckgebiet über dem Atlantik entlockt einem ein befriedigtes Lächeln, noch stimmt es einen melancholisch, daß Polen »von einer Tiefdruckzone beherrscht« wird. Einseitig, wie man ist, will man einfach wissen: wird es frieren oder nicht?

Eben hierum aber drückt sich der Wetterbericht mit Ausflüchten herum. Nachdem er die allgemeine Wetterlage endlich mit einer »geringfügigen Störung über dem Balkan« abgeschlossen hat, kündigt er in seinem prophetischen Teil lediglich »Örtliche Niederschläge« an, womit er weder die Dahlienknollen vor dem Erfrieren noch ihren Gärtner vor einer Erkältung schützt.

»Gelegentliche Niederschläge« oder »Örtliche Aufhellungen« sind bevorzugte Ausreden der Meteorologen. Ganz daneben hauen möchten sie denn doch nicht; also umfloren sie ihre Prognosen mit zweideutigen Vokabeln heimlicher Skepsis.

Welcher Fachgelehrte gäbe offen zu, daß er fehlbar ist? Nein, wie einst das Orakel des Delphischen Apoll verbirgt er seine Ungewißheit hinter vieldeutigen Worten.

Wer von uns simpeln Laien hätte je Regen oder Schnee oder auch nur Tau einen »Niederschlag« genannt? Nun, die Wetterprognose tut nichts lieber als das. Während unsereiner bei »Niederschlag« an einen Boxkampf denkt, schlägt der Wetterprophet ganz anderes nieder. Die Frage ist nur, was. Regen? Schnee? Hagel? Er verrät es nicht. Er bleibt bei »örtlichen Niederschlägen«.

Warum wohl? Weil dieses Wort in meteorologischem Sinn vielerlei bedeuten kann, was er im einzelnen nicht voraussagen kann. Gar in Verbindung mit »örtlich« deckt es gelehrte Meteorologen vom Scheitel bis zur Zehe. Sollte der Radiohörer später feststellen, daß es, entgegen der niederschlagenden Prognose, weder regnet, noch schneit, ja nicht einmal taut, kann der Autor der Prognose den Finger aufs Wort »örtlich« legen und mit sanfter Überlegenheit entgegnen: »Ja, bei *dir* nicht, lieber Hörer, aber *anderen*orts!« Deshalb sind »Niederschläge« im Wetterbericht noch beliebter als Zyklone und Antizyklone. So lang dieses Wort auch ist – vermeidet es doch nur um Haaresbreite, im Telegrammverkehr doppelt gezählt zu werden –: es macht die Prognose unfehlbar.

Regen hätte nur fünf, Tau gar nur drei Buchstaben gegen die vierzehn der »Niederschläge«. Da sich aber der Meteorologe weder auf den einen noch den anderen verlassen kann, zieht er, wenn er zuversichtlich gestimmt ist, »Niederschläge« vor, während er sich bei gemindertem Selbstbewußtsein auch noch in die Schutzdecke »örtlich« einwickelt.

Derart pythische Orakel werden dem neugierigen Radiohörer auch mit »stellenweiser Bewölkung«, »unsicherer Föhnlage« und so manchen anderen Wendungen erteilt, die Falstaffs Mahnung an den hochtrabenden Pistol in Erinnerung rufen: »Ich bitte dich, melde mir wie ein Mensch von *dieser* Welt!«

Das freilich fällt einer Wissenschaft schwer, die mit dem zungenbrecherischen Namen *»Meteorologie«* belastet ist.

Versuchen Sie, liebe Leserinnen und Leser – oder, im Radio-Jargon zu bleiben, »liebe Hörerinnen und Hörer« – das Wort *»meteorologisch«* mit der flinken Geläufigkeit auszusprechen, die sonst das tägliche Brot eines Radiosprechers ist! Wetten wir, daß Sie die »o« mit den »e« durcheinanderbringen?

Selbst den mit vielen sprachlichen Hürden vertrauten Ansagern des Wetterberichts gelingt es nur in Glücksfällen. Da hilft kein tiefes Einatmen: es wird »metorlogisch« daraus, »metologisch« und, bei besonderem Pech, sogar »motorelegisch«.

Nicht jeder Radiosprecher besitzt den Mannesmut des New-Yorker Berichterstatters meines Lieblingssenders Beromünster, der beim Vergleich der Prognosen eines alten Bauernkalenders mit denen der gelehrten Meteorologen (nebenbei bemerkt, fiel jener Vergleich zugunsten des Bauernkalenders aus) ein für allemal »metrologisch« sagte und dabei das »r« so bedeutsam rollte, als wolle er verkünden: »Hier stehe ich; ich kann nicht anders!«

Nun ist das Wort »meteorologisch« eines jener verstaubten küchengriechischen Gelehrtenwörter, die wissenschaftlich klingen, aber gar nichts besagen. Die Fachwissenschaft schleppt sie in ihrem Gepäck so gewohnheitsmäßig mit, wie alte Damen die Flacons des Nécessaire-Köfferchens. Sie haben längst keinen Inhalt mehr, aber sie gehören nun einmal ins Futteral. Mit dem Wetter hat das Wort so wenig zu tun wie mit den Meteoren, auf die es hinzudeuten scheint. Dem sprachlichen Sinn nach bedeutet Meteorologie die Lehre vom »Dazwischenschwebenden«, von dem also, was zwischen Himmel und Erde schwebt. Da dies jedoch – Hamlet zufolge – »mehr ist, als unsere Schulweisheit sich träumen läßt«, sollte sich die Schulweisheit der Wetterkunde nicht ausgerechnet Meteorologie nennen. Ist sie doch eine mehr spekulative als exakte Wissenschaft, nach Art etwa der Paläontologie, des Indeterminismus und anderer schwer aussprechbarer Gebiete luftigen Fachdenkens.

Der Gärtner, dem die Prognosen der Meteorologie schon so manches Gewächs verdorben haben, schlägt vor, sie in »Wetterahnung« umzutaufen. »Wetterkunde« klänge schon allzu anmaßend, denn welcher Mensch in Gottes weiter Welt kennt sich wirklich im Wetter aus? Die siebzig Prozent Wahrscheinlichkeit, welche die Meteorologie für ihre Tagesprognosen beansprucht, sind eine bescheidenere Chance als die alten Bauernregeln, nach denen ein harter Winter zu befürchten ist, wenn die Engerlinge sich tiefer als sonst eingraben, oder ein sanfter Frühling zu erhoffen, wenn die Schwalben früher als sonst heimwärts ziehen.

Wetter*kunde* im strengen Sinn des Worts ist die Meteorologie nur in ihrer Kenntnis der gegenwärtigen Luftströmungen und Wetterzonen. Zukunftswetter vermag sie nur für wenige Stunden mit einer Wahrscheinlichkeit vorauszusagen, die an Sicherheit grenzt.

Schon das macht sie Fliegern und Seeleuten unentbehrlich. Von diesem ihren Nutzen hat mich nichts eindringlicher überzeugt als der Funkspruch, mit dem sie unseren Dampfer zwischen Celebes und China vor einem Taifun gewarnt hat. Dank ihr hat uns bloß noch sein Schwanzende erwischt. Es war ein ausgewachsener Taifun und unser Schiff nur ein kleiner Frachter. Ohne die meteorologische Station von Manila wäre ich wahrscheinlich im Pazifik ertrunken und könnte mich jetzt nicht über die Meteorologie lustig machen.

Jetzt aber bin ich weder auf See noch im Flugzeug; jetzt hilft mir keine Meldung übers gegenwärtige Wetter anderswo, sondern *jetzt*, zum Teufel!, will ich endlich einmal wissen, ob ich die Dahlienknollen eingraben soll oder nicht!

Fürs Gartenwetter versagt die Meteorologie. Sie sollte das zugeben! Sonst bringt sie selbst *den* Gärtner gegen sich auf, der ihr, wie ich, sein Leben verdankt. Sie sollte nicht so tun, als ob sie über ihre Nasenspitze hinaussehen könnte. Das kann sie nämlich nicht. Je längere Prognosen sie stellt, desto weniger kann man sich auf sie verlassen.

Deshalb greift der Gärtner, der auf weitere Sicht disponieren muß als ein Pilot oder Kapitän, lieber zum Hundertjährigen Kalender, als daß er seinem Radio den Wetterbericht ablauscht.

Wie man es macht, ist es falsch, denkt der Gärtner; und recht hat er! Das Wetter, das er braucht, muß erst erfunden werden.

Nach dem Gewitter

Unmengen Wassers hat das Rundreise-Gewitter über unseren Talkessel ausgegossen. Als sei nichts gewesen, strahlt jetzt wieder die Sonne vom frisch gewaschenen Junihimmel, und der Föhn fegt den letzten grauen Wolkenschmutz weg.

Statt des Donners von oben poltert nun unten im Tal die angeschwollene Maggia Felssteine in den schäumenden See. Nicht wiederzuerkennen ist das sonst so friedliche Flüßchen! Bis in meinen Berggarten – dreihundert Meter über ihr! – dröhnt ihr wirbelnder Strom. Krieg führt sie mit Nachbarland und See.

Der Lago Maggiore hat seine blauseidene Decke abgeworfen und widersetzt sich dem Überfall mit zornbraunem Gischt. Er hat eine Menge Wellen mobilisiert und gewiß schon manche der Fischerboote zerschlagen, die er in Friedenszeit geduldig getragen hat. Im Krieg leiden immer die Unschuldigen ...

Der Gärtner kann nicht umhin, an Krieg und Frieden zu denken, wenn er den Schaden besieht, den der abschließende Wolkenbruch dem Garten angetan hat: gebrochene Äste, zu Boden geregnete Stauden, entblätterte Rosen. Die braunen Bächlein, die immer noch von den Terrassen zu Tal sprudeln, nehmen viel gute Gartenerde mit ...

Tagaus, tagein hat der Gärtner vom drohenden Krieg gehört und gelesen, und so drängt sich ihm der Vergleich mit dem Unwetter auf. Seine Hilflosigkeit bedrückt ihn.

Geknickte Pflanzen, gefallene Menschen – *muß* das sein?

Dort unten toben Fluß und See. Wann wird West gegen Ost toben? Gibt es keine Abhilfe?

Allenfalls im Elementaren. Gegen Überschwemmungen setzt sich der Mensch nach Kräften zur Wehr mit Dämmen und Schleusen und Baggern; gegen Lawinen pflanzt er Schutzwälder und baut Mauern; gegen Hagelschlag hat er Versicherungen errechnet, die den Schaden bezahlen; nach einem Erdbeben hilft alle Welt dem Unglücksgebiet mit Geld, Proviant und Medikamenten. Gegen den Krieg aber gibt es nicht Damm noch Rettungsexpedition noch Versicherung. Eben *die* Katastrophe, die der Mensch selbst entfesselt, wütet mit fürchterlicher Regelmäßigkeit, ohne daß er sich vor ihr zu schützen vermöchte. – Muß das sein?

Der Gärtner hat zwei Weltkriege erlebt und andere dazu, die man als »lokale Kriege« bagatellisierte, obzwar mancher von ihnen mehr Menschenleben und Menschenwerk vernichtet hat als ein starkes Erdbeben.

Immer wieder hat er gehört, daß *dieser* Krieg der letzte sei, ja, daß er deshalb geführt werde, um spätere Kriege unmöglich zu machen. Doch immer wieder brach ein neuer aus ...

Es ist, als unterliege die Menschheit dem periodischen Wahnsinn der *Lemminge,* jener Wühlmäuse des hohen Nordens, die sich, von einem unwiderstehlichen Trieb der Selbstvernichtung gepackt, zu Tausenden und aber Tausenden ins Meer stürzen und ersäufen.

An einer romantischen Begründung dafür fehlt es vermutlich auch den Lemmingen nicht. Vielleicht hetzt sie ein irregeleiteter Wandertrieb in den Tod statt auf Weiden, die sie in der Ferne wittern. Während sie sich, hinter ihren besessenen Leittieren her, kopfüber von Klippen ins Eismeer stürzen, mag ihnen vorschweben, daß sie ihre Brut dem Gelobten Land üppigen Fraßes zuführen. Ins Menschliche übersetzt: wir sterben für unsere Kinder!

Ein ähnlich übermächtiger Instinkt treibt auch die Menschen immer wieder in den Krieg. Primitive Volksstämme erhoffen von ihm ergiebigere Jagd und neue Weiden, zivilisierte Staaten Erdöl,

Uran und Absatzgebiete für ihre Industrie. Der Unterschied ist nur, daß der primitive Stamm, der den Kriegspfad betritt, offen zugibt, daß er das feindliche Land – und womöglich auch dessen Einwohner – fressen will, während der zivilisierte Staat seinen Urtrieb zur Vernichtung unter der Hülle altruistischen Strebens verbirgt, einer »Ideologie«, die er für so weltbeglückend hält, daß er sie auch anderen aufnötigt. Hatte etwa der Dreißigjährige Krieg die alleinseligmachende Form des Christentums auf seine Fahnen geschrieben, oder sollte im Zweiten Weltkrieg »die Welt am deutschen Wesen genesen«, so wird jetzt, Faden um Faden, am Nessusgewand gewebt, das den nächsten Weltkrieg ideologisch verkleiden soll: die beglückendste Wirtschaftsform. Hie Kapitalismus – hie Kommunismus! wird der Schlachtruf lauten, mit dem sich die Menschen von den Klippen der Zivilisation ins Meer der Atomgifte stürzen werden, wenn nichts dagegen geschieht . . .

Geschieht? Was?

Das Beklemmende ist, daß unablässig etwas geschieht, um einen neuen Krieg zu verhindern; daß Konferenzen, Staatsbesuche, Friedensmanifeste, Wirtschaftsverträge und Kulturabkommen einander jagen, und daß trotzdem das Wetterleuchten des Krieges immer näher aufzuckt. Wieder einmal bedroht uns der lemminghafte Trieb, ins Verderben zu springen.

Wird ihm die Vernunft standhalten?

Der Gärtner, dem – wie den meisten anderen – der Krieg ein Greuel ist, erhofft weniger von der Vernunft als vom Selbsterhaltungstrieb. Trieb gegen Trieb gäbe, meint er, eine bessere Chance als Trieb gegen Verstand. Wie schwach dieser gegen den Trieb ist, erfährt ja ein jeder in seinem Liebesleben.

Nur Selbsterhaltung als Instinkt, mit gesundem Menschenverstand als ihrem Lenker hielte dem irren Vernichtungstrieb stand, der schon wieder zum Krieg drängt. Der Mensch ist schließlich kein Lemming . . .

Nur Zeit müßte man haben, überlegt der Gärtner, den seine Pflanzen Geduld gelehrt haben. Mit der Zeit schleifen sich entgegengesetzte Ideologien, die den Vorwand zum Krieg abgeben, an-

einander ab und gehen schließlich ineinander über. – Die Fels-
stücke, die jetzt im wirbelnden Fluß gegeneinander schmettern,
werden mit der Zeit zu Sand zerrieben werden und, vermischt,
still im Grunde des Sees ruhen.

Auch Fluß und See bekämpfen einander nur oberflächlich. Ein
paar Meter unter ihren schäumenden Wirbeln mischen sich ihre
Wasser schon zu gemeinsamer Strömung.

Ein paar Jahrzehnte nur, und Kapitalismus und Kommunismus
würden das gleiche tun. Noch schäumt ihre Propaganda; im Inneren aber, tief im See-Innern der Weltpolitik und Weltwirtschaft,
mischen sie sich bereits. Wer tiefer blickt als auf die wilde Oberfläche, beobachtet so manche Anzeichen wechselseitiger Beeinflus-
sung. Einer lernt vom andern.

Im kapitalistischen Westen verwischen sich die Klassenunter-
schiede. Daß die Eisenbahnen Westeuropas ihre dritte Klasse abgeschafft haben, ist kein Zufall, sondern ein recht bezeichnendes
Symptom der Anpassung des »Klassenstaats«. Es ist nicht das
wichtigste, versteht sich, und bei weitem nicht das einzige. Be-
deutendere Anzeichen einer friedlichen Glättung der Kanten sind:
die fast prohibitive Besteuerung hoher Einkommen, das Anstei-
gen der Arbeitslöhne und die Verkürzung der Arbeitszeit. Der
Luxus, der früher nach oben stieg, sickert nun nach unten durch;
Großbetriebe werden verstaatlicht, und über private haben vielerorts Angestellte und Arbeiter mitzubestimmen; Krankenkassen
und Altersversorgung drainieren die Sumpfschicht des Elends.
Kurz: der Kapitalismus ist schon daran, seine anstößigsten Ecken
abzuschleifen.

Auf der Gegenseite hat der Felssturz des Kommunismus an
Wucht verloren und seinen Terror gemildert. Schon räumt er sei-
nen Untertanen ein bescheidenes Maß persönlicher Freiheit ein.
Mit zunehmender Erkenntnis, daß die klassenlose Gesellschaft
eine Utopie ist, hat nun auch er eine weitsprossige Leiter der Einkommen aufgestellt. Während Lenin angeordnet hatte, daß kein
Sowjetbürger – er selbst inbegriffen – mehr verdienen dürfe als ein
Arbeiter: klafft jetzt bei den Sowjets zwischen Ingenieur- und
Arbeiterlohn ein breiterer Spalt als bei uns. »Spezialisten« gar
beziehen Luxus-Gehalte. Der bevorzugte Clown des russischen
»Staatszirkus« hat sich im »kapitalistischen« Westdeutschland das
allerteuerste Luxusauto gekauft. In aller Offenheit fördert jetzt
der »klassenlose Staat« eine privilegierte Oberklasse von Politi-
kern, Technikern und Künstlern, deren jeder das Vielfache eines
Arbeiterlohns bezieht.

Die Kluft zwischen Kapitalismus und Kommunismus wird zusehends enger. Westliche Staaten wie Schweden oder Holland stehen dem Staatssozialismus schon so nahe, daß sie nur noch dem Namen nach »kapitalistisch« sind. Von der anderen Seite her nähern sich Polen und Jugoslawien dem gemeinsamen Nenner. Gewiß bleiben noch viele Gegensätze; gewiß besteht ihr störendster nach wie vor in der Behandlung des Menschen als Person eigenen Rechts oder als Bestandteil der Staatsmaschine. Doch selbst hierin macht sich eine Annäherung bemerkbar. Auch darin schleifen sich die Kanten aneinander ab – zu meinem Leidwesen zwar, doch selbstverständlich ziehe ich es einem Kriege lemminghafter Selbstvernichtung vor.

Ein Gärtner ist schon deshalb Individualist, weil er seinen Garten – und sei er bloß ein Schrebergärtchen – nach *eigenem* Willen gestalten will.

Also steht der Gärtner, der hier vergangenem Unwetter nachsinnt, auf seiten des Kapitalismus. Doch er überlegt: mußte nicht auch er zu Beginn des Krieges, den er gern den letzten nennen möchte, auf Schweizer Staatsweisung hin den besten Teil seines Blumengartens preisgeben, um dort Kartoffeln und Gemüse zu pflanzen? Und hat nicht auch er diesen Eingriff in seinen persönlichen Bereich als berechtigt empfunden und gebilligt?

Wie viele Rosen, Lilien und Azaleen hat er damals ausgerissen, um ihre Beete mit Nahrhaftem zu bepflanzen!

Daß notfalls auch der kapitalistische Staat das Recht des Einzelnen durch das der Gesamtheit einschränken muß, versteht der Gärtner und erkennt es an. Täte er es nicht, wäre er nicht Demokrat, sondern Autokrat.

So wenig es je einen klassenlosen Staat gegeben hat und geben wird: so unmöglich ist die absolute Freiheit des Individuums. Jedes Recht hat seine Grenze dort, wo das des Nächsten beginnt.

Der Gärtner, der sich solchen Gedanken überläßt, statt seinen zerregneten Garten zu säubern, meint, daß der Gegensatz zwischen West und Ost mit dem Schlagwort »Freiheit oder Diktatur!« allzu simpel formuliert wird. In Wirklichkeit besteht er in einem Mehr oder Weniger an persönlicher Freiheit und Staatsmacht. Sollte hierin kein Kompromiß möglich sein? Unser Leben ist ja eine beständige Folge von Kompromissen: im ganzen zwischen Leben und Tod, im einzelnen zwischen Individuum und Staat, zwischen Vorgesetztem und Untergebenen, zwischen Steueramt und Steuerzahlern, zwischen Eheleuten, zwischen Eltern und

Kindern, zwischen Nachbarn. Warum nicht auch zwischen »Weltanschauungen«? Immer nur auf Gegensätze hinzuweisen, erhöht die Gefahr eines Krieges, dessen Atombomben beiden Parteien unrecht geben werden. Nicht einmal die Elemente entladen ihre Spannung nur mit Donner und Blitz; viel öfter gleichen sie ihre Gegensätze mit langem, mäßigem Regen aus, der dem Garten zuträglich ist. Trennt denn irgendeine Wahrheit Weiß scharf von Schwarz? Nein, stets ist sie im grauen Grenzgebiet zwischen beiden zu ermitteln.

Warum die Augen davor verschließen, daß West wie Ost schon manches voneinander gelernt haben und mit der Zeit noch mehr voneinander lernen könnten?

Solche Überlegung schreibt der Gärtner nur zögernd nieder. Es ist ihm nicht wohl dabei zumute. Muß er doch befürchten, als Papier in die Schere der scharfen Propaganda von hüben wie drüben zu geraten. Wie immer: Mann, der er ist, will er auch hier für seine Meinung einstehen, daß nur ein *Mit*einander von Ost und West den Krieg verhindern kann, den argwöhnisches *Neben*einander (als bloße »Koexistenz«) nur aufzuschieben vermöchte.

... Das Tosen der angeschwollenen Maggia und das Poltern der Steine, die sie mitschleppt, hat nachgelassen, während der Gärtner dies notiert. – Krieg der Elemente hat vor dem unseren voraus, daß er kürzer dauert und weniger Schaden anrichtet.

Und nun wieder rüstig an die Gartenarbeit!

Pilze im Garten

Nach dem Regen wachsen Pilze.

Überall wachsen sie: im Wald, auf Wiesen – warum nicht auch im Garten? Natürlich wachsen sie auch dort. In den Tropen sind mir Schimmelpilze sogar auf Gürtel und Schuhen gewachsen, ja, auf der Brieftasche. Und das über Nacht! Pilze wachsen schnell. Da dies ein Gartenbuch ist, wollen wir darin nach Gartenpilzen ausspähen und gleich ihren seltensten betrachten:

Einmal nur – ein einziges Mal in Jahrzehnten! – leuchtete mir vom regendurchtränkten Boden mein seltsamster Gartenpilz entgegen: ein zinnoberrotes, eiförmiges Gebilde. Wäre seine Oberfläche geschlossen gewesen, hätte ich es für ein verspätetes Osterei gehalten, für ein rotgefärbtes Gänseei etwa, denn größer als ein Hühnerei war es. Doch bestand es aus einem Gitter feiner Stäbchen, die wie Emaille glänzten. Erst dachte ich, es sei ein Spiel-

zeug, das ein Kind über meinen Hag geworfen hatte. Erst als ich
es aufheben wollte, um es zurückzuwerfen, merkte ich, daß es mit
dem Boden verwachsen war.

Eine Pflanze also ... Seltsam! Nie vor- noch nachher hatte ich
eine ähnliche gesehen: ovales rotes Geflecht ohne Blatt, ohne Stiel.
Ich ließ das Ding stehen, wo es stand, und suchte seine Abbildung
im Gartenlexikon. Vergebens. In der Botanik also! Umsonst.
Spüre man so Ausgefallenem in alphabetischen Verzeichnissen
nach, ohne den Namen zu kennen oder auch nur zu wissen, in
welche Gattung es gehört! Schließlich rief ich einen befreundeten Botaniker an, der mit der Nomenklatur seines Fachs auf du
und du steht, und beschrieb ihm das seltsame Gebilde.

»Eine *Pilzblume*!« bestimmte er es prompt.

»Eine *Blume*?« staunte ich. »Sie hat doch keine Blätter!«

»Pilze haben keine Blätter; Pilze bilden kein Chlorophyll«, be-
lehrte er mich mit der bei Ferngesprächen gebotenen Kürze.

Also schlug ich unter »Pilzblumen« nach, und dort fand ich denn
auch mein rotes Gitterei. Es heißt *»Clathus«* und gehört zur Verwandtschaft der Stinkmorchel. Das bewies es beim Verwelken. Es
stank geradezu unanständig – und das in der Veilchenrabatte!

Pilze also bilden kein Chlorophyll, und eben das unterscheidet
sie von den meisten anderen Pflanzen.

Aus unerforschlichen Gründen hat ihnen die Natur die Fähigkeit versagt, Sonnenlicht in Blattgrün umzuwandeln.

In meinem Garten wächst nur *eine* Pflanze, die am gleichen Manko leidet: der *Ginsterwürger*, der auf spannenhohem braunem Stengel eine fahle hyazinthenförmige Blütentraube trägt. So widerwärtig er mir ist, weil er an den Wurzeln des Ginsters schmarotzt und dazu noch stinkt, ist es mir doch nicht gelungen, ihn aus meinem Garten auszurotten.

Außer ihm und dem roten Gitterei besuchen meinen Garten keine anderen chlorophyllfreien Pflanzen als richtige Pilze, und von denen hätte ich lieber mehr. Welche schmecken gut, wenn man sie richtig schmort und mit Kümmel bestreut, und die giftigen sind wenigstens dekorativ. Starkrote Fliegenpilze mit weißen Hautfetzen gepantert sind geradezu Gartenschmuck.

Allen grünen Pflanzen ist Licht unentbehrlich. Ohne Licht kein Blattgrün.

Wie aber halten sich Pilze am Leben, die dem Licht beim besten Willen kein Chlorophyll abzugewinnen vermögen?

Nun, ebenso wie Menschen, die nicht arbeiten: von der Arbeit anderer. – Pilze sind Parasiten.

Entweder schmarotzen sie an lebenden Pflanzen (ihre größeren Arten etwa als Holzschwämme an Bäumen, ihre kleinen als Meltau an Rosen), oder sie mästen sich an Verwestem (wie der Pfifferling an verrottetem Laub oder der Champignon an Pferdemist). Mit ihrem feinfädigen Wurzelgeflecht – »Myzel« nennt es die Botanik – saugen sie unterirdisch an Wurzeln oder hoch im Estrich am Dachgebälk (daß auch der Hausschwamm ein Pilz ist, sagt schon sein Name). Als Schimmel gedeihen sie auch auf Aas, und in unserem eigenen Körper schmarotzen sie als Bakterien.

Pilze sind nicht wählerisch. Es wäre einfacher zu sagen, wo sie nicht sind, als wo sie sind. Es gibt ihrer so gut wie überall. Die Pilzabteilung der Botanik kennt mehr als hunderttausend, und da auch die Botanik nicht allwissend ist, hat sie noch bei weitem nicht alle registriert. Allein an Pilzen üblichen Sprachgebrauchs – an solchen, die mit Stiel und Hut in Wäldern, auf Wiesen und in Gärten wachsen – gibt es in Mitteleuropa zweieinhalbtausend verschiedene Arten.

Pilze umgeben uns, Pilze durchdringen uns, Pilze schmecken uns, und wenn wir nicht aufpassen, vergiften sie uns. Pilze kreisen in unserer Blutbahn und in unserem Stoffwechsel. Ein Menschenleben reichte nicht hin, sie alle kennenzulernen.

Der Gärtner bescheidet sich damit, die Pilze in schmackhafte, ungenießbare und giftige zu sortieren: von der delikaten Trüffel bis zum tödlichen Knollenblätterpilz.

Indem er derart die Pilze in gute und schlechte einteilt, beachtet er freilich nicht, daß ein und derselbe Pilz – wie ja auch ein und derselbe Mensch – wertvoll, ungenießbar und giftig sein kann. Das lebensrettende Penicillin zum Beispiel besteht aus den gleichen Schimmelpilzen, die in Speisekammer und Wäscheschrank argen Schaden anstiften. Oder: die Frühjahrslorchel ist roh giftig, nach langem Kochen aber eine Delikatesse. Ob ein Pilz gut oder schlecht ist, läßt sich manchmal kaum unterscheiden.

Gut oder schlecht? Kann eine Pflanze das sein? Nein, das kann sie nicht. Sie ist, wie sie ist. Der Mensch erlegt ihr sein Werturteil auf: was ihm nützt, hält er für gut, was ihm schadet, für böse. Und das aus zwingendem Grund; er handelt in Notwehr. Oder sollte er sich um ein unparteiisches Urteil über den Pilz Pestbazillus bemühen, der sich nach Umsteigen über Ratte und Floh bei ihm ausleben will? Nein, das ginge zu weit!

Also rückt der Gärtner den Pilzbelagen, die an seinen Blumen und Bäumen schmarotzen, guten Gewissens mit der Giftspritze zu Leibe.

Gute oder schlechte Pilze also heißt unsere Parole, nützliche oder schädliche, je nachdem, ob sie uns schmecken oder nicht.

Die guten zuerst, wie sich das gehört:

Der beste meines Geschmacks (der freilich noch keinen »Kaiserling« verkostet hat und Trüffeln nur aus sparsamen Beigaben kennt) ist der *Herrenpilz*.

Im Böhmerwald, in dem ich manche Jugendjahre verlebt habe, ist er so häufig, daß wir Buben ihn in Körben heimtrugen. Im sportlichen Wetteifer des Pilzsammelns unterschieden wir seine hellere Form, den eigentlichen Herrenpilz, von seiner festeren dunkelbraunen Spielart, die wir Steinpilz nannten. Ein Steinpilz galt so viel wie zwei Herrenpilze; wurmige, die nur noch zum Trocknen taugten, Birkenpilze und Eierschwämme galten uns keinen Pfifferling (was freilich ein Widerspruch in sich selbst ist, denn ein Pfifferling ist ja ein Eierschwamm). Solches Kruppzeug nahmen wir nur mit, um den Korb aufzufüllen. Für die beste Pilzbeute des Tages setzten wir uns einen Preis aus: ein paar Glaskugeln, einen Kreisel, einmal sogar ein Taschenmesser. Der ihn zumeist gewann, war ein kurzsichtiger Bauernjunge. Neidisch verdächtigten wir ihn, daß er den Erfolg seiner Brille verdanke –

zu Unrecht, wie sich erwies, als sie ihm beim Suchen von der Nase glitt und er sie im Eifer zertrat. Auch ohne Brille gewann er das Taschenmesser. Pilzaugen und gute Augen sind zweierlei. Es gibt Menschen, die mit Pilzaugen geboren werden, und es gibt Pilzblinde, so scharf sie alles andere sehen mögen.

Zu den letzteren gehört ein Freund, der eifrig hinter Pilzen her ist und doch nur die einsacken kann, die ihm ein anderer zeigt. Und nicht einmal die sieht er immer!

Als er bei mir zu Gast war, hatte ich ihm durchs Fenster des Speisezimmers, das in den baumbestandenen Teil meines Gartens weist, einen Pilz gezeigt, der unter einer Tanne stand. »Dort ist ein Herrenpilz!« rief ich freudig. Obwohl ich ein Pilzsucher bloß mittlerer Begabung bin, hatte ich ihn auf den ersten Blick gesehen.

»Ja, dort steht was Braunes«, bestätigte seine Frau.

»Wo?« fragte mein Freund und sprang auch schon auf. Ich wies mit dem Finger hin. »Ach, dort . . .«, gab er vor, den Pilz zu sehen, der keine drei Meter von seiner Nase den hellbraunen Hut spreizte. »Wartet mal, den hole ich gleich!« und schon war er hinausgeeilt. Als er zurückkam, warf er einen Tannenzapfen auf den Tisch und brummte mich an: »Was du meinst, ist das da!«

»Was ich meine, wirst du gleich sehen«, entgegnete ich, ergriff mein Tischmesser und lief hinaus, um den Pilz abzuschneiden.

Was ich gemeint hatte, war in der Tat ein Pilz und ein stattlicher dazu. Doch als ich ihn abgeschnitten hatte, wie sich das gehört – weil beim Herausreißen das Myzel leidet und so bald nicht wieder austreibt –, mußte ich feststellen, daß ich ihn voreilig benannt hatte. Zwar glich er von oben einem Herrenpilz zum Verwechseln, doch unterm Hut waren seine Röhren nicht gelb sondern rot, und rot war auch sein klobiger Stiel. Zum Überfluß lief auch die Schnittfläche rötlich an – Beweise genug, daß ich statt eines Herrenpilzes einen giftigen »Satanspilz« abgeschnitten hatte . . .

Als nun auch ich errötete, bemerkte mein Freund mit der listigen Camouflage des Pilzblinden: »Ach, *den* hast du gemeint? Giftpilze lasse ich stehen«, und seine Frau sekundierte ihm: »Mit Pilzen kann man nicht vorsichtig genug sein.«

Wirklich, das kann man nicht!

Selbst gewiegte Pilzkenner wissen nicht immer Bescheid. Mein Pilzhandbuch läßt die Frage offen, ob der »Perlpilz« oder der »Netzstielige Hexen-Röhrling« oder der »Kahle Krempling« oder sonst ein zweideutiger Geselle gut oder schlecht sei.

Meine Mutter ließ nur drei Pilze gelten: Herrenpilze, Birkenpilze und Pfifferlinge. Mochte der Markt von Morcheln, Lorcheln, Ziegenlippen, Butter-Röhrlingen und Rotkappen überfließen: durch ihre Küchentür passierte keiner.

So war ich erzogen worden, und so hielt ich es auch, bis mich ein befreundetes Berliner Ehepaar in Locarno besuchte. Der Mann ist im Hauptberuf Professor der Architektur, was seiner Frau das Leben erschwert, weil er sehr reizbar wird, wenn er über Bauplänen brütet, es ihr aber erleichtert, wenn er seiner Liebhaberei nachgeht: Pilze zu sammeln (was ihrem Wirtschaftsgeld zugute kommt) und sie selbst zuzubereiten (was ihr Freizeit gibt; denn wenn er das tut, schließt er die Küche von innen ab).

Als die beiden meine Logiergäste waren, zeigte ich ihnen selbstverständlich zuerst den Garten. Bei den Obstbäumen merkte ich, daß er gar nicht zuhörte, als ich ihm das Reineclaude-Bäumchen pries, von dem ich mir einbilde, daß es die dicksten Pflaumen bringt, die es gibt. Als ich ihm ansehen wollte, ob er mir das glaube, sah ich nur sein Hinterteil. Tief unter dem Bäumchen kauerte er im Rasen.

»Das lassen Sie stehen?!« rief er mir von unten zu und reichte mir drei große grauschuppige Pilze, die ich nur deshalb nicht beseitigt hatte, weil sie mit breitem Hut auf langem Fuß ausgesprochen dekorativ wirkten. »Das lassen Sie stehen?!« wiederholte er vorwurfsvoll.

Hier möchte ich etwas einfügen, was eigentlich nicht hergehört:
Ich kannte einen deutschen Verleger und schätzte ihn, weil er zwei meiner Bücher, die ich vor Jahrzehnten geschrieben hatte, als »Taschenbücher« zu je fünfzigtausend Exemplaren herausgebracht hat. Ernst Rowohlt hieß er und ist inzwischen leider gestorben. Jung aber war er ein Kerl wie ein Haus, ein richtiger Bremenser, groß und stark und lebensfroh. In jener fernen Zeit haben wir viel Burgunder miteinander getrunken, und wenn er sich richtig vollgeschluckt hatte, tat er ein übriges: er zerbiß sein Weinglas und schluckte die Splitter. Man mag das glauben oder nicht: es ist wahr. Ich habe es selbst gesehen, und auch andere können es bestätigen. Als Glasesser war er fast so bekannt wie als Verleger. Einmal hatte er sein Burgunderglas so gründlich zerkaut, daß nur noch der Stiel auf dem Tisch stand. Auf den wies ein Zechkumpan hin und fragte: »Das Beste lassen Sie stehen?«

Daran erinnerte mich die Frage meines Architekt-Freundes, als er sich, drei graue Riesenpilze in der Hand, wieder aufrichtete.

»Sie stehen doch so hübsch im Rasen«, entschuldigte ich mich.
»Wenn sie auch giftig sind . . .«
»Giftig?!« donnerte er mich an, als hätte ich die Kirche ge-
schmäht, von deren Bau er sich bei mir erholte. »Das sind doch
Speisepilze par excellence! ›Schirmlinge‹ sind das, Sie Ignorant!
›Parasolpilze‹! Die brate ich uns heute zum Mittagessen! Frisch
schmecken sie am besten.«
Vergebens gab ich ihm zu bedenken, daß die Bratröhre schon
von einem Poulet besetzt sei. »Was ist ein Poulet gegen Schirm-
linge!« fertigte er mich ab und lief die Treppe hoch in die Küche.
Von fernher hörte ich meine Wirtschafterin ihre Ofenröhre verteidigen. Als ich hinkam, hatte er sie überfahren wie einen wider-
spenstigen Polier auf dem Neubau. Hilflos rang sie die Hände vor
der Küche, aus der er sie vertrieben hatte.
Nach der Suppe gab es also gebratene Schirmlinge statt Poulet.
Während er und seine Frau sie aßen, hielt ich mich an Brot und
Wein, um abzuwarten, wann sie in Krämpfen niedersinken würden. Da nichts dergleichen geschah, aß auch ich sie, und obzwar
mir ein Poulet lieber gewesen wäre, muß ich zugeben, daß sie gut
schmecken. Seither sind sie mir nicht nur als Dekoration willkommen.

Derselbe Besucher hat mich auch mit einem anderen Pilz befreundet, den ich bis dahin für einen lästigen Gartengast gehalten
hatte: mit dem Hallimasch.
Hinter meinem Haus liegt ein Haufen Kaminholz, zerhackte
Baumstämme und Äste, die zu dick sind, als daß der Komposthaufen sie verdauen könnte. Seit Jahren liegt das Holz dort, und
wenn ich welches für den Kamin hole, nehme ich bequemerweise
das frische von oben, weil es zu umständlich wäre, das alte von
unten hervorzuzerren. Also vermorscht das alte Holz mit der Zeit,
und im Herbst wachsen darauf Büschel ockergelber Schwämme.
Immer wieder nehme ich mir vor, sie abzukratzen, aber jedesmal
habe ich Wichtigeres zu tun.
»Hallimasch!« frohlockte mein Freund, kaum daß er die Pilze
erblickt hatte, die auf dünnen Stielchen melancholisch geneigte
Köpfchen trugen. »Die schmore ich uns!«
»Aber es sind doch Baumschwämme! Baumschwämme kann man
nicht essen!« verwahrte ich mich.
»Roh sind sie unbekömmlich«, gab er zu – später habe ich
nachgelesen, daß sie roh sogar giftig sind – »aber gekocht!« Er
schnalzte mit der Zunge.

Wenn etwas roh giftig ist, mag ich es auch gekocht nicht essen. Erst als er und seine Frau zwei Tage lang Hallimasch gegessen hatten, ohne daß ich dem Arzt hätte telefonieren müssen, wagte auch ich mich an sie heran.

Bei den Schirmlingen hatte ich noch nicht gewußt, daß manche Giftpilze – ihr tückischster und gefährlichster zumal, der *Knollenblätterpilz* – ihre infame Wirkung erst nach ein bis zwei Tagen äußern, wenn Hilfe zu spät kommt. Inzwischen aber hatte ich das in meinem Pilzbuch nachgelesen, und sicher ist sicher. Jetzt kann ich bestätigen, daß der Hallimasch ein guter Pilz ist. Nur muß man ihn lange kochen und zwei-, dreimal das Wasser wechseln. Hernach schmeckt er so angenehm, daß es wirklich schade gewesen wäre, wenn ich ihn mit dem Holz, auf dem er wuchs, hätte verfaulen lassen. »*Zentner* Hallimasch habe ich schon gegessen und lebe noch!« rühmte sich der Professor, als ich endlich mithielt.

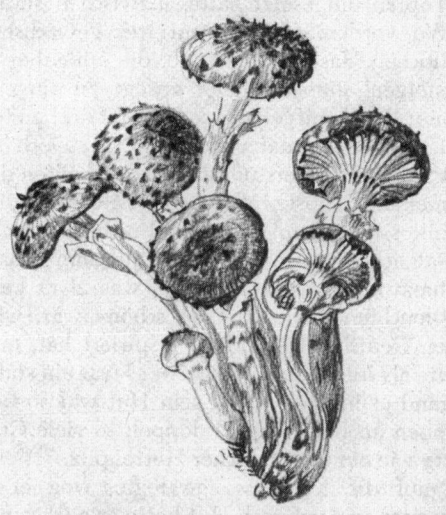

»Ich auch«, bemerkte seine Frau, wenn auch mit einem leisen Unterton von Melancholie.

Was nicht alles hat die Gute schon essen müssen, weil ihr Mann es gekocht hatte! Nicht nur Pilze. Kocht ein Mann aus Liebhaberei, ist nichts vor ihm sicher. Im Vertrauen hat sie mir erzählt, daß er einmal einen kompletten Haifisch heimgebracht und ihr die Küche so lang verboten, bis er die Haifischflossen nach einem alten chinesischen Rezept mariniert hatte.

»Er hat einen vollen Tag dazu gebraucht, und nachher haben sie nach gar nichts geschmeckt«, schloß sie resigniert.

Ich konnte ihr nur beipflichten. Sooft ich in China nach Landessitte eingeladen war, hatte ich marinierten Haifischflossen nicht entgehen können. Wahrscheinlich bedarf es fernöstlich verfeinerten Geschmacks, um sie nicht ganz so fad zu finden wie Rhabarber-Kompott, das ich auch nicht leiden mag. An Langweiligkeit übertrifft sie nur die berühmte Suppe aus Schwalbennestern, die jedoch zum Glück so teuer sind, daß ich sie in China nur an hohen Festtagen vorgesetzt bekam. Hallimasch schmeckt immerhin besser.

Einen Teil meines Gartens habe ich mit Tannen, Fichten und Zedern bepflanzt, weil Nadelbäume keine Arbeit machen.

Da ich das schon vor dreißig Jahren tat, sind die Bäumchen, die ich aus Töpfen umgesetzt hatte, inzwischen stattliche Bäume geworden. Wo vordem nur Ziegenfutter gewachsen war, steht jetzt ein Wäldchen, das Sommergäste, die außenherum die Bergtreppe hochsteigen, immer wieder anregt zu singen: »Wer hat dich, du schöner Wald, aufgebaut, so hoch da droben?«

»Ich!« rief ich ihnen einmal verzweifelt zu. Doch statt mir für die Auskunft zu danken, verstummten sie und eilten davon.

In diesem meinem selbstgepflanzten Wäldchen ging ich eines Morgens harmlos »so für mich hin, und nichts zu suchen, das war mein Sinn«, als ich zu meiner Überraschung im Schatten tiefhängender Fichtenzweige etwas bemerkte, was zwar kein Blümchen »wie Sterne leuchtend, wie Äuglein schön« war, wie es Goethe zum lieblichen Gedicht »Gefunden« inspiriert hat, mir aber mehr Freude machte als irgendein Blümchen: es war ein stattlicher Steinpilz. Breit stand er im Moos, und sein Hut war so tiefbraun, daß er mir als Buben im Böhmerwald doppelt so viele Gutpunkte eingetragen hätte wie ein gewöhnlicher Herrenpilz.

Als ich ihn auf die Küchenwaage legte, wog er beinahe ein Pfund, und weder an Stiel noch Hut hatte er auch nur ein einziges Wurmloch!

Ich blähte mich vor Stolz, als ich ihn meiner Wirtschafterin zur Zubereitung überreichte. Mit Rührei gab er ein komplettes Mittagessen.

Seither habe ich in meinem Garten noch viele Herrenpilze gefunden; so gut wie jener aber hat mir keiner mehr geschmeckt.

Glück muß man haben! Glück oder Segen – wie man es nennt, kommt auf den Glauben an.

Ferien vom Garten

Schwierig, gleichzeitig Gärtner und Reiseschriftsteller zu sein!
Als ich jung war, reiste ich lieber; je älter aber ich wurde, desto
schwerer fiel mir der Abschied vom Garten. Jetzt, da ich über
die Siebzig hinaus bin, reise ich nur noch ungern. Der Garten
nimmt es mir übel. Außer Rand und Band gerät er, wenn ich ihn
sich selbst überlasse.
Er benimmt sich wie einst mein Sealyham-Terrier, der meine
Rückkehr nur ein paar Tage manierlich abgewartet hatte. Blieb
ich länger fort, schlich er sich in mein Schlafzimmer und hob dort
das Bein am Bettpfosten. So verläßlich zimmerrein er sonst war:
in solchem Falle drückte er drastisch aus, was er von meiner Treu-
losigkeit hielt.
Der Garten zeigt das auf andere Art: er verunkrautet und ver-
wildert. Deshalb mache ich lieber im Winter Ferien, wenn er
es nicht merkt, weil er schläft.
Zwar blüht er stellenweise auch über dem Schnee − wovon
noch die Rede sein soll −, und auch sonst gäbe es allerhand in ihm
zu tun: Obstbäume schneiden, deren Wassertriebe, wie gewöhn-

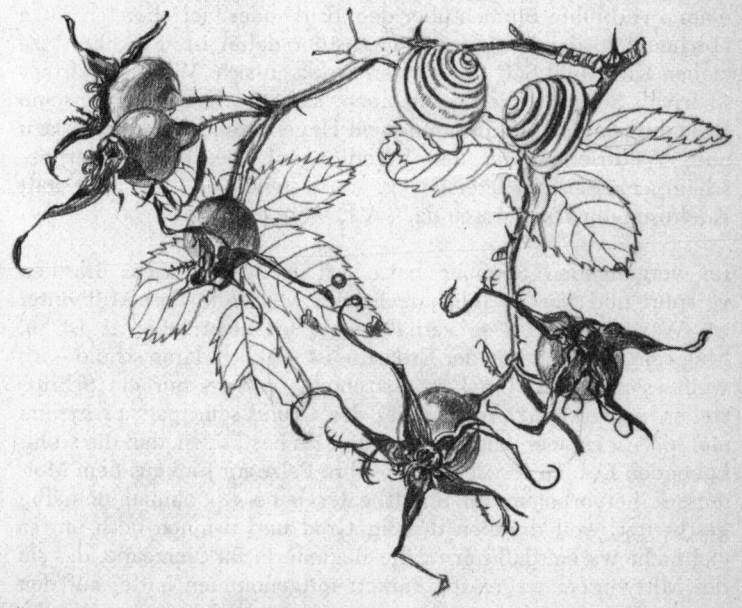

lich, üppiger gewachsen sind als ihr Fruchtholz; Sträucher trennen, deren Zweige einen Zweikampf ausfechten; Schnee abschütteln; Meisen so lange durchfüttern, bis sie den Pflanzen im Vorfrühling wieder Raupen, Blattwanzen und Läuse ablesen können; endlich einmal die Taglilien ausgraben, die tun, als seien sie allein auf der Welt; den Palmen verdorrte Blätter und überjährige Fruchtstände abschneiden, die sie, wer weiß warum, bis ans Ende aller Tage festzuhalten bestrebt sind; Kompost umstechen; Mist anfahren lassen, solange er noch nicht so teuer ist wie im Sommer; und anderlei mehr.

Immerhin läßt man seinen Garten besser dann allein, wenn er seinen Winterschlaf hält, als wenn er, hellwach, seine Knospen, Halme und Zweige gerade dorthin austreibt, wo sie fehl am Platze sind.

Sonst fragt er sich: wenn mein Gärtner mich im Stich läßt, warum nicht auch ich ihn? Und er benimmt sich danach!

Käme der Gärtner aus Sommerferien heim, schlüge er gewiß die Hände über dem Kopf zusammen und riefe entsetzt: »Sind diese kotigen Stengel mein Staudenbeet?«

Erst gar die Rosen! Denen soll man jede Woche mindestens *ein*mal verblühte Blumen über dem dritt- oder viertobersten Auge abschneiden, damit nicht der Herbstflor dahin ist. Fruchtansätze ziehen Kraft und Saft des ganzen Stocks in sich. War der Gärtner so frivol, Sommerferien zu nehmen, sieht er, heimgekehrt, seine Rosenbüsche und -hochstämme voll Hagebutten hängen und dazu noch Wildtriebe unter den Veredlungen! Die, murmelt er beschämt, müssen zuallererst weg, sonst stehen nächstes Jahr statt Edelrosen nur Hundsrosen da. – Ach, wäre es nur das!

Im vergangenen Sommer hatte ich Heimweh nach Brasilien verspürt und war im Juli hingeflogen, weil dann dort Mittwinter ist. Warum sich das so verhält, weiß ich nicht; aber es ist so. Mag sein, die Neigung der Erdachse ist wirklich daran schuld – ich weiß es nicht; ich bin kein Astronom, sondern nur ein Schriftsteller, der gärtnert. Was immer der Grund sein mag: es *ist* nun mal so. Aus eigener Anschauung kann ich bestätigen, daß die wohlhabenden Damen Rio de Janeiros ihre Pelze im Juni aus dem Mottensack hervorholen. Im Stadttheater habe ich einmal unmäßig geschwitzt, weil draußen dreißig Grad und drinnen noch um so viel mehr waren, daß mir meine Begleiterin ihr Nerzcape, das sie des Mittwinters wegen ins Parkett mitgenommen hatte, auf den

Schoß warf. Man spielte »Die Macht des Schicksals«, die eine besonders lange Oper ist, und wenn ich an den winterlichen Juniabend denke, an dem ich sie in Rio hörte, treten mir noch heute Schweißperlen auf die Stirn.

Anderseits entsinne ich mich eines Rio-»Winters«, in dem die Zeitungen über die »antarktische Kältewelle« klagten, die unsere schöne Stadt mit fünfzehn Grad heimgesucht habe (*über* Null, versteht sich!).

Wie immer: weil der Winter überall kühler zu sein pflegt als der Sommer und ich bei vierzig Grad noch mehr geschwitzt hätte als bei dreißig, war ich im Juni nach Brasilien gereist und zwei Monate dort geblieben. Die Flugpreise über den Südatlantik sind, auch wenn man nur »Touristenklasse« bucht, so unverschämt teuer, daß ein kürzerer Aufenthalt sich nicht verlohnt hätte.

Ich schreibe das so ausführlich, um mein schlechtes Gewissen mit mildernden Umständen dafür zu entlasten, daß ich meinen Garten den Hochsommer über – den hiesigen, versteht sich – im Stich gelassen hatte. Ganz entschuldigt mich das nicht, ich weiß. Ein Gärtner soll nicht verreisen. Ein Gärtner soll zu Hause bleiben und jäten und gießen und verblühte Rosen abschneiden. Es nützt nichts, daß er den oder jenen bittet, es für ihn zu tun und auch sonst nach dem Rechten zu sehen. Dem oder jenem gibt sein eigener Garten mehr als genug Arbeit.

Selbstverständlich hatte auch ich vorgesorgt. Was sonst? Wie es sich für einen Pedanten gehört, der seine Rosenstöcke nicht bloß wöchentlich, sondern täglich putzt, hatte ich eher für zu viel vorgesorgt: eine Fuhre Mist bestellt; dem letzten Bauern von Monti della Santissima Trinità ans Herz gebunden, meine Reben rechtzeitig mit Bordeaux-Brühe gegen Ungeziefer zu spritzen, dem Gärtner, die Blumen zu betreuen (was keiner dieser Überbeschäftigten getan hat) und der Wirtschafterin drei Seiten schriftliche Aufträge hinterlassen, weil sie die mündlichen zu vergessen pflegt. Nachdem ich derart alles Erdenkliche vorausdisponiert hatte, war mir noch eingefallen, den Maurerburschen zu bestellen, der in seiner Freizeit als Entleerer von Senkgruben spezialisiert. Mein Grundstück ist nämlich der Kanalisation noch nicht angeschlossen, und ich meine, daß solch peinliche Arbeit besser verrichtet wird, wenn man nicht zu Hause ist.

Solange ich in *Tokyo* wohnte, hatte ich stets einen mehrtägigen Ausflug gemacht, wenn ein Bauer den Inhalt meiner Senkgrube auf seine Vorort-Felder übersiedelte.

Das waren noch Zeiten! Nicht nur, daß der Mann keinen Lohn beanspruchte, nein! Ein paar Monate später schenkte er mir auch noch einen großen Korb voll von den Gartenerdbeeren, die im Kreislauf der Natur auf seinem von mir gedüngten Feld gewachsen waren. Einmal war er so freigebig, daß ich bei bestem Willen nicht alle Erdbeeren aufessen konnte und ihn deshalb bat, den Rest gegen Reis umzutauschen, den er gleichfalls pflanzte. Mit der seinem Volke eigenen Höflichkeit akzeptierte er zwar meinen Vorschlag, zögerte aber dabei so merklich, daß ich ihn fragte, ob er nicht genügend Reis übrig habe.

»Das schon«, gab er zu, »aber . . .« –

»Was aber?« forschte ich.

»Aber – Reis *stopft!*« begründete er sein Bedenken.

Solch bodenständige Überlegung liegt dem Mann fern, der mir in Monti den gleichen Dienst leistet. Er bringt mir keine Geschenke, sondern verlangt dreißig Franken, was mich nicht zuviel dünkt, wenn ich mir überlege, daß ich es nicht fürs Doppelte täte. Das Malheur ist nur, daß er im Hauptberuf Maurer ist und nicht Bauer, geschweige denn Gärtner.

Als ich mich wieder heimgefunden hatte, fand ich nebst allgemeinem Gartenärger obendrein den besondern vor, daß elf Busch- und vier Hochstamm-Rosen an einer Fäulnis eingegangen waren, deren Ursache ich mir nicht erklären konnte. Ich stellte sie erst fest, nachdem sich der Senkgruben-Säuberer eingestellt hatte, um seinen Arbeitslohn zu kassieren. In sichtlicher Erwartung eines Trinkgeldes rühmte er sich, den Inhalt der Senkgrube statt auf den Rasen auf die Rosen entleert zu haben, obwohl diese zwei Terrassen höher stünden. Das habe ihm, wie er selbstzufrieden berichtete, »eine Menge Extraarbeit« gemacht, die er »für einen anderen« nicht auf sich genommen hätte. Da er aber wüßte, wie gern ich meine Rosen hätte, habe er ihnen »etwas Besonderes« zukommen lassen.

So heftig ich innerlich vor Ingrimm bebte, denn Rosen vertragen nichts weniger als frischen Mist oder – der Himmel sei vor! gar Jauche! – ließ ich mir doch nichts anmerken, sondern bezahlte ihm vierzig Franken statt der vereinbarten dreißig. Er hatte es ja gut gemeint, und zudem ist er in dieser Branche weitum der einzige Fachmann. Was finge ich ohne ihn an? drängte ich meine Empörung zurück.

Damals gelobte ich mir, künftighin meine brasilianischen Freundinnen und Freunde erst wiederzusehen, wenn wir Winter und sie Sommer haben, und wenn ich noch so sehr schwitzen müßte!

Dem Himmel sei Dank!

Der Gärtner wird nicht nur von derlei Teufeleien heimgesucht: nein, er hat auch einen Schutzengel.

Der meine hatte mich, der verfaulten Rosenstöcke wegen, so engelsgütig bedauert, daß er mir noch im gleichen Herbst einen dankbaren Leser ins Haus schickte, der in der Westschweiz eine Handelsgärtnerei betreibt.

Da ich gern von Fachleuten lerne, sind mir Gärtnermeister willkommen, wenn sie nicht vier Franken die Stunde für sich und drei für ihren Gehilfen rechnen.

Nachdem ich meinen Gast durch den Garten geführt hatte und wir bei einem sauberen Kirsch vertraulich geworden waren (der ja auch ins Gärtnerische einschlägt), klagte ich ihm mein Leid über die verjauchten Rosen.

Eine Woche darauf brachte mir die Post mit seinem Dank für die Gastfreundschaft ein dickes Paket. Es enthielt genau so viele Rosenbüsche und -hochstämme, wie sie mir während meiner Brasilienreise eingegangen waren. Die neuesten Sorten noch dazu!

Besorgte ich nicht, bezahlter Propaganda bezichtigt zu werden, würde ich den wackeren Bieler Handelsgärtner beim Namen nennen.

Statt dessen fordere ich meine Leser auf, einen tüchtigen Schluck Schweizer Kirschwasser auf sein Wohl zu trinken. Sollten sie statt dessen Schwarzwälder Himbeerwasser oder jugoslawischen Zwetschgen-Sliwowitz oder den Calvados zur Hand haben, den die Normandie aus Äpfeln destilliert, können sie meinem Garten-Mäzen auch damit ihr Prosit zutrinken.

Kirschen, Himbeeren, Äpfel und vielerlei anderes noch, was uns Spaß macht, wächst ja im Garten.

Wein übrigens auch.

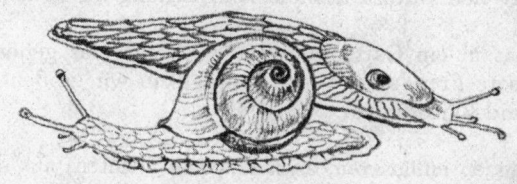

Emigranten und Flüchtlinge – peinliche Worte . . .
Warum eigentlich?
Ist nicht der jetzt mächtigste Staat unserer Erde von Emigranten und Flüchtlingen geschaffen worden? Stammen nicht die »hundertprozentigen Amerikaner«, die ihr Land am liebsten jeglicher Zuwanderung verschließen möchten, von Emigranten und Flüchtlingen ab? Leitet nicht ihre Elite die Herkunft mit Stolz von den einundvierzig Familien ab, die im Jahre 1620 auf der »Mayflower« nach Amerika gesegelt sind, von den »Pilgervätern«, die um ihres puritanischen Glaubens willen vom englischen Mutterland so hart verfolgt worden waren, daß ihnen kein anderer Ausweg verblieb als die Flucht über den Atlantischen Ozean? »Hundertprozentige Amerikaner« dürften sich allenfalls die Indianer nennen, die jetzt in den Naturschutzparks der USA vor zahlenden Touristen Kriegstänze aufführen – gesetzt, allerdings, daß man denkfaul genug wäre, die Geschichte Amerikas mit seiner Besiedlung durch Europäer beginnen und die Indianer als Ureinwohner gelten zu lassen, statt an die Mongolen und Polynesier zu denken, die vor den Europäern nach Amerika emigriert und erst dort zu Indianern geworden sind.

Wie im Großen so im Kleinen: hier aus Locarno mußten während der christlichen Glaubenskämpfe überzeugt protestantische Familien mitten im Winter übers Gotthardgebirge nach Zwinglis Zürich flüchten (wo seither einige ihrer Nachkommen angesehene Patrizier geworden sind).
Hugenotten in Deutschland, Assyrier in Brasilien, spanische Juden in Holland, Parsen in Indien, Chinesen in Malaienstaaten, Holländer in Südafrika: in aller Welt erweisen Emigranten und Flüchtlinge den Nutzen fremder Auffrischung für bodenständiges Blut.
Gehört das in ein Gartenbuch? Gewiß, auch das gehört hinein! Denn unsere Freude am Garten verdanken wir großenteils Emigranten und Flüchtlingen.

Auch Pflanzen emigrieren, auch Pflanzen flüchten; aus der Ferne zu uns wie von uns in die Ferne.
Ein anschauliches Bild dafür erlebte ich, fern der Heimat, auf *Java*, als ich dort einen Vulkanhang leuchtend zinnoberrot blühen sah. Das wunderte mich, denn so feist das Grün tropischer Wild-

nis ist, so selten sind in ihm Blütenfarben auf dem Boden. Eine europäische Wiese ist um vieles bunter als eine Lichtung im Dschungel.

Und hier blühte mir ein ganzer Berghang kräftig rot entgegen. Ich stieg hinauf, um mir das Wunder aus der Nähe zu besehen, und traute oben meinen Augen nicht: was den immensen roten Teppich knüpfte, war nichts anderes als das *»Fleißige Lieschen«*, das einst meine Großmutter in Blumentöpfen gezogen hatte, weil es eine der dankbarsten Zimmer- und Balkonpflanzen ist. Ausgerechnet in Mitteljava blühte es mich so weit und üppig an wie Alpenrosen in unseren Bergen, ja, noch leuchtender und dichter! Eine Begonia semperflorens also? staunte ich. Wie kam denn die hierher? Begonien stammen doch aus Südamerika ...

Ich pflückte mir einen Strauß und brachte ihn mit ins »Rasthaus«, in dem mir die Regierung Holländisch-Indiens Gastlichkeit erwies (das souveräne Indonesien täte es kaum mehr!). Dort erfuhr ich denn, wie das Fleißige Lieschen aus Amerika nach Indonesien emigriert war: via Holland nämlich.

Ein holländischer Zuckerpflanzer, dem es in Amsterdam so vertraut geworden war wie mir in Prag, hatte ein Töpfchen davon mitgebracht. Da es in der heißen Niederung seiner Plantage kränkelte, pflanzte er es mitleidig in bekömmlicheres Bergklima: auf etwa tausend Meter überm Meer eben dorthin, wo ich es gefunden hatte. Das war elf Jahre, bevor ich den roten Teppich leuchten sah. Ich weiß es genau, denn hernach habe ich den Mann in seiner Zuckerplantage aufgesucht, und er selbst hat es mir erzählt. Dazu sagte er mir, daß er sein Fleißiges Lieschen alle Jahre besuche und sich schon darauf freue, den ganzen Vulkan Lavoe mit all seinen Nebenkratern zinnoberrot geschminkt zu sehen. Er wird es wohl erleben. Bei Emigranten und Flüchtlingen wundere ich mich über gar nichts mehr.

Auf *Ceylons* höchstem Gipfel habe ich unsere *Preiselbeeren* nicht nur gesehen, sondern auch frisch von den Sträuchlein gegessen, ohne mir erklären zu können, wie und wann sie dorthin verschlagen worden sind.

Pflanzen sind weltläufiger als unsereiner. Zwar sollte man sie, die doch buchstäblich in angestammter Erde wurzeln, für bodenständiger halten als »hundertprozentige« Amerikaner oder »Blut-und-Boden-Deutsche«. Doch der Schein trügt: Pflanzen sind erstaunlich wanderlustig.

Wenn ich auf dem Sträßlein unterhalb meines Gartens dahinschlendere, sehe ich da und dort kräftige Büsche der lilafarbenen *Buddleia* blühen, von denen ich genau weiß, daß sie Gartenflüchtlinge meiner »Buddleia Davidii« sind, weil ich die erste weitum vor drei Jahrzehnten in meinen Garten gepflanzt habe. Ich wollte sie bei mir haben, weil ihre hübschen lila Blütenbüschel Schmetterlinge anlocken, die ich gern sehe. Nun wächst und blüht sie auf den Schutthaufen längs der Straße, und das machen sich meine Nachbarn zunutze, ohne sich je bei mir zu bedanken. Sie denken wohl, es sei ein Wildgewächs, das jedermann ausgraben dürfe.

Seither habe ich meinem Garten auch die purpurrote Neuzüchtung der Buddleia einverleibt, die »Royal Red« heißt, und es sollte mich nicht wundern, wenn ich auch ihr jenseits meines Hags begegnete. Nur würde es mich verdrießen, wenn sie mir dort ein Gärtner als Eigenbau vorwiese. »Nein!« würde ich widersprechen. »Das ist nicht Ihre, das ist *meine* Buddleia!« Auf irgend etwas darf man sich schließlich etwas einbilden.

Hingegen verschweige ich, es sei eingestanden, die Herkunft fremder Gartenflüchtlinge, die mir zugute gekommen sind, wie etwa die meiner beiden *Paulownia*-Bäume, die mir, ohne daß ich sie gepflanzt hätte, großartige hellblaue Blütenrispen tragen. Der Himmel allein weiß, woher und warum sie sich in meinen Garten geflüchtet haben.

Wenn wir nach getaner Arbeit wohlgefällig und selbstzufrieden unseren Garten betrachten, sollte es uns in den Sinn kommen, wieviel er fremden Gewächsen verdankt. Mag sein, das stimmte uns versöhnlicher gegen menschliche Emigranten und Flüchtlinge ...

Wäre der Garten streng autark auf Bodenständiges angewiesen, stünden von zehn Pflanzen kaum zwei in ihm. Fast neun Zehntel unserer Gartengewächse sind Emigranten aus fremden Ländern oder stammen doch von *einer* Elternseite aus der Fremde. Wer seinen Garten nationalbewußt auf eingeborene Flora beschränkte, hätte im Rosarium bloß Hundsrosen, im Salatbeet Brunnenkresse und im Obstgarten Holzäpfel und Vogelkirschen. Wüchsen nicht auch Wald- und Wiesenblumen darin, müßte er auf alle Bodenfarben außer Grün verzichten.

Vielleicht sollte man solch einen öffentlichen Garten anlegen und eine Verbotstafel hineinstellen, die allen Pflanzen-Emigranten und -Flüchtlingen den Eintritt verbietet. Er wäre eine Warnung vor den Ultranationalen, deren es immer noch mehr gibt, als einem lieb ist, und eine Belehrung für die weit zahlreicheren Denkfaulen, die für nationale Phrasen immerhin anfällig sind.

Mancher Leser mag meinen, daß dies nicht in ein Gartenbuch gehört. Ich hingegen glaube, daß sich dem Garten nicht nur Blumen, Obst und Gemüse abgewinnen lassen, sondern auch Nutzanwendungen auf allgemein Menschliches.

Den Großteil unserer Gartenpflanzen verdanken wir der Entdeckung Amerikas und der Erforschung Asiens. Das Ende des Mittelalters war der Beginn der bunten Vielfalt unserer Gärten. Seither bereichern uns Jahr für Jahr neue Emigranten und Flüchtlinge.

Gottlob brauchen Pflanzen nicht Paß noch Visum. Regierungen, denen solche Freizügigkeit in die Nase sticht, fordern ihnen zwar ein Gesundheitszeugnis ab, doch lassen sich Samen wie Sämlinge leichthin verbergen. Zugegeben, daß solcherart auch der Kastanienkrebs und der Coloradokäfer bei uns eingeschmuggelt wurden: im allgemeinen beurteilt überwiegt der Nutzen pflanzlicher wie menschlicher Freizügigkeit bei weitem ihren Schaden. Zudem nützen Gesundheitsatteste wenig. Kann man jede einzelne Marone oder Kartoffel nach Schädlingen absuchen? Nicht der gewissenhafteste Zöllner wäre dazu imstande. Eine Kette ungeduldig hupender Autos oder ein Eisenbahnzug voll murrender Touristen ließe ihm keine Zeit dazu.

Gewiß finden sich unter pflanzlichen wie menschlichen Emigranten auch unerwünschte, ja ausgesprochen schädliche Exemplare; ihre Mehrzahl aber ist nützlich und sollte erwünscht sein. Verbrecher reisen sowieso mit gefälschtem Ausweis.

Was hat es Frankreich geholfen, daß es seiner westindischen Kolonie Martinique die Ausfuhr von *Kaffeepflanzen* bei Leibesstrafe verbot?

Nichts half es ihm! Brasiliens kluger Kaiser sandte seinen feschesten Offizier nach Westindien, und die junge Gattin des alten französischen Gouverneurs steckte dem galanten Jüngling ein paar Kaffeepflänzchen zu. Unter ihrer Krinoline brachte sie ihm sie aufs Schiff, hübsch eingetopft also.

Jene Pflänzchen sind zu Stammeltern der Millionen Kaffeebäume geworden, mit deren Früchten Brasilien nun drei Viertel aller Kaffeetrinker der Welt versorgt.

Anderseits: was nützte es demselben Kaiser Brasiliens, daß er bei Zuchthausstrafe die Ausfuhr des *Gummibaums* verbot, der damals nur am Amazonas wuchs? Oder der Königspalme, die wahrhaft die Königin aller Palmen ist? Nichts nützte es ihm! Dem Verbot zum Trotz wurde ihm der eine nach Holländisch-Indien, die andere in alle tropischen Länder hinausgeschmuggelt.

Pflanzen sind frei wie Schwalben. Selbst in den Ausnahmsfällen, in denen ihr Auswanderungsverbot dicht hält, sorgen Treibholz, Zugvögel oder sonst ein Zufall für ihre Weiterverbreitung. Pflanzen seien bodenständig? Daß ich nicht lache!

Jeder Winkel des Gartens bezeugt das Gegenteil: die *Dahlien* emigrierten aus Mexiko. Erst 1803 hat Alexander von Humboldt den botanischen Gärten von Paris und Berlin die ersten Samen gesandt, die inzwischen zu Hunderten, ja Tausenden Mignon-, Pompon-, Riesen-, Zwerg-, Halskrausen-, Seerosen-, Kaktus- und Werweißwasnoch-Sorten hochgezüchtet worden sind.

Auch die *Tomaten* kommen aus Mexiko.

Sonnenblumen seien Heimatpflanzen? Nicht doch! 1721 sind sie auf einer französischen Fregatte von Nordamerika nach Europa emigriert und erst in unserem Jahrhundert aus Einjahrsblumen zu den ausdauernden und üppigen Gartensorten veredelt worden, die, einmal gepflanzt, kaum je wieder auszurotten sind.

Aus Chile kam eine *Erdbeere* zu uns – genauer gesagt, nach

Versailles – die, mit unserer Walderdbeere gekreuzt, all die früh-, mittel- und spätfruchtenden Sorten unserer Gartenerdbeere ergeben hat. Mit Schlagsahne beträuft und mit Zucker überstreut halte ich sie für die bestschmeckende Beere unserer Zone. Wer fragt jetzt danach, ob sie ein Heimatgewächs sei?

Wie mancher fremde Gast hat das müde Blut alter Fürstengeschlechter aufgefrischt! Hauptsache bleibt das Ergebnis: der rechte Fürst wie die rechte Beere.

Unsere echtbürtigen Beeren in Ehren: Walderdbeeren, Blaubeeren und Preiselbeeren! Doch im Garten gedeihen sie nur selten. Der zieht Emigranten und Mischlinge vor. Auch die *Johannisbeere* ist aus der Fremde eingewandert. Zwar weiß man nicht mehr, von wo sie kam, doch belehrt einen die Gartengeschichte, daß ein Kräuterbuch des xv. Jahrhunderts sie zum ersten Mal in deutscher Sprache erwähnt.

Oder die *Kartoffel!* Sie hielte keiner »arischen« Ahnenprobe stand. Zu Shakespeares Zeit ist diese Indianerin vom englischen Seehelden und Seeräuber Sir Francis Drake in Europa verbreitet worden. Zwar meinte Heine, daß eine gütige Vorsehung sie für genügsame deutsche Untertanen erschaffen habe, doch Heine war Dichter und nicht Botaniker. Wer gegen Emigranten voreingenommen ist, müßte konsequenterweise auf Pellkartoffeln, Pommes frites und Rösti verzichten. Ich für mein Teil esse Kartoffeln besonders gern, wenn sie mit der Schale gebacken werden, und habe auch sonst nichts gegen Emigranten einzuwenden.

Auf den Geschmack kommt es an, bei Pflanzen wie bei Menschen, nicht auf die Herkunft!

Doch sehen wir uns im eigenen Garten nach Emigranten und Flüchtlingen um!

Nein, besser stop! Wir kämen damit nicht zu Ende.

Was immer wir ins Auge fassen, wäre mit solch peinlichem Namen zu benennen.

Der *Lebensbaum* da, Prunkstück des Gartens, woher stammt er? Aus Kalifornien!

Jene *Goldzypresse,* die wahrhaft goldene Blattspitzen treibt? Aus Turkestan!

Die feuerrote *Ziermispel?* Aus Japan!

Die fächerblättrige *Palme?* Aus Marokko!

Die *Pappel?* Aus Indien!

Doch der *Flieder* wenigstens, der hier weiß und dort rot blüht, *der* wenigstens ist echtbürtig einheimisch? »Wenn der weiße Flie-

der wieder blüht«, sang ganz Wien . . . Ohne den Wienern nahe-
treten zu wollen, deren Parks und Gärten er in Fülle durchduftet,
doch die Wahrheit in Ehren: erst im xv. Jahrhundert ist der erste
Strauch Edelflieder in einem Wiener Vorgärtchen erblüht. Seine
Vorfahren stammten aus Ungarn, Rumänien und Persien.

Auch das zweite Wahrzeichen Wiener Gärten, der Baum, der
die vielbesungene Praterallee säumt, die *Roßkastanie,* ist fremder
Herkunft. Erst nach dem Flieder ist sie aus Mazedonien nach
Mitteleuropa emigriert.

Dann sind wohl auch die roten *Pelargonien* und die blauen
Lobelien Flüchtlinge? Gewiß, beide kamen aus Südafrika zu uns.
Und das altmodische *Tränende Herz,* Sinnbild deutscher Senti-
mentalität? Eben noch rechtzeitig war es von Chinas Bergwiesen
bei uns eingetroffen, um Biedermeier-Malern Modell zu stehen.

Anderen Gartenpflanzen ist ihre fremde Herkunft so auf den
ersten Blick anzusehen, wie Negern und Chinesen: den riesen-
blütigen *Gladiolen* etwa, die mit unserer einheimischen Wildform
nur mehr den Namen gemeinsam haben, oder den *Chrysanthemen,*
deren exotisch krause Schöpfe Japaner aus kamelienkleinen Blütchen hochgezüchtet haben.

Daß die *Kakteen* keine Heimatpflanzen sind, sieht ihnen selbst
der Laie an. In der Tat kommen fast alle aus den Durststeppen
Mittel- und Südamerikas, wo ihre Vorfahren nicht in Töpfchen,
sondern als übermannshohe Säulen oder unmäßig lange Kletterpflanzen in freier Natur wachsen. – Wo anfangen, wo aufhören?

Das Leben bedarf der Vermischung, um sich über seine primitiven Formen hinaus entwickeln zu können.

Mann und Frau, Eingeborene und Emigranten, bodenständige
und fremde Pflanzen brauchen den Schmelztiegel vermischender
Zeugung, um sich in neuer Gestalt fortzupflanzen.

Einwanderung fördern, hat noch jedem Land Aufschwung, sie
unterdrücken, degenerierende Inzucht gebracht.

Die Natur läßt ihrer nicht spotten.

Man verüble es einem alten Gärtner nicht, daß er eine der
wesentlichen Erkenntnisse seines Lebens auch dann ausspricht,
wenn sie der landläufigen Meinung zuwiderläuft: Mischung ergibt
zumeist kräftigere, intelligentere und schönere Nachkommen.
Versagt die Mischrasse, wirft die Natur sie sowieso in ihren Mülleimer. Respekt vor ihrem Willen!

Darum sollten die Worte »Emigrant« und »Flüchtling« keinen
peinlichen, sondern einen erfreulichen Sinn haben.

Vor mehr als vier Jahrhunderten hatte *Camões* miterlebt, wie der allmächtige Beherrscher Indiens den kühnen Entdecker Vasco da Gama bei sich aufnahm, und die fürstlichen Worte in den »Luisiaden« zu diesen Versen gestrafft:

»Und wäret Ihr verfemt hierhergekommen
Und nicht als Seefahrtshelden hoher Marken,
So hätte ich Euch dennoch aufgenommen.
Denn Vaterland ist jedes Land dem Starken!«

Distanz halten!

Anfänger pflanzen zu viel in ihren Garten. – Zu viel und zu eng! Sie stürzen sich aufs Gärtnern wie Knaben aufs Briefmarkensammeln. Möglichst viel und möglichst bunt und möglichst rasch! – Mit dem gleichen Ergebnis: ein wirres Durcheinander. Sie sehen im Stadtpark etwas Schönes und sind auch schon beim Handelsgärtner, um es auch zu haben. Vom Stiefmütterchen bis zur Blautanne und vom Krokus bis zur Magnolie kaufen und pflanzen sie wild darauflos. Im Dutzend ist es ja billiger. Platz haben sie zu Beginn die Menge. Jeder neue Garten ist beängstigend leer, und erst die Erfahrung lehrt, daß er später noch beängstigender überfüllt sein wird. In alte Gärten müßte man Fenster schneiden. Aber das weiß der Anfänger nicht.

»Was sollen mir die paar Besen, die Sie mir in die Erde gesteckt haben?« entrüstet sich der Neuling über den Gärtnermeister, der ihm den Garten anlegt. »Hier will ich Rosen haben mit Lilien dazwischen, dort eine Gruppe Zypressen und drüben so eine Spiraea, wie die Leute über uns – großartig ist sie und ›Brautschleier‹ heißt sie, ich habe gefragt – oder besser gleich zwei! Und in die Hecke gehört *hoher* Kirschlorbeer, nicht die Zwerge, die Sie mir andrehen wollen! Hortensien fehlen auch noch, rote und blaue, und vergessen Sie Stachelbeeren nicht, meine Frau ißt sie gern, und . . . und . . .«

Der alte Meister ist Kummer gewöhnt, muß aber doch tief einatmen, um den sanften Tonfall seiner Antwort zu modulieren, daß »die paar Besen« die gewünschten Rosenstöcke sind; daß Lilienzwiebeln erst später in die Erde gehören; daß Zypressen an der Südseite zu viel Schatten machen; daß jener »Besen« eine Spiraea ist – sogar eine rosa Neuzüchtung!; daß junge Heckenpflanzen ältere im Wachstum überholen, ohne so sparrig zu werden wie diese; daß Hortensien in solch eisenhaltigem Boden, auch wenn man sie rot einpflanzte, unfehlbar blau blühen würden, daß . . .; daß . . .; daß . . .

Der Anfänger dampft zu sehr von Übereifer, als daß er auch nur zuhörte, geschweige denn zulernte. Nach dem Grundsatz, daß, wer zahlt, befiehlt, besteht er auf seinem Willen. Worauf der Gärtner ihm nicht den Spaten vor die Füße wirft – was ich an seiner Stelle täte –, sondern seinen Grimm herunterschluckt und den Garten genauso anlegt, wie der Anfänger ihn haben will.

Recht hat er: Rache ist ein Gericht, das kalt am besten schmeckt. Widersetzte sich der Fachmann, fände der Neuling einen willigeren Helfer, während er sich später sehr darüber ärgern wird, daß seine Rosen im Schatten kümmern, seine Hecke nur langsam und büschelig wächst und selbstverständlich auch *die* Hortensien blau werden, die er teurer bezahlt hat, weil sie im Topf schön rot waren. Am meisten aber wird es ihn verdrießen, wenn er in ein paar Jahren eine Menge Pflanzen wieder herausreißen muß, weil sie ineinander gewachsen sind.

Inzwischen wird er sie nämlich gern, mag sein sogar lieb, gewonnen haben, weil er mit den Jahren selbst zum Gärtner geworden ist. Dann wird er aus seinen Fehlern gelernt haben, daß ein Garten kein Untergebener ist, dem man kommándiert, sondern ein Freund, mit dem man sich verständigt.

Vor allem aber wird er gelernt haben, daß sich ein Garten Zeit läßt. Sehr viel Zeit!

Dafür spricht die alte Anekdote, die ich hier wiedergebe, obzwar sie schon recht bekannt ist. Doch kenne ich keine andere, die bezeichnender wäre:

Ein Neureicher bewundert den zarten, dichten Rasen eines englischen Schloßgartens und bittet den Eigentümer ums Rezept. »Das ist ganz einfach«, erwidert der Lord. »Wenn Sie Ihren Rasen jede Woche scheren und jeden Herbst mit feiner Erde überstreuen, wird er in hundert Jahren ebenso schön sein wie meiner.«

Ja, zum Gärtnern gehört *Geduld.*
Sie ist des Gärtners erste Tugend. Geduld, Geduld und noch einmal Geduld!

»Glauben Sie, daß meine Spalierbirnen früher reifen, wenn ich eine Petroleumlampe darunter halte!?« fuhr *Bismarck* einen Abgeordneten an, der ihm Zögern vorwarf. Der gleiche Bismarck hat seinem Nachfolger *v. Caprivi* nichts übel genommen, als daß er die alten Bäume vor der Berliner Reichskanzlei abhacken ließ.

Obzwar ich Bismarcks Politik nicht in allen Punkten billige: vom Gärtnern verstand er was!

Es kann nicht oft genug gesagt werden: die nützlichste Frucht, die im Garten reift, ist Geduld. Wer ihrer unfähig ist, soll mit seinem Grundstück spekulieren, statt einen Garten daraus zu machen! Das brächte ihm mehr Geld ein, wenn auch weniger Freude. Zehn gegen eins gewettet, daß der Anfänger solchen Rat in den Wind schlägt! Mit ähnlicher Naturnotwendigkeit wie der anmutige Schmetterling aus der gefräßigen Raupe, entwickelt sich der geduldige Gärtner aus dem gierigen Anfänger.

Der Gartenneuling bedenkt nicht, daß jeder Same und jeder Steckling für sein Fortkommen ein tüchtiges Stück Boden braucht. Steckt doch in der Eichel schon der ganze Eichbaum! Wer Eicheln eng nebeneinander pflanzt, bekommt statt Eichen Krüppelgehölz.

Freilich gibt es auch Gewächse für Massenpflanzung. Doch die gehören in den Park und nicht in den Garten.

»Parterres« von Tulpen, »Labyrinthe« von Buchs, Alleen von Pappeln geben Massenwirkung für die Massen und brauchen eine

Schar Lohngärtner. Sie gleichen den hundert Girls, die auf einer Riesenbühne New Yorks gleichzeitig die Beine schwingen. Es ist zwar keine Primaballerina unter ihnen, und keiner der Tausende, die ihnen applaudieren, weiß so recht, welches Paar Beine ihm gefällt: aber ein rechter Amerikaner schätzt hundert Girls hundertmal höher ein als eine einzige Tänzerin von Gottes Gnaden.

Der erfahrene Gärtner unterliegt nicht der Massensuggestion, daß eine Allee von hundert blühenden Kirschbäumen schöner ist als der einzige seines Gartens. Wenn er die Tulpenfelder Hollands zur Blütezeit überfliegt, wandelt ihn das gleiche leichte Gähnen an, wie zwischen den endlosen Buchshecken von Versailles oder den werweißwievielen Fontänen der Villa Tivoli.

So sehnsüchtig er Qualität anstrebt, so kalt läßt ihn Quantität. Er ist kein Yankee, der ein Haus nach der Zahl seiner Stockwerke und einen Mann nach der Höhe seines Bankkontos bewertet, sondern er ist ein unverbesserlicher Individualist.

Allenfalls mag ihn trösten, daß in den höchsten Wolkenkratzern New Yorks und Chicagos das kleine »Penthouse« auf dem Dach mehr Miete kostet als ein Doppel-Supra-Appartement in der Etage. Auf dem Dach nämlich ist der Dachgarten, den sich drüben nur Millionäre leisten können (ist gar ein Schwimmbad darin, nur Multimillionäre).

Je nun, auch unsere Städte amerikanisieren sich zusehends, und wo einst Gärten grünten und blühten, wachsen nun Hochhäuser aus steriler Erde . . .

Der Gärtner hüte sich vor Massenpflanzung! Mit jedem seiner Gewächse soll er auf du und du stehen, und das kann er nicht mit hundert gleichfarbigen Tulpen, geschweige denn mit tausend.

So mancher Dichter hat einer einzelnen Rose, ja, einem einzelnen Gänseblümchen, das Loblied gesungen. Eines der lieblichsten Gedichte *Rainer Maria Rilkes* gilt einer Hortensienblüte – wohlgemerkt: nur *einer*! –, in deren Farbe er sich vertieft hatte.

»Der Gärtner tut mit seinen Sträuchern und Stauden, was der Dichter mit den Worten tut«, schrieb *Hugo von Hofmannsthal*. Daß es dem Gärtner auf jede Pflanze so ankommen sollte wie dem Dichter auf jedes Wort, begründete er bei anderer Gelegenheit mit diesem eigenen Erlebnis:

»Ich weiß nicht, was bedeutender und schöner sein kann, als wenn den noch mächtigen, starrenden Strunk eines abgestorbenen Baumes eine wuchernde Rose oder eine dunkelrote Clematis über-

spinnt; dies ist ein Anblick, in dem etwas Sentimentales sich mit einem ganz primitiven Vergnügen mischt, das Tote vom Leben zugedeckt zu sehen. Aber wenn ich das in einem Garten dreimal finde, so ist es degradiert, und mir wäre lieber, man hätte den Strunk ausgehauen und die Rose an der Stallmauer hinaufgezogen. Ich weiß aus der Zeit, da ich fünf Jahre alt war, was für die Phantasie eines Kindes der Strauch mit den fliegenden Herzen ist. Wären ihrer sechs davon in dem Garten gewesen statt des einen, der in einer Ecke stand, unweit eines alten, unheimlichen Bottichs, unter dem die Kröte wohnte, aus den sechs hätte ich mir wenig gemacht: der e i n e war mir wie der Vertraute einer Königstochter. Wir dürfen in diesen Dingen keine abgestumpftere Phantasie haben als ein fünfjähriges Kind und müssen fühlen, wie die Vielzahl ein Zaubermittel ist, das wir brauchen dürfen, um den Rhythmus zu schaffen, das aber alles verdirbt, wo wir es gedankenlos wuchern lassen.«

»Fliegende Herzen« (in der Botanik: »Dicentra spectabilis«) sind eine niedrige Staude, die im Frühling überhängende Trauben

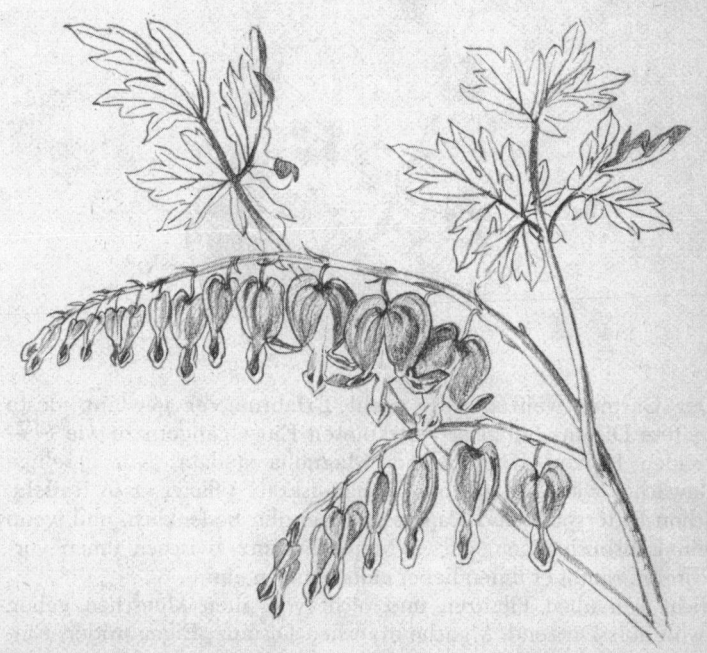

herzförmiger rosa Blüten treibt und schon im Sommer bescheiden
einschrumpft. Zur Biedermeierzeit, die Anmut höher schätzte als
Pracht, war sie so beliebt wie die Reseda, ist aber seither fast in Vergessenheit geraten. Nur noch in wenigen Gärten – so in meinem –
zittern ihre zarten Herzen in der ersten Frühlingsbrise wie unser
Herz in früher Liebe. In Gartenkatalogen finden sich Fliegende
Herzen, wenn überhaupt, nur kleingedruckt zwischen den farbig
illustrierten Anpreisungen riesenblütiger Dahlien und Gladiolen.
Wie Hofmannsthal sie erlebte, wurde nicht nur zitiert, weil er
ihrer Grazie mit sinnigeren Worten gerecht wurde, als ich es
vermöchte, sondern auch, weil daraus zu lernen ist, daß eine einzelne Pflanze tiefer wirken kann als ein Beetvoll von ihr.
Freilich gibt es Massenpflanzungen für Massenmenschen, und
ein einzelnes Fliegendes Herz wäre in ihnen fehl am Platz. Doch
wir sollten nicht vergessen, daß es auch Pflanzen wie Menschen
gibt, die am erfreulichsten einzeln gedeihen und wirken. Vor allem
aber: wir sollten es ihnen nicht verargen!

Der Gärtner weiß das. Je mehr Erfahrung er gewinnt, desto
weitere Distanz billigt er verträumten Einzelgängern zu wie Fliegenden Herzen, Türkenbund, Magnolia stellata. Nur gesellige
Gewächse wie Goldlack oder Johanniskraut pflanzt er in Rudeln.
Schon Rittersporn und Lupine stimmen ihn bedenklich, und wenn
sein Lehrbuch einen halben Meter Distanz zwischen ihnen vorschreibt, räumt er ihnen lieber einen ganzen ein.
Nicht von allen Pflanzen und nicht von allen Menschen gehen
zwölf aufs Dutzend. Manche brauchen Distanz; Eigenbrötler, Ein-

zelgänger: ein anmutig fliegendes Herz wie Rilke, eine knorrige Eiche wie Beethoven, eine allseits sich streckende Parkrose wie Leonardo da Vinci, ein Ginkgo wie Laotse ...

Ein rechter Gärtner respektiert seine »Solitärpflanzen« und hält ihnen Nachbarn fern. Ein rechter Gärtner fühlt es ihnen nach. Er weiß Bescheid.

Allerhand Gartenbücher

Das längste Regal meiner Bibliothek ist mit Gartenbüchern vollgepfropft: mit sachlichen und schwärmerischen; mit Handbüchern alphabetischer, kalendarischer und geographischer Anordnung – das unentbehrliche nicht zu vergessen, das botanische Namen registriert!; mit umfassenden, die vom Schrebergarten bis zum Park und vom Kürbis bis zur Orchidee alles einbeziehen, was irgend ins Gärtnerische einschlägt, und mit so speziellen, daß sie den Alpenblumen ein Prachtwerk in Folio, den Rosen einen Großquartband und dem Gartendünger immerhin ein Oktavbändchen widmen. Ein Buch über antike Gärten steht neben einem jüngst erschienenen, das vom Nibelungenlied bis zur modernen Lyrik Zitate gesammelt hat, die den Garten preisen.

Als ich meine Gartenbücher wieder einmal überblickte und dabei all des Wissens, des Fleißes und der Erfahrung gedachte, die in ihnen aufgespeichert sind, verlor ich fast den Mut, mein eigenes Gartenbuch zu Ende zu schreiben. Es gibt ihrer doch so viele! dachte ich müde. Besser, du wirfst deinen Kram ins Gartenfeuer, das noch von gestern her schwelt! Wenn das Manuskript verbrennt, haben wenigstens die Rosen was von der Asche!

Da fiel mein Blick auf ein Büchlein, das so zerlesen ist, daß es kaum mehr zusammenhält: »Das Jahr des Gärtners«, das mein Freund und Landsmann *Karel Čapek* in ein paar Wochen so leichthin geschrieben hat, wie es seine Art war. Keiner hat sich mehr als er darüber gewundert, daß es eine Auflage nach der anderen brachte und in viele Sprachen übersetzt wurde.

»Es steht ja nichts darin!« protestierte er, als auch ich es lobte. »Ich habe mein Gärtchen gern, das ist alles; aber ich verstehe es doch nicht!«

Es sei das lustigste Gartenbuch, das ich je gelesen hätte, begründete ich mein Lob, und so anregend sei es dazu, daß es auch mir Lust machte, einen Garten anzulegen.

»Tu das ja nicht!« warnte er mich. »So ein Garten nimmt einem eine Menge Zeit weg, und am Ende versteht man ihn doch nicht!« Als ich mich dessen entsann, entschloß ich mich, mein Gartenbuch zu Ende zu bringen, statt sein fast fertiges Manuskript mit anderem Unkraut im Garten zu verbrennen. Mein Verlegerfreund, wußte ich, wartete ungeduldig darauf. Hatte er mich nicht dazu angeregt, als er mich gärtnern sah? Und hatte ich nicht der voreiligen Zusage wegen, es binnen Jahresfrist zu schreiben, dem Garten einen Großteil meiner Pflege entzogen?

Nein! dachte ich entschlossen, nun *wird* es zu Ende geschrieben, so wenig auch ich vom Gärtnern verstehe!

Ach ja, der Garten erzieht zur Bescheidenheit. Zum Bekenntnis des Sokrates erzieht er: »Ich weiß nur, daß ich gar nichts weiß!« Je mehr man sich in ihm abrackert, desto weniger versteht man ihn.

Das ist ein bedrückendes Gefühl, und wenn ich mir seinen Grund klarzumachen suche, komme ich immer wieder auf die menschliche Unfähigkeit zurück, sich in Pflanzen einzufühlen. Einfühlung aber ist die Grundlage des Verständnisses!

Mensch zu Mensch mag sie gelingen; Mensch zu Tier wird sie schon schwieriger – nun gar Mensch zu Pflanze! Das ist unmöglich. Wie fern ist sie uns und wie fremd bleibt sie selbst dem Gärtner, der sich ständig um sie bemüht!

Utopische Romane über Begegnungen mit Marsmenschen dünken mich minder phantastisch als Gartenbücher, die ein geistiges Band zwischen Mensch und Pflanze zu knüpfen trachten. Mögen jene Romane den Marsmenschen Hirschgeweihe, Insekten-Fühlhörner oder sonstige Auswüchse andichten, so billigen sie den Monströsen immerhin eine Art Menschenverstand zu und sind mir deshalb verständlicher als das bescheidenste Gänseblümchen.

Weit, weit von uns lebt die Pflanze . . .

Schmerzt es die Rose, wenn ich ihr eine Blüte abschneide? . . . Verflucht mich der Salat, wenn ich ihn in der zarten Jugend köpfe, in der er dem Blühen und Fruchten zustrebt? . . . Dankt es mir die Hundsrose, daß ich sie zur Zentifolie »veredle« – und damit kastriere?

Ach, wir wissen es nicht . . .

Wir beherrschen die Pflanze gemäß unserem Begriff von Nützlichkeit und Schönheit, ohne uns darum zu kümmern, wie sie selbst darüber urteilen mag. Das völlige Unverständnis, das zwischen Mensch und Pflanze besteht, erklärt sich, wie ich meine,

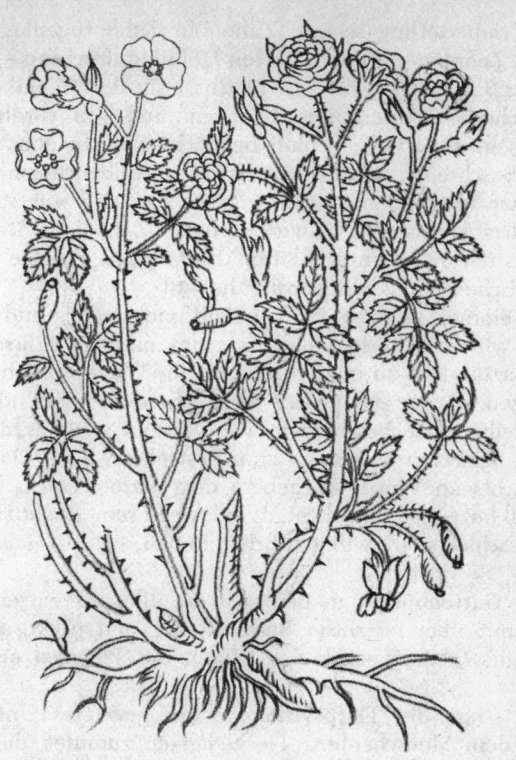

daraus, daß sie ein Wesen im Zustand der *Unschuld* ist, während
wir ...

Eine Pflanze tötet andere Lebewesen nur ausnahmsweise.
Unser »*Sonnentau*«, der mit süßem Klebesaft Insekten anlockt,
um seine Tentakeln über die Angeleimten zu krümmen, sie festzuhalten, auszusaugen und zu verdauen, ist eine rare Ausnahme
unter den Gewächsen unserer Zone. So selten ist er wie ein Mör-
der unter uns Menschen.
Selbst unter der Tropensonne, die den Kampf ums Dasein hitzi-
ger heizt als unsere, sind fleischfressende Pflanzen außerordentlich
selten. Nur ein einziges Mal bin ich in freier Natur der berüch-
tigten »*Venusfliegenfalle*« begegnet, und mir schaudert noch jetzt,
wenn ich daran denke, wie unbarmherzig sie den zackigen Deckel
ihres verlockend geöffneten Bechers über einen herantaumelnden

blauen Schmetterling schloß: Zahn um Zahn fugenlos in Zahnlücke um Zahnlücke der hornharten Höhlung drückend – eine Entartete des Pflanzengeschlechts. Doch ist sie das? Nein! Jedwedes menschliche Werturteil über Pflanzen muß von vornherein ungerecht sein, weil wir sie bloß beobachten, nicht aber verstehen können. Beschreiben ist unsere Aufgabe, nicht beurteilen!

Bilden wir uns beileibe nichts darauf ein, daß wir schon dreihundertdreißigtausend Pflanzen nach der Zahl ihrer Staubgefäße und nach der Form ihrer Blätter, Blüten und Früchte in unsere systematische Botanik eingeordnet haben!

Erstens einmal gibt es ihrer gewiß viel mehr, und zweitens trachten wir vergeblich danach, sie uns nach äußerlichen Merkmalen verständlich zu machen, die für ihr Wesen so nebensächlich sein mögen wie für das unsere die Farbe der Augen oder Haare. Nein, bleiben wir bescheiden, wie Karel Čapek es auch dann blieb, als sein Gartenbüchlein zum Bestseller wurde. Daß wir uns damit nichts an Würde vergeben, mag Karel Čapeks heroischer Entschluß bezeugen, lieber tot als Sklave zu sein. Bevor Hitler Prag besetzte, schied er freiwillig aus dem Leben.

Zu viele Gartenbücher maßen sich an, alles zu wissen. Sie geraten damit über nützliche Beschreibung und praktische Winke hinaus aufs Glatteis, auch das Wesen der Pflanzen erklären zu wollen.

Ist aber schon die Tierpsychologie ein gewagtes Unterfangen, weil sie dem Menschenhirn Tiergedanken zumutet, die ihm unzugänglich sind, so stehen uns Tiere immerhin noch näher als Pflanzen.

Nebst anderem haben wir mit Tieren den primitiven Lebenszwang gemeinsam, uns von Pflanzen zu ernähren, sei es direkt, sei es auf dem Umweg übers Fleisch, das ja aus vorverdauter Pflanzensubstanz besteht. Im Grunde sind alle Menschen und Tiere Vegetarier. Selbst der Löwe ist es, denn er nährt sich von Grasfressern. Mensch wie Tier muß, um leben zu können, Pflanzen töten.

Nur Pflanzen sind von dieser Erbsünde frei. Im Zustand der Unschuld ernähren sie sich von unbelebter Erdkruste. Abgesehen von ihrer Minderheit an Fleischfressern und Schmarotzern töten sie kein anderes Lebewesen. Hierin besteht der grundlegende Unterschied zwischen ihnen und uns.

Andere Unterschiede – ihre Gebundenheit an den Standort etwa (den erst ihre Samen überwinden können) oder ihre Fortpflanzung (die der Gärtner oft verhindert, indem er ihnen gefüllte und damit unfruchtbare Blüten abnötigt) – sind zu augenfällig, um nochmals besprochen zu werden. Worauf es hier ankam, war lediglich eine knappe Begründung unserer Unfähigkeit, Lebewesen zu begreifen, die von uns überweit distanziert sind. Beschreiben ist eines, *Verstehen* ist etwas ganz anderes!

Unter den Pflanzen sind gegensätzliche Eigenarten zu beobachten: welche wollen kriechen, andere klettern; manchen genügt ein kurzes Sommerleben, andere überdauern hundert Jahre. Nur hundert? Gibt es nicht *tausend*jährige Eichen? Und war hier nicht schon von den viertausendjährigen Riesenbäumen der *Sequoia gigantea* die Rede gewesen, die im Yosemite-Park Kaliforniens heute noch grünen und Früchte treiben?
Auch der unschuldig mineralische Appetit der Pflanzen ist genauer nuanciert als unser mörderischer. Wir können unsere Diät leichthin ändern; doch welcher Gärtner hätte nicht schon bekümmert feststellen müssen, wie wählerisch hierin manche Pflanzen sind!
Auch gegeneinander verhalten sich Pflanzen unterschiedlich: freundnachbarlich oder feindselig, je nachdem. Wer Rosen mit Reseden in dieselbe Vase stellt, wird nächsten Tags beide verwelkt finden. Besonders unverträglich sind Maiglöckchen. Hingegen blühen Rosen ausnehmend reich und duften besonders stark, wenn man ihnen eine Zwischenpflanzung von – nun wovon? man wird es nicht erraten! – Zwiebeln gibt. Jawohl, von ganz gemeinen Zwiebeln, deren Schärfe einem die Tränen in die Augen treibt!
Werde einer klug daraus! Der Gärtner wird es nicht. Will er sich von seinen Gartenbüchern Rat holen, mag es ihn trösten, daß auch sie nicht immer Bescheid wissen. Eines, das als klassisch gilt, empfiehlt ihm, Königslinien ein möglichst sonniges Plätzchen anzuweisen, während ein anderes, das kaum geringeres Ansehen genießt, die gleiche Königslilie unter eben *die* Gartenpflanzen einreiht, die am besten im Halbschatten gedeihen und sogar tiefen Schatten vertragen.
Wie Politiker widersprechen einander die Autoren der Gartenbücher, und es bleibt uns Gartenliebhabern anheimgestellt, welcher Partei wir uns anschließen wollen.

Die außerordentliche Distanz, die das Wesen der Pflanzen von unserem Verständnis trennt, hindert allerdings die wenigsten Gartenbücher am Versuch, sie kühn zu überspringen.

Doch wie? Ehrlicherweise mit Hilfe des menschlichen Egoismus, der ein wesentlicher Bestandteil des gesunden Menschenverstands ist. Er teilt die Pflanzen in nützliche und schädliche ein, in solche nämlich, die gut schmecken oder doch verdaulich sind, und in ungenießbare oder gar giftige. Das ist ein immerhin praktischeres System, als sie nach der Zahl ihrer Staubgefäße zu ordnen. Daß es vorteilhafter ist, ein Bäumchen zu pflanzen, das Pastorenbirnen trägt, als eine dornige Waldbirne mit gallbitteren Früchten, leuchtet einem jeden ein. Gartenbücher, die dem Grundsatz der Nützlichkeit folgen, sind verläßliche Berater des Gärtners. Mit größerer Vorsicht hingegen sind die ästhetischen Bücher zu genießen, die ihr System auf Schön und Häßlich aufbauen und uns schlichte Gärtner durchaus zu Künstlern machen wollen. In ihrer Begeisterung fürs Schöne – oder für das, was sie dafür halten – übersehen sie souverän so profane Dinge wie Gießkannen, Komposthaufen und Frühbeete. Sie gruppieren Gartenpflanzen lediglich nach Farbe und Anmut. Ein Staudenbeet ihrer Vorschrift besteht aus zwanzigerlei Pflanzen sehr verschiedenen Eigenwillens. Wer es anlegt, macht bald die traurige Erfahrung, daß die Goldrute, die ein ästhetisches Gartenbuch des gelben Farbflecks wegen für unentbehrlich hält, binnen zwei, drei Jahren nicht nur das ganze wohlgemischte Staudenbeet mit Beschlag belegt, sondern darüber hinaus in den Obstgarten wuchert. Oder perennierende Sonnenblumen! So voll ihres Lobs ästhetische Gartenbücher sind: so voll von ihnen wurde der Garten eines Bekannten, der sie ihres »leuchtenden Goldgelbs« wegen angepflanzt hatte. Als er es satt bekommen hatte, sein Grundstück alle Jahre zwei Spaten tief zu rigolen, verkaufte er es ihretwegen.

Es gibt Pflanzen, die sich so breit machen wie Wirtschaftswunderkinder, wie es anderseits Pflanzen von geradezu franziskanischer Bescheidenheit gibt. Sie ins gleiche Beet zu setzen, empfiehlt sich keineswegs.

Künstlerisch inspirierte Gartenbücher empfehlen als Polsterpflanzen eine Farbenpalette aus rotem Zwergphlox, blauer Aubrietia, gelbem Alyssum und weißer Iberis. Doch nicht einmal der erfahrenste Staudengärtner, Karl Foerster nämlich, warnt in seinem Standardbuch »Winterharte Blütenstauden« davor, daß der Zwergphlox mehr Lebensraum beansprucht als die anderen drei zusammen. In meinem Garten ist er nach zwei Jahren mit ihnen fertig geworden. Am Alyssum wäre mir wenig gelegen, denn Gelb ist die häufigste Blütenfarbe, und auch das Weiß der Iberis ist leicht zu ersetzen – dafür sorgen schon die Gänseblümchen im Rasen –:

meinen tiefblauen Aubrietia-Polstern aber trauere ich immer noch nach, denn es ist schon gesagt worden, daß Blau die seltenste Blütenfarbe ist. Zu allem Unglück lehnt der Rittersporn, der es am reinsten erblühen läßt, meinen kalkfreien und steinigen Gartenboden immer wieder ab. Weil der »Staudenfoerster« in einem seiner pathetischen Vergleiche dem Rittersporn ein »vom Himmel gefallenes Blau« nachrühmt, hatte ich mich immer wieder darum bemüht, es auch bei mir einzufangen. Doch was ist zu tun? Der Rittersporn mag mich eben nicht.

»Vom Himmel gefallenes Blau ...« Na, wenn schon! Ich habe den Himmel über fünf Erdteilen gesehen, aber ein ritterspornblauer war nicht darunter. Zugegeben, daß alle Vergleiche hinken – täten sie es nicht, wären sie Gleichungen –: doch kaum eine andere Gattung der Literatur schwelgt in so ausschweifenden Vergleichen wie Gartenbücher. Auch Karl Foerster, dessen Gärtnerei in Bornim bewundernswerten Gärtnergeist erweist, balanciert in seinen Büchern auf dem Turmseil des Pathos. Ihm, von dem viel zu lernen ist, sähe man das gern nach; doch auch Gärtner minderen Rangs schwärmen, sobald sie zur Feder greifen, darauf los, als bestünde ein Garten ausschließlich aus Farben und nicht auch aus Komposthaufen und Unkraut. Sie vergessen dabei, daß der Gärtner vor Jäten, Gießen, Pikieren, Läusevertilgen und was sonst noch kaum dazu kommt, seine Blumen andächtig zu betrachten. Staunen seine Gäste vor einem blutrot prunkenden Rhododendron ihr »Großartig!«, fühlt er sich zwar so geschmeichelt wie eine Mutter, deren Baby bewundert wird, wirft aber bloß einen Seitenblick auf die flammenden Blüten, weil er sich im Geiste schon vormerkt, daß er die Waldrebe ausgraben muß, die sich wieder einmal in diesen Busch eingerankt hat. Und Waldreben wurzeln verdammt tief!

Ästhetik und Praxis wachsen im Garten so durcheinander wie Kraut und Unkraut.

Daß es dem Gärtner auf die Dauer nie gelingt, sie säuberlich zu trennen, sollte er auch den Gartenbüchern zugute halten, deren meiste aus einem Mischmasch praktischer Ratschläge und poetischer Begeisterung bestehen. Zieht er Gartenliteratur zu Rat, erwartet er von ihr nüchterne Fingerzeige, aber keine Hymnen. Wie ein Misthaufen anzulegen ist, will er von ihnen lernen; nicht, ob lila Iris der gelben vorzuziehen sei. Das ist Geschmackssache, und »Der Geschmack ist sehr verschieden, jeder wird glücklich nach seiner Fasson«, sang zu meiner Jugendzeit ein Schlager ausnahmsweise vernünftigen Textes.

Vom Philosophieren sind wir nun zum Schlager abgestiegen. Nachsicht bitte! Beide wollten die Distanz veranschaulichen, die uns von der Pflanze trennt, und die beiden Mittel nennen, auf denen Gartenbücher sich ihr anzunähern streben: den steinigen Pfad gärtnerischer Praxis und den fliegenden Teppich der Phantasie. Daß der letztere ins Leere führt, ist nicht nur die Schuld ekstatischer Autoren, sondern auch die der übergroßen Entfernung, die Mensch und Pflanze trennt.

Deshalb sollte ein Gartenbuch mit Nachsicht gelesen werden.

Auch dieses!

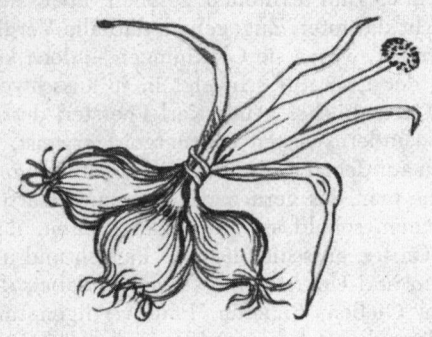

Der faule Gärtner

Als ich zu gärtnern begann, wünschte ich mir ein Dutzend Arme, um gleichzeitig gießen, rigolen, jäten, fegen, pikieren, schneiden, sägen, binden, pflanzen, okulieren, pfropfen, düngen und – nein, ich hätte mehr als ein Dutzend Arme gebraucht, um mit ihnen auch Blattwanzen zerquetschen zu können!

In verwegenen Stunden wünschte ich mir, ein hundertarmiger Kwannon zu sein, jene Inkarnation Buddhas, die gleichzeitig allseits Gedeihen spendet.

Von den vielen bronzenen oder steinernen Buddhas, die ich in Ostasien sah, haben mir allerdings die am besten gefallen, die sich gleich unsereinem, anatomisch richtig, mit zwei Armen begnügen und deren Hände zu stiller Betrachtung im Schoß falten, statt mit ihnen herumzufuchteln. Die vielarmigen erinnerten mich eher an Insekten als an einen Weisen, den seine Güte zur Gottheit erhob. Als ich jedoch zu gärtnern begann, kamen mir gerade *die* Kwan-

nons in den Sinn, deren schlitzäugige Künstler sich das Ziel gesetzt hatten, möglichst viele Armgelenke in *einer* Schulter unterzubringen. Auf die legendäre Anzahl von hundert brachte es sowieso keiner. Das Maximum an Armen, das ich einem Kwannon
nachgezählt habe, waren zweiundzwanzig, und schon die verwirr-
ten mich zur Genüge. Sie entwuchsen einer lebensgroßen Bronze-
statue, die in einem japanischen Tempel stand – und wohl noch
dort steht, wenn sie nicht seither ein USA-Millionär gekauft hat.
Als ich in Japan war, gab es ja noch keine »Besatzungstruppen«.
Wie immer: als Garten-Neuling hätte ich mich auch mit zweiundzwanzig Armen zufriedengegeben.
Doch je älter ich wurde, desto seltener wandelte mich das Verlangen an, ein menschlicher Tausendfüßler zu werden – genauer
gesagt, ein Tausendhänder, oder *noch* genauer, ein Zweihundert-
händer. Gründliche Zoologen haben nämlich den Gliedertieren,
die wir Laien Tausendfüßler nennen, höchstens zweihundert
Beine abgezählt. So wenig auch der geduldigste fernöstliche
Künstler einem »Hundertarmigen Kwannon« mehr als zweiundzwanzig Arme einzuverleiben vermag, kann auch der längste
tropische Tausendfüßler das Pflichtsoll seines Namens erfüllen.
Das freilich hält uns ebensowenig davon ab, von Tausendfüßlern
und hundertarmigen Kwannons zu sprechen, wie es ehrgeizige Regierungen daran hindert, einen neuen Fünfjahresplan auch dann
noch aufzustocken, wenn der alte nicht erfüllt werden konnte.
Der Mensch rückt sein Ziel nur allzugern ins Unerreichbare,
und dem Gärtner steht es nicht zu, ihn deswegen zu tadeln.
Lebt doch gerade er mehr in der Zukunft als in der Gegenwart.
Hätte ich sonst mit mehr als siebzig Altersjahren ein Walnuß-
bäumchen eingepflanzt, dessen Nüsse ich gewiß nicht werde
knacken können? – Alter schützt vor Torheit nicht, und wenn
irgendwer sich Zukunftsillusionen macht, dann ein alter Gärtner ...

Ein junger Gärtner ist, gleich anderen jungen Menschen, von
stürmischer Gemütsart. Am liebsten möchte er alles sofort und
dazu noch gleichzeitig machen.
Wozu eigentlich? Er hat ja noch *so* viel Zeit vor sich!
Doch Zeit läßt man sich erst, wenn sie einem verdammt knapp
geworden ist. Erst im Alter läßt man auch seinem Garten Zeit,
statt ihn stürmisch anzutreiben. Das ist nun so: Alter macht langsam, Alter macht träge. Wer sich diesem biologischen Gesetz zu
entziehen sucht, den erledigt ein Herzinfarkt früher, als es seiner
Lebensversicherung lieb wäre.

Ich kannte und kenne solche Männer, und, noch genauer, solche Frauen. Die tun mir leid. Statt bedächtig Großmütter zu werden, spannen sie ihren Ehrgeiz, nicht älter auszusehen als ihre Töchter. Doch es kommt der Tag – unweigerlich kommt er jeder solchen Frau! –, an dem ihnen der Spiegel Krähenfüße zeigt, die kein Schönheitssalon mehr wegmassieren, und Falten, die kein kosmetischer Chirurg nochmals bis an die Haarwurzeln heben kann, um sie dort fortzuschneiden. Und es kommt der Tag, an dem der Manager den Telefonhörer fallen läßt, weil seine Hand nach seinem Herzen greift.

An solchem Tag des Gerichts brechen Frauen wie Männer gründlicher zusammen, als wenn sie sich rechtzeitig ins Alter gefügt hätten. Wenn ich ihre Gräber besuche oder sie selbst – die einen fast so trüben Anblick bieten –: bedauere ich sie sehr, obzwar ich ihnen pharisäisch dafür danken sollte, daß mich ihr Beispiel davon abgeschreckt hat, so hastig zu leben wie sie.

Statt ihrem Vorbild habe ich dem meiner gottseligen Großmutter nachgelebt, die sich, seit ich sie als rüstige Vierzigerin kannte, als Matrone gekleidet und ebenso benommen hat.

Deshalb ziehe ich mir, seit ich sechzig geworden bin, nicht mehr das an, was man deutsch »Smoking« nennt, obzwar es in seiner englischen Heimat »Dinner-jacket« heißt. Geschweige denn einen Frack! Einladungen unter solcher – meist kleingedruckter – Voraussetzung lehne ich grundsätzlich ab. Ich kleide mich so bequem und lebe so bequem, wie es meinem Alter zukommt. Wem die dritten Zähne gewachsen sind, mit denen man ins Gras beißt, hat ein Anrecht darauf, faul zu werden. Also ist er, nach so ausführlicher Begründung, auch befugt, übereifrigen Gärtnern Rat zu erteilen.

Je älter und fauler ein Gärtner wird, um so weniger läuft er anspruchsvollen Primadonnen nach. Erfahrung hat ihn belehrt, daß neue Pflanzensorten, von denen viel Aufhebens gemacht wird, meist schwieriger zu behandeln sind als bewährte, ohne daß sich die Mühe um sie lohnte.

Diese Warnung gilt auch den noch rüstigen Gärtnerinnen und Gärtnern, denen ihr Beruf nur am Wochenende Zeit für den Garten läßt.

Apropos Wochenende:
Als ich eines Sonntagmorgens meine Hecke beschnitt, keuchte hinter ihr ein beleibter Herr mittleren Alters die Bergstraße hoch, rastete verschnaufend und sprach mich mißfällig an:

»Wissen Sie, daß heute Sonntag ist?«

»Ein schöner Sonntag«, antwortete ich arglos.

Doch das überhörte er. »Wissen Sie nicht, daß man sonntags nicht arbeiten darf?« examinierte er mich schärfer.

Arbeiten?« staunte ich. »Mein Garten macht mir Freude«.

»Wenn auch! Sonntag ist Sonntag« entschied er, und damit hatte er fraglos recht. Jede Größe ist sich selber gleich. Das ist ein mathematisches Axiom.

Auch sonst war ihm anzumerken, daß Widerspruch nutzlos gewesen wäre – der bibelfeste Einwand etwa, daß am Ruhetag nur »knechtische« Arbeit verboten ist, nicht aber erfreuliche Beschäftigung gleich der des Gartenfreundes, oder der soziale Hinweis darauf, daß es nach seinem Willen keine Schrebergärten mehr gäbe, ja, daß selbst Zimmerpflanzen verwelken müßten, wenn sie nicht auch sonntags begossen würden. Nicht einmal damit wäre er zu überzeugen gewesen, daß es für einen so fetten Mann wie ihn knechtischere Arbeit bedeutete, sich unseren Berg hinaufzuwälzen, als mir, vorwitzige Heckenzweiglein zu stutzen. Gärtner streiten nicht gern; sie haben besseres zu tun. Also gab ich seiner abschließenden Frage Bescheid, wo das nächste Wirtshaus sei, ohne ihn darauf aufmerksam zu machen, daß er dort Wirt, Kellner und Köchin zu knechtischer Sonntagsarbeit verpflichten würde. Vielmehr griff ich erst dann wieder zur Heckenschere, als er weitergeschnauft und hinter der nächsten Kurve verschwunden war.

Indem ich dieses kleine Erlebnis hinschreibe, befürchte ich fast, atheistischen Lesern ein Schmunzeln abzulocken. Deshalb beeile ich mich zu versichern, daß es nicht so gemeint war. Für mich bedeutet Gott das Vergrößerungswort für gut, und wenn ich irgendwen aus ganzem Herzen beneide, ist es der, den sein Glaube selig macht. – Gehört das in ein Gartenbuch? Nein, es gehört nicht hinein! Oder doch nur zur Erklärung dafür, daß Gartenarbeit nicht knechtisch ist. Wem sie knechtisch dünkt, übergebe sie Knechten und lasse seine Hände von ihr!

Doch zurück zu den faulen Gärtnern, denen ich mich mit zunehmendem Alter immer enger verbunden fühle. Zurück zu ihnen und zu den vielen jungen Gärtnerinnen und Gärtnern, denen ihr Hauptberuf bloß knappe Zeit für den Garten läßt!

Womit erleichtern sie sich ihre Gartenarbeit, der sie aus Alter oder Zeitnot kaum mehr gewachsen sind?

Nun, einfach damit, daß sie Pflanzen bevorzugen, die für sich selber sorgen: selbständige, harte Gewächse!

Gärtner und Garten sollen einander ergänzen. Je weniger Zeit der Gärtner hat (oder je mehr er sich bei der Arbeit lassen muß), desto anspruchslosere Pflanzen sollte er wählen: Rosen also, die meltaufest sind, Dahlien, die keinen Spezialdünger, Hortensien, die keine Eisenfeilspäne brauchen, windfeste Stauden, robuste Pflanzen mit *einem* Wort. Goldbandlilien, Freesien oder großblütige Anemonen sind nichts für ihn. Alte Gärtner und jene jüngeren, die sich ihrem Garten nur übers Wochenende widmen können, sollten Pflanzen beiseite lassen, die wie Babies beständig frische Windeln brauchen.

Robuste Pflanzen gibt es die Menge: von Tannen und Zedern hinunter über Rhododendren und Spiraeen bis zum Veilchen. Nur kennen muß man sie und wissen, auf welchem Platz sie gedeihen.

Die bequemste Gartenpflanze ist *Efeu,* der, einmal angewurzelt, so lange rüstig weiterrankt und -wächst, bis er nach manchem Jahrzehnt seine Blätter lindenförmig ändert und damit als »Schloß-Efeu« anzeigt, daß er blühwillig und fruchtbar geworden ist. Nur den *einen* Rat zum Efeu: pflanzen Sie keinen »panaschierten«, will sagen, keinen, dessen dunkelgrüne Blätter gelb umrandet sind! Erstens wirkt er gekünstelt und zweitens entschließt er sich kaum je zum Blühen. Halten Sie sich an den bewährten alten Efeu, den die Brasilianer mit der Liebe vergleichen, weil seine Ranken, einmal gelöst, nie wieder anwachsen. Lassen Sie sich nicht von Überordentlichen einreden, daß Efeu Unkraut oder gar Schmarotzer sei! Er ist weder das eine noch das andere. Gleich den baumhaftenden Orchideen entzieht er seiner Wirtspflanze keinen Saft. Nur Wohnung, nicht Nahrung beansprucht er von ihr.

Wer, wie ich, das Glück hat, blühende Efeubüsche zu besitzen – einen gewiß hundertjährigen habe ich, dessen Stamm so dick verholzt ist, daß die Hand ihn kaum umspannen kann –: der hört zur Blütezeit Bienen fortissimo summen; nicht bloß einzelne, sondern ganze Schwärme von ihnen. Hinter Efeublüten sind Bienen her wie hinter nichts anderem. Nektar aus Efeublüten ist Bienen-Champagner Brut Impérial extra sec. Bitterlich ist er ja auch.

Ein Buchkapitel reichte nicht hin, alle Vorzugspflanzen des faulen Gärtners lobend aufzuzählen; es gibt ihrer zu viele.

Mit steigendem Alter habe ich immer mehr unzuverlässige, wehleidige Gewächse mit derben Selbstversorgern ersetzt.

Aufs Geratewohl eine Handvoll: Hartriegel, Wacholder, Holunder, Spiraea, Fingerhut, Tradescantia (ihr Blau übertrifft fast das des Rittersporns!), Bergenia, Yucca (mit meterhohen weißen Blütenpyramiden!), Pampasgras, Ginster, Schmuckfarn, Flieder- und Schneeballbüsche (als Hochstämme brauchen sie zu viel Pflege!), Forsythia, Magnolia stellata und so viele andere noch, daß man sich fragen muß, weshalb man sich eigentlich vorher mit Zärtlingen abgeplagt hat, die Torfmull, Hornspäne, Anbinden, Knospenausbrechen, Triebewegschneiden, Dunggüsse, Winterschutz und was sonst noch brauchen, damit sie, wenn all ihre Spezialwünsche erfüllt sind, doch um keinen Deut schöner blühen oder reicher fruchten als die selbstsicheren Pflanzen, die unsereinen nur ungern in Anspruch nehmen.

Besonders zeitraubend ist *Rasen*, jawohl, einfach grüner Rasen. Davon war zwar schon die Rede, doch es ist zu wichtig, um nicht wiederholt zu werden. Der Anfänger ahnt nicht, wie oft Rasen geschoren, gewalzt, gejätet, gedüngt und mit Erde bestreut werden will, um einfach grün zu bleiben. Wüßte es der Neuling, würde er nicht Rasenflächen anlegen, weil er sie für besonders einfach hält. Erst nachdem er seinen Rasen jahrelang mit Schweiß gedüngt hat, ohne ihm doch den letzten Löwenzahn entrissen zu haben – mit Gänseblümchen dürfte er sich inzwischen abgefunden haben –, resigniert er und begnügt sich statt des Rasens mit einer Wiese, die ja auch ihr Schönes hat. Leider nur werden Wiesen aus verwildertem Rasen nie so bunt wie natürliche Viehweiden.

Die allerschönsten Weidewiesen, wahre Blumenteppiche, gibt es im oberen Engadin zwischen St. Moritz und Sils-Maria. Da ich Menschen so wenig in Massen mag wie Blumen, besuche ich das Engadin lieber im Sommer als während seiner Hauptsaison des Wintersports (abgesehen davon fröstelt es mich schon beim Wort »Wintersport«). Blumenwiesen solch leuchtkräftiger Farbigkeit gedeihen leider nur über tausend Meter Höhe.

Tiefer als dies ist das beste Rezept für Rasen: keinen auszusäen. Es sei denn, man lebt in so feuchtem Gebiet wie Kent oder Hamburg. Andernfalls muß man sich für seinen Rasen einen Privatgärtner halten oder – wie unsere Flugplätze – eine Schafherde, die ihn beständig kurz knabbert und dazu noch düngt. Wenn schon Gras, dann Wiesengras, wandle ich gärtnerisch die Worte eines musikverständigen Freundes ab, der nach einer Richard Strauß-Oper seufzte: »Wenn schon Strauß, dann *Johann* Strauß!« Muß es denn durchaus Grasrasen sein? Warum nicht Thymian, der sich so dicht ausbreitet, daß kein Unkraut zwischen ihm aufkommt, hübsch niedrig bleibt und dazu noch duftet? Oder wie wäre es mit Immergrün? Nach einigen mageren Jahren deckt es den Boden und blüht dazu noch blau. Auch Zwergphlox, Hornkraut, Iberis, Aubrietia und andere Polsterpflanzen seien statt Rasens empfohlen. Seit Jahrzehnten deckt mir rosa Zwergphlox eine Böschung, ohne daß ich ihn je zu schneiden oder zu sprengen brauchte. Rechten Rasen überlasse man englischen Lords! Wer sonst sich nach glattem Grün sehnt, sollte Billard spielen.

Zum Schluß noch diesen Rat an faule und zeitknappe Gärtner: nicht zuviel *Gartenwerkzeug!* Und, vor allem, kein kompliziertes! Ich weiß: neue Gartenwerkzeuge sind verführerisch. Auch ich bin solchen oft unterlegen – wenn auch nicht so arg, wie ein junger Freund, dem sein Motor-Rasenmäher eine Fingerkuppe abgeschnitten hat, so doch z. B. mit einer »Grabgabel«, die sich immer wieder krummbog, ohne doch mehr zu leisten als ein rechtschaffener Spaten; ferner mit einem fünfzinkigen »Ziehgerät«, dem ich mich als Zugochse vorzuspannen hatte, während eine einfache Haue dieselbe Arbeit gründlicher verrichtet hätte; mit einem schraubenförmigen »Distelstecher«, der Disteln auch nicht bis zur letzten Wurzelspitze erfaßte; mit einem »Kopuliermesser«, das mir minder gut in der Hand lag als mein bewährtes Taschenmesser, und mit was sonst noch!

Auch für den Gärtner ist das Bessere der Feind des Guten. Jahr für Jahr werden so viele neue Gartengeräte als »arbeitsparend« angepriesen, daß der Gärtner, der sie alle anschaffte, seinen Werkzeugschuppen zum Magazin erweitern müßte.

Er warte ab, bis sie sich bei anderen bewährt haben! Vom Dutzend bleibt dann allenfalls *eines*, das ihn wirklich entlastet – der neue Gartenschlauch aus Plastik etwa, der in der Tat leichter, dauerhafter und dazu noch viel billiger ist als der alte aus Gummi. Vom Berufsgärtner lerne der Gartenfreund, mit wie wenigen Werkzeugen sich auskommen läßt!

In meiner Nachbarschaft sollte ein verwilderter Garten von Grund auf in Ordnung gebracht werden, was einem tüchtigen Gärtnermeister mit seinem Gehilfen wochenlang zu schaffen gab. Weil drüben kein Platz war, ließ ich ihn sein Gerät in meine leere Garage abstellen.

Verwunderlich, wie wenig es war! Ich sah nur zwei Gießkannen, einen Laubbesen, einen Spaten, eine Sichel, eine Hacke, einen Fuchsschwanz und eine Heckenschere. Den Kleinkram an Bast, Schnur und Gartenschere trugen Meister und Gehilfe in ihren Schürzentaschen mit sich, nebst Lappen und Ölkännchen, mit denen sie nach getaner Arbeit ihr Werkzeug säuberten. So wenig sollte auch unsereinem genügen!

Es will bedacht sein, daß »arbeitsparende« Geräte für Garten wie Haushalt unweigerlich *die* Arbeit machen, sie sauber zu halten. Wie der Gartenfreund in Wald und Wiese von der Lehrmeisterin Natur lernen sollte, welche Pflanzen anspruchslos sind, sollte er zünftigen Gärtnern abgucken, daß der geringste Aufwand auch die geringste Mühe macht.

Wer diesen Gedanken zu Ende denkt – und der faule Gärtner hat alle Zeit dazu –, wird feststellen, daß er nicht nur für den Garten gilt, sondern allgemein anwendbar ist: auf die Liebe wie auf die Nahrung, aufs Benehmen wie auf die Kleidung – kurz, daß er eine nützliche Lebensregel enthält!

Ein paar praktische Winke

Hier greife ich eine Handvoll Ratschläge aus meiner Erfahrung. Erfahrung ist die Summe der Fehler, die wir gemacht und eingesehen haben. Nur Schaden macht klug; nur der Hund, der einmal Seife gefressen hat, rührt sie nicht wieder an.

Auch der alte Gärtner macht täglich neue Fehler. Wollte er alle aufzählen, müßte er einen Lexikonband vollschreiben. Wozu? Selbst knappe Bücher der Gartenpraxis werden zwar gelesen, doch nicht befolgt. Sie sind wie Ratschläge der Eltern: die Kinder hören sie an und schlagen sie in den Wind; sie wollen ihre eigenen Fehler machen. Ratschläge sind die Vormerkzettel, die man sich vor einer Reise notiert und dann zu Hause vergißt.

Bei Büchern kommt hinzu, daß der Leser sich für klüger hält als den Autor. Zumeist ist er es; und wenn er es nicht ist, bildet er es sich wenigstens ein. Die Bibel zu lesen, hindert die wenigsten, ihr auf Schritt und Tritt zuwiderzuhandeln. Von solch hohem Berg auf den Maulwurfshaufen eines dilettantischen Gärtners reduziert, folgen also hier aufs Geratewohl ein paar Ratschläge eines, der seinem Garten verbunden ist, an solche, die erst mit ihm flirten:

Der Garten ist kein Salon! Wer ihn peinlich sauber fegt, versäumt damit Wichtigeres.

Nicht zuviel Rasen! Er fordert mehr Arbeit als Blütenpflanzen.

Erst abends gießen! Die Feuchtigkeit hält dann länger vor.

Keine zu großen Gießkannen! Zwölf Zehnliterkannen ergeben dasselbe wie zehn Zwölfliterkannen, machen aber weniger Kreuzschmerzen.

Blumen für die Vase in der Knospe schneiden! Aufgeblühte sind rasch dahin.

Nur im Frühling oder Herbst umpflanzen! Auch zu anderer Zeit mag es glücken, doch nie so sicher wie vor dem ersten Schnee oder nach dem letzten.

Buschobst und Halbstämme sind bequemer als Hochstämme und Spaliere!

Obst bei Sonne pflücken! Feuchte Früchte faulen bald.

Obstbäume vom Fachmann schneiden lassen! Der Amateur lernt es doch nicht, Fruchtholz von Wasserreisern zu unterscheiden. Sie sehen einander zu ähnlich.

Weinreben pflege der Winzer! Wein hat seine Geheimnisse, die er nicht einmal allen Berufsgärtnern verrät – geschweige denn einem Dilettanten gleich unsereinem.

Kompost hilft mehr als Mist! Freilich braucht man auch mehr davon. Viel Kompost mit wenig Mist gibt die beste Düngung. Vorsicht vor Kunstdünger! Er ist scharf und sollte nur *sehr* sparsam verwendet werden.

Keine Blütenpflanze kaufen, die man nicht blühen sah! Kataloge übertreiben gern; nur eigener Augenschein überzeugt.

Nachbargärten beobachten! Was dort gedeiht, wird auch uns nicht im Stich lassen. Gleicher Boden, gleiche Pflanzen!

Nicht zuviel Gemüse! Das rechte Maß gibt der eigene Haushalt. Was darüber hinauswächst, schafft Verlegenheit. Verkaufen lohnt nur im Großen, und Verschenken bringt keine Freude, wenn auch der andere nicht weiß, was er mit all seinem Salat oder Spinat anfangen soll.

Beim ersten Reif den Garten wässern! Nicht bloß begießen, nein, ihn aus offenem Schlauch so vollaufen lassen, wie in ihn hineingeht! Das schützt am sichersten gegen Kahlfröste. Hecken vor allem brauchen zum Winterbeginn eine Menge Wasser.

Nachdenken, bevor man umgestaltet! Nachher ist es zu spät. Bedacht sein will zunächst die Beschaffenheit des Bodens. Wer »kalkflüchtige« Pflanzen – wie Azaleen – in Kalkboden bringt, erlebt die gleiche Enttäuschung, wie wenn er »kalkholde« – Flieder etwa oder Goldregen – in kalkfreie Erde setzt. Zwar passen sich viele Gartenpflanzen dem Boden an, doch gibt es auch solche, die gegen Kalk allergisch sind, und andere, die ohne ihn kümmern. Wer einen Kirschbaum in Boden des Urgesteins pflanzt, sollte ihm wenigstens eine Portion Bauschutt eingraben. Es ist nützlich, seinen Gartenboden analysieren zu lassen (doch auch hierin einfacher, die Erfahrungen der Nachbarn zu verwerten).

Wichtig ist: Licht oder Schatten? Manche Pflanzen gedeihen am besten in praller Sonne, andere bevorzugen Halbschatten, wieder andere – wie die Clematis – sind so wählerisch, daß sie für Wurzel und Wurzelhals tiefen Schatten, für Laub und Blüten hingegen starkes Licht beanspruchen; ein paar Bretter oder Steinplatten um den Fuß tun ihnen den Willen. In dumpfem Schatten gedeiht nur weniges, was den Gärtner freut; dafür gibt es Listen (bei *Karl Foerster* etwa), die verläßlicher sind als Gartenkataloge.

Trockenheit oder Nässe sind ebenso wichtig wie Licht oder Schatten. Unter Gartenpflanzen gibt es Durstkünstler und Säufer. Steingarten-Gewächse vertragen viel Trockenheit, Schmuckdisteln, Pampasgras und andere mehr wünschen sie sogar. Im Gegenpol stehen die Gewächse, deren Stoffwechsel ständig Wasser braucht, vor allem Moorpflanzen. Ein Ausflug in freie Natur zeigt dem Gartenfreund, wie verschieden die Flora der Talböden von jener der besonnten Hänge ist; selbst die Gräser sind anders. Man ziehe die Nutzanwendung: wie die Flanken der Hügel sind auch die Böschungen des Gartens, von denen der Regen flink abläuft, viel trockener als die ebenen Flächen, in die er gemächlich einsickern kann. Also gehören Trinker auf die Horizontalen des Gartens, Abstinente auf seine Schrägen!
Gefälligerweise gleichen die meisten Gartenpflanzen Fehler des Gärtners aus. Anpassungsfähiger als Menschen nehmen sie Licht und Schatten, Dürre und Nässe hin, wie ihr Standort es vorschreibt und das Wetter beschert. Vorbildlich darin sind Rosen, Obstbäume, Nadelgehölz und viele Blütensträucher. Fröre nicht der Kirschlorbeer in strengen Wintern zurück, wäre ihm die Goldmedaille für Anpassung zu verleihen. Statt seiner gewinnt sie die Rose, obzwar sie als Gartenkönigin schon so viele Großkreuze besitzt, daß sie auf eine Auszeichnung mehr verzichten kann.
Die meisten Gartenpflanzen liegen zwischen Kakteen, die es nicht trocken, und Trauerweiden, die es nicht naß genug bekommen können. Sie verhalten sich wie Christian Morgensterns »Großstadtbahnhoftauber«, der »... pickt, was Gott sein Herr ihm fernher schickt. Aus Salzburg einen Zehntel Kipfel, aus Frankfurt einen Würstchen-Zipfel. Aus Bozen einen Apfelbutzen und ein Stück Käs' aus den Abruzzen.«

Was aber *keine* Gartenpflanze verträgt – oder doch keine, die ich kenne –, sind tropfende Baumzweige. Regen- und Baumtropfen sind zweierlei. Die einen träufeln Segen, die anderen gleichen der mittelalterlichen Tortur, die dem Gefangenen ständig einen Tropfen Wasser auf den Kopf fallen ließ.

Ästhetisches erst an den Schluß! Bevor eine Pflanze den Garten schmücken kann, muß sie erst einmal gedeihen. Daß ihre Schönheit wichtig ist, versteht sich. Wozu sonst legte unsereiner einen Garten an? Doch steht auch hier das Leben selbst dem schönen Leben voran. Was uns Freude bringen soll, muß erst einmal da sein. Der Gärtner hat seinen Willen, die Pflanze den ihren. Sucht er ihre Freundschaft, muß er sich ihr anpassen. Dem Freund kommandiert man nicht; mit dem Freund verständigt man sich. Dies ist Voraussetzung der Gartenschönheit: sie erblüht nur aus gesundem Wuchs.

Die Zusammenstellung der Farben will wohl überlegt sein. Bevor sich der Gartenfreund für roten oder lila oder weißen Phlox entscheidet oder für einen, der wie Bauern-Bettzeug rot-weiß quadriert ist – den gibt es nämlich auch! –, muß er sich erst vergewissern, ob Phlox überhaupt in seinem Garten gedeiht. Deshalb hat er seine ästhetischen Wünsche mit dem rechten Material zu befriedigen. – Doch bleiben wir bei den Farben! Glanzlichter von Weiß und Hellgelb bringen sattes Rot zur Wirkung. Und ja das *Blau* nicht vergessen! Es ist, wer weiß warum, die seltenste Blütenfarbe. Nicht einmal die sonst so wandlungswilligen Rosen, Dahlien und Tulpen lassen es sich von ihren Züchtern erpressen. In den Garten gehören also Rittersporn, Eisenhut, Lobelie, Iris, Fregattenblume, Vergißmeinnicht, Hortensie, die Blau in allen Nuancen bringen.

Die *jahreszeitliche Gartenfreude* ist nebst der farbigen zu bedenken! Im Garten soll allezeit etwas blühen. Den Gefallen macht uns der Garten leichthin im Sommer. Vom »wunderschönen Monat Mai, als alle Knospen sprangen«, bis zum November, in den Dahlien, Chrysanthemen und Staudenastern hineinblühen, ist der Gärtner mit Blüten versorgt. Doch gibt es auch verläßliche *Winterblüher,* Pflanzen-Eskimos, die sich gerade im Schnee wohlfühlen und die Gartenfreude um Monate verlängern.
Ihnen gilt das nächste Kapitel.

Gartenfreude auch im Winter!

Tief liegen die Novembernebel. Bald wird es schneien. Garten und Gartenbuch gehen ihrem Ende entgegen . . .
Ihrem Ende?
Zu viele Gärten durchlaufen bleiern den Winter; große wie kleine liegen erstarrt unter Schnee.
Die großen geben den kleinen kein gutes Beispiel. Stadtgärtnereien glauben ihre Pflicht getan, wenn sie ihre Parks von April bis Oktober in Schmuck halten; den Winter widmen sie ihren

Glashäusern. Was wunder, daß sich die Gartenfreunde nach ihnen richten und im Winter mit Zimmerpflanzen vorlieb nehmen? Solch fatalistische Unterordnung unter den Kreislauf der Jahreszeiten ist zwar bequem, doch nicht zwingend. Frieren denn wir gottergeben, weil es im Winter nun einmal kalt ist? Nein, wir heizen die Stuben. Ebenso sollten wir auch dem Garten winterliches Behagen schaffen. Sonnenwärme ist freilich unersetzbar; etwas Gartenfreude aber ist auch ohne sie zu gewinnen. Auch überm Schnee kann der Garten Farbe behalten und da und dort sogar blühen.

Die Hauptfarbe bewahren *immergrüne Gewächse*. Ihr Vorbild ist der Nadelwald, dessen Bäume auch bei hartem Frost nicht gilben noch kahlen.
»Oh Tannenbaum, oh Tannenbaum, wie grün sind deine Blätter! Du grünst nicht nur zur Sommerszeit, nein, auch im Winter, wenn es schneit«, singen wir unseren Christbaum an, obzwar er nicht Blätter, sondern Nadeln hat und, botanisch besehen, meist eine Fichte ist. Doch das ist egal. Worauf es hier ankommt, ist, daß Tannen- wie Fichtenbaum im Winter grünt und dies auch in unserem Garten täte, wenn wir ihn nur hineinpflanzten.
Damit stehen wir bei der Voraussetzung winterlicher Gartenfreude: *Nadelgehölze!*
Freilich hat nicht jeder Garten Platz für ausgewachsene Tannen oder Fichten; selbst ein Vorgärtchen aber reicht für eine Zwerg-Douglastanne oder eine Gnomenfichte aus, für eine Säuleneibe, einen grünen oder blauen oder gelben Zwergwacholder. An Auswahl fehlt es nicht.

Nun erst die vielen immergrünen *Blattgehölze*, die breiteres Grün geben! In Gartenkatalogen findet sich ihrer die Menge: Cotoneaster, Berberis, Ephedra, Kirschlorbeer, Ilex (die »Stechpalme« ist verläßlich winterhart und trägt dazu feuerrote Beeren), Rhododendron (die Sorten vor allem, die ihre Himalaia-Heimat an harten Frost gewöhnt hat). Sie und andere mehr sollten davon überzeugen, daß der Garten imstande ist, auch bei klirrendem Frost zu grünen. Bloß zu grünen? Blautannen und Goldzedern, schwärzliche Zypressen und rötliche Kryptomerien mischen ihm eine mehrfarbige Winterpalette.

Mit dem Weihnachtsbaum haben wir hoch im Wipfel begonnen. Tiefer herab jetzt, in Augenhöhe!

Hier grünt und blaut und goldet und rötet es nicht nur von Nadeln und Laub: hier blüht es auch und zuweilen duftet es sogar. *Winterjasmin* ist ein williger Ranker an Loggien und Trockenmauern, kleinblütig zwar, doch leuchtend gelb. – Weißer und rosa *Seidelbast* duften dem Frühlingsflor um Monate voraus.

Japanische Zaubernuß – »Hamamelis« heißt sie in Katalogen – treibt mitten im Schnee an noch kahlem Gezweig eine Fülle hellgelber Blüten mit purpurnem Innern. An meiner Hausmauer steht eine gut vier Meter hoch. Sie brauchte Rückschnitt, doch ich behandle sie schonend, weil ich von ihr lerne, daß auch der Winter des Lebens seine guten Seiten hat. Ein jüngerer Strauch ihrer Verwandtschaft, dessen bräunliche Blüten sich barock kräuseln, steht frei an der Gartentreppe und trotzt dennoch den Winterstürmen. Wer Manieriertes dem Natürlichen vorzieht, sollte sich diese krause Abart besorgen. Meinem Geschmack entspricht das Einfache. Eine hausschlachtene Leberwurst schmeckt mir besser als getrüffelte Gänseleberpastete, und Matthias Claudius ist mir lieber als Gottfried Benn. Nun, auch gärtnerisch rede ich keinem in seinen Geschmack hinein. Wie duldsam ich hierin bin, beweise, daß ich nebst der Hamamelis japonica, die meine Freundin ist, auch ihre modernere Spielart im Garten habe. Zwar ist mir diese nicht zur Freundin geworden, doch immerhin zu einer Bekannten nach Art der jungen Leserinnen, die zuweilen mein Arbeitszimmer mit Jumper und Caprihosen kraus beleben. Wenn ich an ihr vorbei zur Gartentür gehe, grüße ich auch sie mit einem vertraulichen »Tschau!« (das ich korrekterweise »Ciao!« schriebe, wenn ich nicht befürchten müßte, daß meine Leserinnen und Leser es »Zi-a-o!« aussprächen).

Ist die Hamamelis, ob mit glatten oder gekräuselten Blüten, die Wintermeisterin der hohen Sträucher, so ist es die *Schneeheide* oder Erica carnea unter den niederen. Anspruchslos wie jene, ja, für den Gärtner noch bequemer, weil ihr erdnaher Busch keines gelegentlichen Rückschnitts bedarf, treibt sie ihren weißen, rosa oder roten Blütenstrauß vom Dezember bis in den März hinein über den Schnee, und wenn er hoch liegt, selbst in ihn hinein. Kahlfrosten, die des Gartens arge Feinde sind, setzt sie das unbekümmerte Lächeln Tausender schimmernder Blütchen entgegen. Sie ist die robusteste, geduldigste und anspruchsloseste Winterblüherin unserer Zone. Eine der schönsten dazu! Als ob es damit nicht genug wäre, deckt sie den Boden im Sommer mit so dichtem Grün, daß kein Unkraut unter ihr aufkommt.

Mit Recht hat *Beverley Nichols* die Erica carnea zu seiner Lieblingsblume – oder, wie er es nennt, »Kennblume« – gewählt. Schreibt er über sie (und das tut er in jedem seiner liebenswürdig plaudernden Gartenbücher), sprudelt aus seinem sonst leisen englischen Humor geradezu ekstatische Bewunderung hoch. »Die Handelsgärtner müßten zehnmal mehr von der Erica carnea hermachen und Sonderkataloge über sie herausgeben!« fordert er. »Dazu müßten sie die größten Schrifttypen und die kolossalen Adjektive verwenden wie die Filmleute, wenn ihre Diva einen Extrazentimeter ihres beachtlichen Körpers zeigt. Denn welche andere Pflanze durchglüht den Schnee derart feurig, daß sie nach einem Sturm aussieht wie leuchtend rote Stickerei auf einer weißen Atlasdecke? Können Sie mir eine nennen? Welch andere Pflanze tritt dem Unkraut so herrisch und selbstsicher gegenüber? Die Erica carnea behandelt dieses langweilige Zeug mit so eleganter Verachtung wie eine schöne Frau, die auf einer Matinee mit ihrer großen Toilette und ihren Pelzen alle Nachbarinnen erdrückt. Die Erica carnea hat etwas derart Erdrückendes. Dabei verfährt sie so graziös, daß sich das Unkraut fast ohne Laut des Protestes zurückzieht.«
Da Beverley Nichols über diese liebenswerte Winterblüherin am besten Bescheid weiß, gebe ich auch seinen Rat zur Sortenwahl weiter, obzwar ich ihn – in diesem Ausnahmefall – nicht selbst nachgeprüft habe. Meine eigenen Erica carnea-Büsche habe ich nämlich aus dem Wald geholt, so daß ich nicht imstande bin, sie botanisch oder katalogmäßig zu benennen. Von den rosa Sorten empfiehlt er »Winter beauty« und fügt bei: »Handelsgärtner versuchen immer wieder, unsereinen zum Kauf aller möglichen anderen Sorten zu überreden, rubinroten, rosenroten, karminroten. Darauf aber lasse man sich nicht ein! Sie verbleichen und faulen und wuchern und werden braun. Die Devise muß heißen ›Winter beauty‹! Man merke sich gefälligst auch, daß an erster Stelle unter den weißen ›Springwood‹ steht; sie ist wahrhaftig die weißeste unter den weißen. Wenn sich der Schnee um sie ausbreitet, gehen ihre Blüten in seine Farbe über; schmilzt er aber, kommen ihre Blüten rein und unversehrt wieder zum Vorschein und verewigen seinen Glanz.« – Auch ich bin mit der Erica carnea befreundet, wenn auch nicht so intim wie ihr Verliebter in England, der sie »Schlüssel des ganzen Gartens« nennt und damit insofern recht hat, als sie ihn schon im Spätherbst dem kommenden Frühling erschließt. Kein – aber wirklich gar kein! – Gartenfreund sollte auf sie verzichten; billig ist sie nämlich auch.

Hingegen widerspreche ich Beverley Nichols' abfälliger Meinung über die *Christrose*, Nieswurz oder wie sonst man die immergrüne Winterblüherin nennen mag, die botanisch »Helleborus« heißt. Er schimpft sie »verächtliches Zeug«, während ich mich zügeln muß, um ihr nicht ein ähnliches Loblied zu singen wie er der Schneeheide. Über Geschmack ist eben nicht zu streiten. Das kann schon deshalb nicht oft genug wiederholt werden, weil man sich immer wieder dagegen versündigt. »Chacun à son goût« klingt mir ein Refrain aus der »Fledermaus« in der Erinnerung nach, und, derber, aus meiner Studentenzeit die Strophe: »Wer mit den Augen der Liebe schaut, blickt durch die Brille der Musen; er sieht im Buckel seiner Braut nur einen zweiten Busen.«

Umgekehrt mag mein monogam in die Schneeheide verliebter Gärtner- und Berufskollege den weißen Busen der Christrose als Buckel mißdeutet haben.

Zugegeben, die Christrose ist wetterwendisch vergänglich; zugegeben auch, sie ist giftig (dem Lexikon zufolge sogar so giftig, daß »ihre frische Wurzel auf der Haut Rötung und Blasen«, ihr Gift »Helleborin Schwindel, Erbrechen, Durchfall, Lähmungen und Krämpfe erzeugt«); all das eingestanden: aber wer legt sich ihre Wurzel auf die Haut? Mag sein Max-und-Moritz-Buben, die ihrem Lehrer Niespulver zublasen, das – auch dies sei nicht verschwiegen – aus Christrosen erzeugt wird, weshalb sie denn auch »Nieswurz« heißt. Wer Christrosen pulverisiert oder gar ißt, hat sich die Folgen selber zuzuschreiben. Dem Gartenfreund genügt es vollauf, zur Weihnachtszeit bewundernd zu staunen, wenn sich überm Schnee zarte weiße Blüten öffnen, die der Frost rosa überhaucht. Mit beständigem saftigem Dunkelgrün umringt die Grazilen ein Hofstaat gezackten Laubs.

Unter den Winterblühern ist die Christrose das, was man in der Filmsprache »Vamp« nennt. Doch sieht man dem im Kino nicht manches nach, wenn er – nein sie! – sich in Honighüften wiegt? Warum sollte es nicht auch Blütenmädchen geben, deren Liebreiz ihr Laster überwindet? Sind nicht wir alle – Gärtner inbegriffen! – gleich Faust »die leicht Verführbaren«?

Viele Gartenpflanzen sind giftig, ohne daß ihnen der Gärtner dies übelnähme: Goldregen, Eisenhut, Herbstzeitlose, Nachtschatten, Fingerhut und viele andere. Daß auch der Seidelbast auf die Giftliste gehört, sollte den Gärtner nicht davon abhalten, ihn als Winterfreude zu pflegen. Wenn er keine Kleinkinder hat (die mit Vorliebe an Gefährlichem lutschen), braucht er sich nicht darum zu scheren, was giftig oder ungiftig ist. Nur bei Pilzen ist Vorsicht ge-

boten. Sonst aber: freie Hand dem Schönen, ob Vamp oder Naive! Der Gärtner südlich der Alpen (wie der Gastwirt nördlich von ihnen) setzt unbedenklich Oleanderbäumchen in seinen Garten (oder wenigstens in Kübeln aufs Trottoir), obzwar Oleander arg giftig ist. Während Napoleons italienischem Feldzug erkrankten französische Soldaten schwer – und viele starben! –, weil sie am Lagerfeuer Oleanderzweige als Bratspieße benutzt hatten. Sollten wir uns deshalb vom Oleander trennen? Nein, dazu ist er zu schön! Dem Auge des Gärtners ist nichts giftig als das Häßliche.

Und häßlich ist die Christrose durchaus nicht. Im Gegenteil! Ihre anemonenzarten Blüten sind von bezaubernder Anmut. Mag sein, im farbenlauten Sommerflor übersähen wir sie. Zu Weihnachten aber künden sie weiß und rosa mit der Geburt auch die Unsterblichkeit des Heilands an.

Was vermöchte diese eindringlicher zu symbolisieren als hauchzarte Blüten, die jeglichem Frost widerstehen?

Es gibt weiße und rosa Christrosen, und sogar dunkelrote Blendlinge gibt es nun. Obschon ich mich nach allen dreien sehne, ist es mir bisher nicht gelungen, sie in meinem Garten heimisch zu machen.

Wenn ich an anderer Stelle rate, Nachbargärten zu beobachten, weil, was in ihnen gedeiht, des ähnlichen Bodens wegen auch in unserem blühen und fruchten sollte, habe ich diese Ausnahme zu vermerken: die Christrose folgt nur ihrer eigenen Neigung, und die ist höchstpersönlich.

Ohne daß irgendwer sie gepflanzt hätte, sprießen in meinem Garten wilde Christrosen, stämmigeren Wuchses und stattlicheren Laubs zwar als die Gartensorten, doch mit nur unansehnlich grünlichen Blüten. Wie Unkraut vermehren sie sich bei mir, und ich lasse sie gewähren, weil ihre immergrünen, schöngezackten Blätter meinem Garten Alljahrsschmuck geben. Daß ich mir trotzdem die schönblühenden Gartensorten der Christrose wünsche, wird mir jeder Gartenfreund nachempfinden.

Sooft ich ein befreundetes Ehepaar meiner Nachbarschaft besuchte, in dessen Garten reinweiße Christrosen noch üppiger wuchern als meine schäbig blühenden wilden, konnte ich meinen Neid nicht unterdrücken. Also grub der gute Nachbar zur rechten Herbstzeit und bei feuchtem Wetter einen üppigen Busch seiner Christrosen mit Wurzelstöcken und Erdballen für mich aus und brachte ihn mir im Schubkarren mit einem Haufen ihrer Heimaterde. Eigenhändig pflanzte er sie in meinen Garten und goß sie ausgiebig an. Damit glaubte er, alles in Ordnung gebracht zu haben. Doch was geschah? Seine Christrosen lehnten meinen Garten ab. Nur zur Täuschung trieben sie im ersten Jahr ein paar Knospen zu kümmerlichen Blüten aus. Er hatte es gut gemeint, und ich war ihm dankbar; doch während wir einander die schwieligen Gärtnerhände schüttelten, rümpfte die Christrose unterirdisch ihr giftiges Näschen. Sie war mit der Übersiedlung nicht einverstanden.

Eine Christrose ist ihrem Gärtner treu wie ein Pudelhund. Wie er nimmt auch sie nur in frühester Jugend einen neuen Herrn an. Es war unser Fehler, daß wir das nicht wußten. Wenn ich meine ausgewachsene Pudelhündin einem anderen schenkte, würde sie, und hätte er sie noch so lieb, allenfalls so tun, als ob sie ihn akzeptiere, heimlich aber würde sie an der Tür auf mich warten. So auch die Christrose: sie blieb sein und wurde nicht mein. Sie grämte sich nach ihm. Im nächsten Jahr brachte sie mir nur noch *eine* Blüte, und seither habe ich mich mit ihrem Laub zu begnügen, das auch immer dürftiger wird. Also tröste ich mich mit meinen Wildlingen, die einem neuen Herrn wohl auch den Gehorsam verweigern würden. Solch anhängliche Pflanze – und Winterblüherin dazu! – lasse ich nicht einmal von Beverley Nichols schmähen, den ich sonst als Schriftsteller und Gärtner sehr hoch schätze.

Meine Liste winterlicher Gartenfreude wäre so unvollständig wie mein Buch – und wir alle! –, wenn sie nicht auf eine Pflanze aufmerksam machte, die über den Schnee ein prächtiges, ja, geradezu knalliges Lila erblühen läßt: die *Iris stylosa* (sofern sie noch immer so heißt, versteht sich, denn die Namen der Pflanzen sind so vergänglich wie unsere).

Immerhin wird jeder rechte Handelsgärtner Bescheid wissen, wenn Sie von ihm eine kurzstielige doch großblütige Iris mit grasfeinem Laub verlangen, die ausgerechnet bei Frost blüht. Vergessen Sie ja nicht, sie rechtzeitig zur Herbstpflanzung zu kaufen und Ihrem Garten einzuverleiben! Sie werden eine reine Freude an ihr haben. Während Sie noch darauf warten, daß Ihre Amaryllis im Zimmer blüht – ich lege die Wette eins zu drei, daß Sie darauf länger warten werden, als der Katalog es Ihnen versprochen hat! –, wachsen Ihnen über den Winterschnee schönste Irisblüten, die im Garten monate- und in der Vase wochenlang halten. Haben Sie diese Winterwunderblume im Garten und in der Vase, werden Sie mir dankbar sein. Nebst Winterjasmin, Hamamelis, Seidelbast, Erica carnea und Christrose ist sie, einmal heimisch geworden, eine permanente Winterfreude. Nur eines noch: machen Sie es nicht wie ich, der seine Jahrzehnte alte Winteriris geteilt hat, um sie auch an anderen Stellen des Gartens blühen zu sehen! Das nämlich hat sie mir jahrelang nachgetragen. Sie will so wenig amputiert werden wie unsereiner. Gartengier schafft Gartenleid! Merken Sie sich, bitte, auch das!

Nach diesem Hinweis auf Wintergrüner und Winterblüher noch einen auf *Winterfrüchter*. An rechter Stelle gepflanzt, setzen sie dem eingeschneiten Garten Glanzlichter auf. Rote, blaue, gelbe Beeren funkeln gleich Edelstein-Ketten überm Schnee. Schon das matte Karneol der Hagebutten gewinnt gegen reines Weiß erstaunliche Leuchtkraft.

Hierin sind Cotoneaster, Berberitze und Parkrose tonangebend.

Selbst kleinsten Gärtchen schmiegt sich der kriechende *Cotoneaster* an, der sich in jede Form zurechtstutzen läßt. Seine verwirrend zahlreichen Gartensorten glitzern im Winter mit rosa, karmin- oder korallenroten, lachsfarbenen, blauschwarzen oder tiefschwarzen Beeren, die (wenn die Amseln sie nicht vorher wegfressen) noch übers Neujahr hinaus funkeln.

Berberitzen brauchen Platz und sind unangenehm stachlig. Wer

jedoch ihre meterlangen Zweige so voll von gelben oder roten
Beerenquasten sah, daß sie wie Triumphbögen über dem Schnee
leuchten, wird sie dennoch in seine Gartenfamilie adoptieren und
es ihnen nicht übelnehmen, daß ihm ihre Pflege manche Hose zer-
reißt. Für Gartenarbeit zieht man sowieso alte Kleider an.

Wehleidige Gartenfreunde ziehen Berberis aquifolium vor (vom
Gärtner, wer weiß warum, *Mahonie* benannt). Die pikt einen nur
mit harten Blattspitzen in die Finger. Dafür schillern ihre Blätter
in rötlichen und bläulichen Bronzefarben, und ihre Beerenbüschel
sind pflaumenblau, was eine rare Winterfarbe ist. Für Kleingärten
ist die Mahonie die richtige Berberitze, weil sie nicht viel mehr als
ein Meter hoch wächst und dabei schmal bleibt. Ist sie einmal eingewurzelt, braucht sich der Gärtner nie mehr um sie zu kümmern.
Die Frage ist nur, *wann* sie sich dazu entschließt. Hierin stellt sie
die Geduld des Gärtners jahrelang auf die Probe. Meine war schon
am Brechen, und der Spaten lag griffbereit, um das Rudel Mahonien auszugraben, das volle vier Jahre, nachdem ich sie eingepflanzt hatte, noch immer besentrocken dastand, als mir rechtzeitig die goldene Gärtnerregel einfiel, keine Pflanze aufzugeben,
ohne sich vorher mit dem Messer an Zweigen und Stamm ver-
gewissert zu haben, ob sie wirklich abgestorben sei.
Totes Holz ist von lebendem leicht zu unterscheiden; Saft ist
unverkennbar. Manchmal sind nur die Zweige verdorrt, während
noch Helligkeit im Stamm, oder wenigstens im Wurzelhals, pul-
sierendes Leben erweist. Da hilft kräftiger Rückschnitt kurzerhand. Nun, meine Mahonien brauchten nicht einmal den; ihr
Lebenssaft reichte bis in die Zweigspitzen; sie sammelten nur
neue Kräfte und ließen sich Zeit dazu. Zwei Jahre später grünten
alle, blühten starkgelb und dufteten süß. Hätten ihnen nicht die ver-
maledeiten Amseln die Beeren abgeknabbert, wären die den Winter über zwetschgenblau überm Schnee gestanden. Schade!
Freudig wächst eine Mahonie nur an, wenn nicht der Gärtner,

sondern der Vogel sie pflanzt, der ihre Beeren gefressen hat. Gibt er hernach die unverdauten Samenkerne von sich, steuert er ihnen gleichzeitig die nötige Dosis Dünger bei. Was kümmert es den Vogel, ob sich der Gärtner hernach wundert, warum ausgerechnet dem Lilienbeet Mahonien entsprießen? So einem Starmatz ist es völlig egal, daß der Gärtner sie ausgraben und anderswohin pflanzen muß, wo sie ihm das jahrelang übelnehmen werden. Immerhin ist beerenfressenden Vögeln der Gutpunkt zu buchen, daß sie Mahonien aus Samen ziehen. Dafür nämlich reichte selbst des geduldigsten Gärtners Geduld nicht hin.

Auf dem Verdauungsweg haben Vögel auch afrikanische und asiatische Pflanzen nach Europa gebracht. Doch das gehört nicht mehr ins Kapitel winterlicher Gartenfreude.

Wichtiger ist, daß wir beim winterlichen Fruchtschmuck auch der *Parkrosen* gedenken, von denen manchen Sorten schönfarbige und große Hagebutten angezüchtet wurden.

Eine Parkrose braucht allerdings sehr viel Platz. Am besten gedeiht sie, wenn sie niemals zurückgeschnitten, sondern lediglich mit Pfählen gestützt wird. Wie schon ihr Name besagt, gehört sie eigentlich in den Park. Den schmückt sie sommers mit einem Blütenhain und winters mit zollgroßen Früchten von Messinggelb bis Altrot. Alle Farben sind erhältlich, und wessen Garten groß genug ist, sollte in ihm wenigstens *einer* Parkrose den Raum geben, der sonst für ein Dutzend Rosenstöcke reichte.

Damit wären die wichtigsten Winterpflanzen aufgezählt, die ich selbst ausprobiert habe. Verläßliche Fachbücher (und minder verläßliche Kataloge) nennen noch andere; und wer Freude am Experimentieren hat, wird sich auch mit ihnen befassen.

Das Kapitel »Gartenfreude auch im Winter!« wäre somit beendet, wenn mir nicht zuletzt eine Unterlassungssünde aufs Gewissen fiele: habe ich doch noch nicht klargestellt, was wir Gärtner unter *»Winter«* verstehen! Der Begriff, den wir mit diesem Wort bezeichnen, deckt sich nämlich nicht mit dem kalendarisch unverrückbaren Termin vom 22. Dezember zum 21. März, den wir in der Schule gelernt haben. Vielmehr schwankt er mit dem Wetter. Meist beginnt er zwei Monate früher, als er im Kalender steht, und endet nicht selten erst um wenige Wochen später.

Dem Gärtner markieren die letzten Dahlien und Chrysanthemen den Winterbeginn, und die ersten Schneeglöckchen und Veilchen das Winterende. Der erste Schnee also und die erste Schneeschmelze begrenzen unsereinem die mißliebige Jahreszeit. Demnach dauert also der Winter des Gärtners nicht nur die drei Monate, die ihm der Kalender vorschreibt, sondern mindestens die viereinhalb zwischen Allerseelen und Anfang April. Selbst dafür muß der heilige Petrus guter Laune sein. Sonst dauert der Gartenwinter noch um vieles länger. Einer, an den ich mich mit Schaudern erinnere, hielt acht Monate an!

Nicht selten fällt leider schon Ende September Frost ein und hält starrsinnig bis zu den Eisheiligen stand.

Nach solch widrig langem Winter fassen Schneeglöckchen, Buschwindröschen, Leberblümchen und andere holde Frühlingsboten erst spät den Mut zur Blüte, und auch das Märzveilchen verleugnet seinen Namen, indem es sich – Mozarts lieblichem Lied zufolge – erst im Mai von einer schönen Schäferin zertreten läßt.

Jeder dritte oder vierte Winter unserer Breiten ist hart, und durchschnittlich jeder neunte klirrt so lange von Frost, daß er die gärtnerische Winterpause von Anfang September bis in den Mai hinein erstreckt. In solch extremen Wintern, deren einer Napoleon aus und ein anderer Hitler von Moskau zurücktrieb (die beiden Namen stehen hier nur des Klimas wegen im gleichen Satz), erfrieren selbst im sonnigen Tessin Mimosen, Eukalypten und Kirschlorbeeren, während nördlich der Alpen auch in begünstigten Gegenden Mandel- und Pfirsichbäumchen, ja sogar Rosenstöcke daran glauben müssen. Sie erinnern an Heines unmutige Bemerkung, daß unsere Sonne auch im Sommer wollene Unterwäsche trägt.

Für sie gilt mein Rat nicht, sich im Winter Gartenfreude zu schaffen. Solche Winter muß man hinnehmen wie ein Erdbeben oder einen Krieg: als Katastrophen. Was sonst bliebe einem übrig?

Immerhin: nur jeder neunte Winter zerstört des Gärtners wohlgeplante Winterfreude, und das gibt eine bessere Chance als Toto oder Lotterie. Ihnen zum Trotz bleibt ein rechter Gärtner Optimist. Pflanzt er ein Aprikosenbäumchen, denkt er an Aprikosen und nicht an Kahlfrost. Deshalb schreckt mich der letzte niederträchtig lange und harte Winter nicht ab, über Gartenfreude auch im Winter zu schreiben, sondern ich tröste mich mit dem guten alten Sprichwort: »Schlechte Zeit, rechte Zeit geh'n vorüber alle beid'!« und merke mir für die nächste Herbstpflanzung noch eine Schneeheide vor.

Ich bin nicht so ängstlich wie meine selige Tante Madeleine (sie hieß wirklich so, weil das damals für vornehm galt), die vor allem auf Gottes weiter Welt Angst hatte: vor Einbrechern (derentwegen sie, bevor sie ausging, den Wohnungsschlüssel unter der

Fußmatte versteckte, wo ihn jeder Einbrecher zuerst sucht); vor überheißen Sommern (gegen die sie sich in einer nordseits gelegenen Wohnung mit dem Ergebnis vorsah, daß sie beständig unter Rheuma litt) und vor ganz strengen Wintern (gegen die sie alljährlich so viel Kohlen einkellerte, daß kluge Nachbarn sich das zunutze machten).

Meine Tante Madeleine war für den Wohlfahrtsstaat geschaffen, bevor er noch erfunden worden war. Glanzstück ihrer Lebensangst war ihre Lebensversicherung »mit Goldklausel« (soundso viel Kronen der k.u.k. Österreichisch-ungarischen Monarchie entsprechen soundso viel Gramm Feingold). Schade nur, daß es hernach keine Österreichisch-ungarische Monarchie mehr gab! Übrigens hätte ihr auch deren Weiterbestand nichts genützt, weil die Goldklausel während des Ersten Weltkrieges für null und nichtig erklärt wurde. Doppelt bedauerlich war es, daß ich – mit anderen Verwandten – für Tante Madeleines Unterhalt zu sorgen hatte, als sie trotz ihrer Vorsicht am Hungertuch nagte. Gott hab' sie selig! Sie war eine herzensgute Frau, nur allzu ängstlich war sie. Im Himmel, in dem ich sie jetzt vermute, wird sie wohl ängstlich herumflattern, um ihre Flügel gegen Unfall versichern zu lassen.

Als sie mich zum letzten Male in Locarno besuchte, taumelte ein kleiner Nachtfalter um die Lampe. Ich tat, was in solchem Fall angebracht ist, indem ich das Licht abdrehte und ein Fenster öffnete, damit er seinen Weg ins Freie fände. – Doch sie schrie auf: »Eine Motte! Gott bewahre uns, eine Motte!«

»Nicht doch, Tante«, beschwichtigte ich die alte Dame. »Das ist ein harmloser Schmetterling. Kleidermotten sind kleiner.«

Doch rechte einer mit einer Frau, die nur aus Angst besteht!

»Dann ist es ein *Mottenkönig*!« krisch sie und hüpfte wie besessen hinter dem Nachtschwärmer her.

Bis auf den heutigen Tag weiß ich nicht, was ein »Mottenkönig« ist. Der Nachtschwärmer, den sie dafür hielt, rettete sich vor ihrem Getanz und Händeklatschen in den Garten, und sie sank atemlos in einen Sessel, aus dem sie stöhnte: »Die meiste Angst habe ich vor Motten!« – Nach einer Pause, in der sie Atem schöpfte, denn sie war hochbejahrt, stöhnte sie: »Du nicht?«

»Nein«, mußte ich ihr widersprechen. »Die meiste Angst habe ich vor Menschen«, und das war zutreffend, denn in jener Zeit hatte ich mit einem besonders widerlichen Menschen um Geld zu prozessieren. »Angst eigentlich nicht«, berichtigte ich mich, »aber Ekel«.

»Motten fressen doch Kleider!« ächzte sie verstört.

»Wenn schon!« entgegnete ich unwirscher, als sich das für einen
Neffen geziemt, »Menschen fressen mehr!« – In der Tat hatte mir
damals einer die Arbeitsfreude zerfressen, und das tut einem
Schriftsteller weh, der für heiter gilt.

Zur Winterfreude im Garten gehört das allerdings nur insofern,
als der Gärtner sich ohne Bedenken auf sie vorbereiten sollte, ob
sie ihm auch erfüllt werde. Nicht nur Geduld, auch Vertrauen ist
Gärtnertugend. Der Gärtner sei gläubig ans Gute!

Friert es den Obstbäumen dieses Jahr in die Blüte: fürs nächste
stutzt er sie doch zurecht. Gäbe es sonst Äpfel und Birnen? Aprikosen gar, die ich von allem Obst am liebsten esse, gäbe es bestimmt nicht, denn ihre Bäumchen sind so empfindlich, daß Wal-
liser Gärtner sie mit ähnlichen Koksöfen wärmen, wie Pariser Cafe-
tiers sie neben ihre Trottoir-Tischchen setzen.

In strengen Wintern sollte der Gärtner ans dritte Gebot denken,
das den siebenten Tag zum Ruhetag bestimmt, und es seinem
Garten danken, daß er nur jeden neunten Winter den Dienst
verweigert. – Doch sei der Winter hart oder milde: stets hat der
Gärtner es in der Hand, ihn abzukürzen.

Mit späten Herbstblühern – oder knallrot welkendem Ahornlaub – kann er den Winterbeginn um gut zwei Wochen hinaus-
zögern und anderseits das Winterende mit voreiligen Frühlingsblühern – Krokus, Winterling, Schneeglöckchen, Veilchen, Narzissen um nochmals zwei Wochen beschleunigen. Das macht zusammen einen vollen Monat aus!

An Frühlingsblühern fehlen vielen Gärten *Krokus* und *Winterling*. Das ist bedauerlich, weil gerade sie die allerfrühesten sind.
Mit Krokus sind hier nicht die hochgezüchteten Sorten gemeint,
die der Katalog »Riesenblütige Ideal-Krokusse« nennt. Die blühen
fast überall. Doch so groß und starkfarbig sie sind: sie entfalten
sich erst Wochen nach den bescheideneren *Wildsorten*, die hier
empfohlen seien. Von deren Zwiebelchen sollte man seinem Garten wenigstens hundert – besser noch Hunderte! – einpflanzen.
Wo immer hin, auch unter Laubbäume, die erst später Schatten
machen! In wenigen Jahren werden ihm schon im Februar nicht
Hunderte, sondern Tausende kleine Krokusse ihre weißen, hell-
gelben oder zartlila Kelche öffnen, ganze Krokuswiesen, bevor
noch die ersten Grashalme sprießen. Wildkrokus vermehrt sich
rasch weithin und braucht dazu so wenig Pflege wie der *Winterling*, der als »Eranthis hiemalis« im Katalog steht und einem noch
früher mit kleinen gelben Blütenaugen zublinzelt.

Mit bodennahen gelben Blüten, die dem Krokus zum Verwechseln ähnlich sehen, läßt sich übrigens auch der Herbstflor bis zum ersten Schnee verlängern: mit der *Sternbergia* nämlich, die in nur wenigen Gärten zu sehen ist, obschon sie in alle gehörte.

Voraussetzung fürs Abkürzen des Gartenwinters von der Herbst- wie der Frühlingsseite her ist die *Sortenwahl*. Viele Gartenfreunde lassen sich zu sehr von Größe und Farbe blenden, als daß sie auf die Blütezeit achteten.

Die spätesten Staudenastern und die frühesten Narzissen sind nicht die prunkendsten Sorten. Dafür aber sind sie die letzten oder ersten ihrer Art, und gerade *das* ist wichtig!

Die schönsten Blumen, wie die schönsten Frauen, sind nur allzuoft unpünktlich. Die Eitelkeit des Gärtners, mit seinem Garten Staat zu machen, sorgt sowieso dafür, daß auffällige Sorten nicht zu kurz kommen. Nur unterschätze er bei Blumen wie bei Frauen nicht ihre getreuliche Ausdauer auch in harter Zeit!

Daß Schönheit und Treue ausnahmsweise vereinbar sind, erweisen die *Frühtulpen*. – Sie vereinen Ästhetik und Pünktlichkeit.

Die größte und leuchtendste aller Tulpenblüten ist auch die allerfrüheste – eine bezaubernd schöne Frau, die schon um sechs Uhr morgens aufsteht, um für den Haushalt zu sorgen. Je nach Laune des Händlers heißt sie »Roter Kaiser« oder »Red Emperor« oder auch »Madame Lefèbre«. Wer ganz sicher gehen will, die richtige zu bestellen, damit das Scharlach ihrer Riesenblüte auf wetterfestem kurzem Stiel seinen Garten schon im März illuminiere, füge einem dieser Namen »Tulipa fosteriana« bei. Dieser Adelstitel gebührt ihr ohnedies, weil sie in gerader Linie von den uralten »Wildtulpen« abstammt. Das aber braucht den sparsamen Gärtner nicht abzuhalten, mindestens ein Dutzend von ihr zu kaufen; denn obschon sie früher und schöner blüht als irgendeine andere Tulpe, ist sie darum doch nicht teurer. Ihre Leutseligkeit entspricht ihrem vornehmen Charakter.

Ich muß mich zurückhalten, um ihr nicht ein ausführlicheres Loblied zu singen; doch das Kapitel ist ohnedies zu lang geraten, und wenn ich auf Tulpen zu sprechen komme, höre ich so bald nicht wieder auf. Wozu viel reden? Stumm zwar, wie die Tulpe es in ihrer Pflanzenweisheit ist, spricht sie für sich selbst.

Bei allem, was Ihnen lieb ist, laden Sie diese Freudenbringerin in Ihren Garten ein, damit sie dem Winter auch dort das flammendste Stoplicht entgegensetze, das irgendein Frühblüher zustande bringt!

Wie dies Buch zu seinem Namen kam

Feierabends stehe ich gern am Gartenhag.
Nach getaner Arbeit tut es wohl, sich an den Pfosten zu lehnen,
der die Gittertür hält, und zu wissen, daß man sie bald zuschließen
und seine Ruhe haben wird.
Der Blick nach außen ist frei auf die Straße, über die, weit vom
Haus, Autos sausen, als hinge das Leben davon ab, fünf Minuten
früher anzukommen. Doch ich brauche nur den Kopf zu wenden,
um meinen Garten im Abendfrieden zu sehen. Die Bäume dunkeln
von Grün in Schwarz; die Blüten verdämmern in matte Pastell-
farben; der Gärtner atmet auf: wie gut ich es doch habe!
Die Kirschlorbeer-Hecke grenzt meinen Garten von der Umwelt
ab, ohne ihn von ihr zu isolieren. Draht wäre dünn, Stachel-
draht gar feindlich, ein Zaun hölzern; die grüne Hecke aber lebt,
und Lebendes will Kontakt mit der Umwelt. Was mir am Hag
durch den Kopf gegangen ist, sollte ein grünes Buch ergeben.
Ist es ein Gartenbuch geworden? Ja und nein. Der Gartenhag
läßt zunächst an den Garten denken; doch durch seine Blätter-
lücken blinzelt auch die Umwelt herein, grüßen Nachbarn und
schwatzen wohl auch mit einem. So kommen einem am Gartenhag Gedanken dies- wie jenseits seiner Büsche, bisweilen auch in
einen selbst hinein. Was in diesem Buch steht, ist mir am Gartenhag eingefallen: Praktisches wie Besinnliches, ein Mosaik aus
beiden.

Als ich das Manuskript meinem Verlegerfreund in Zürich ein-
gehändigt hatte, lud er mich zu einer Flasche guten Weins ein.
Nachdem sie uns durch ein erfreuliches Dinner begleitet hatte,
blätterte er mein Manuskript an, suchte etwas, fand es nicht und
fragte: »Wo ist der *Titel*?«
Wahrhaftig, den hatte ich vergessen! Mein jüngstes Kind hatte
noch keinen Namen . . .
Schreibe ich ein Buch, spare ich mir den Titel bis zuletzt auf.
Der Inhalt beschäftigt mich zu sehr, als daß ich mir über seinen
Namen den Kopf zerbrechen möchte. Irgendein Titel war mir immer noch eingefallen, wenn ich endlich die dritte Handschrift in
die Maschine diktiert und hernach die Reinschrift mit Korrektu-
ren so verschmiert hatte, daß hernach die Setzerei Tarifzuschlag
für schwer leserliches Manuskript verlangte. Einen Titel aber muß
jedes Buch haben, das versteht sich, und wenn ihn auch meist der
Verleger ändert, weil er ihn für nicht ansprechend oder zeitgemäß

oder zugkräftig genug hält, so ist es doch Pflicht des Autors, ihm das Feigenblatt, mit dem sich die Blöße des Schutzumschlags bedecken läßt, wenigstens anzubieten.

Im Schreiben wie im Leben sind mir Titel unwichtig. Auf den *Inhalt* kommt es an, meine ich, und da dulde ich keine Änderung auch nur eines Kommas. Aber Namen? »Name ist Schall und Rauch«, beschwichtigt Faust sein Gretchen.

Anderseits muß man mit Namen vorsichtig sein. Sie haften an Buch wie Mensch, bis sie mit ihm verwachsen. Der gleiche Goethe, der sie später als »Schall und Rauch« abtat, hätte als junger Mann um ein Haar mit seinem Freund Herder gebrochen, als der von ihm ein Buch mit den Versen zurückforderte: »Der Du von Göttern stammst, von Goten oder vom Kote – Goethe, sende es mir!« – »Ein Name ist kein Mantel, an dem sich zerren und zupfen läßt«, entrüstete sich Goethe damals.

So unwesentlich Namen zu Beginn sind, so wichtig werden sie später fürs Benannte.

Seit der Portier der Griechischen Botschaft in Wien seinem jüngsten Sprößling den Herrn Botschafter selbst als Taufpate gewonnen hat, muß das arme Wesen unabänderlich als *Aristoteles Weinheber* durchs Leben laufen.

Deshalb scheue ich die Verantwortung für Namen.

»Wie also heißt das Buch?« schreckte mich mein Verlegerfreund aus solcher Überlegung auf; denn obwohl inzwischen schon Kaffee und Kognak auf dem Tisch standen, war mir immer noch kein Titel eingefallen.

»Es ist ein Gartenbuch . . .«, überlegte ich. »Aber es steht auch anderes darin . . . Wie wäre es mit ›Gedanken im Garten‹?«

Der unschlüssigen Art, mit der er seinen Kognak im Schwenkglas drehte, war anzumerken, daß es nichts damit war.

»Oder: ›Mein Gartenbuch‹?« fragte ich hoffnungsvoll.

»Auch ein bißchen farblos . . .« – »Wissen *Sie* was Besseres?« schob ich ihm den Schwarzen Peter der Verantwortung zu.

Er lehnte sich zurück, schloß die Augen und dachte bedeutsam nach, während ich mich an den Kognak hielt. Eine Zigarette lang verharrte er reglos. Dann durchzuckte es ihn: »Ich hab's!« rief er. »›Über'n Gartenzaun‹!« und trank sein Glas mit *einem* Schluck leer.

»Großartig! Dabei bleiben wir!« rief nun auch ich so laut, daß uns die Gäste am Nebentisch erstaunt ansahen.

In der Tat, *den* Titel hielt ich fürs Ei des Kolumbus. Wo anders als am Gartenzaun hatte ich über mein neues Buch nachgedacht? Das Nächstliegende fällt einem gewöhnlich zuletzt ein.

»Über'n Gartenzaun!« ließ er den Titel mit dem zweiten Kognak über die Zunge rollen. »Nicht ›Über den‹, sondern einfach mit Apostroph ›Über'n‹; das klingt gemütlicher.«

»Nicht einmal den Apostroph brauchen wir«, steuerte ich wenigstens etwas zum Titel meines Buchs bei; ich glaube, der Duden verlangt ihn nicht.«

»Um so besser!« frohlockte er, und während er mich in mein Hotel fuhr, sagte bald er, bald ich »Übern Gartenzaun ohne Apostroph« und nichts anderes – oder, genauer gesagt, murmelten wir es nur; denn wir waren beide voll guten Getränks.

Als ich jedoch nächsten Tags von Zürich nach Locarno heimfuhr, gefiel mir der Titel meines Buchs nur bis zur Station Arth-Goldau, wo der Zug lange auf die Basler Wagen warten mußte.

Etwas störte mich. Was war es nur? Ich dachte angestrengt nach, und das soll man nicht. Je intensiver man über etwas nachdenkt, desto weniger fällt es einem ein. Das Unterbewußtsein, dem man es abzwingen will, ist zu scheu, sich nötigen zu lassen. Besser, man mahnt sich »Es wird mir schon einfallen!« und denkt an etwas anderes. Dann reagiert es so prompt wie eine Frau, die erst spröde tat, es aber doch nicht verträgt, übergangen zu werden.

Mein Unterbewußtsein meldete sich denn auch in Bellinzona, wo ich – der verspäteten Basler Wagen wegen – wieder einmal den Anschluß nach Locarno verpaßte. Dort rief mich mein Unterbewußtsein so vorwurfsvoll an wie eine Frau, die einen so oft beim Rendezvous hatte warten lassen, bis man sich endlich einmal selbst verspätet hat.

»Hallo, mein Lieber!« telefonierte es mir drahtlos auf Bahnsteig zwei in Bellinzona. »Wieso ›Zaun‹? Das klingt doch hölzern und wahr ist es auch nicht! Um deinen Garten steht doch kein Gitter, sondern eine lebende Hecke!«

Ich horchte auf und überlegte. »Über die Gartenhecke?« gab ich zu bedenken.

»Das klingt zu umständlich ... Weißt du nichts Kürzeres?« antwortete mein Unterbewußtsein.

Bemüht, sich mit mir auszusöhnen, nachdem es mich in Zürich hatte aufsitzen lassen, ergänzte mein Unterbewußtsein prompt:

»›Über die‹ läßt sich freilich nicht verschmelzen, nicht einmal mit einem Apostroph«, flötete es mir zu. »Ein Femininum wäre hier fehl am Platz. Es sollte ein männliches Wort sein oder allenfalls ein sächliches – ›Übers‹ ist ja auch zulässig. Nun, denke einmal nach – nein, laß es lieber, dir fällt es ja doch nicht ein! Was ist denn eine Hecke? Nun? Ein Hag!... ›Übern Gartenhag‹ heißt dein Buchtitel! Und nun sind wir wieder gut miteinander, was?«

»*Das* ist es!« jubelte ich. Und als mich zu Hause meine Pudelhündin so hingerissen begrüßte, daß sie vor Freude piepste wie ein Hühnchen, murmelte ich immer noch ›Übern Gartenhag‹, so daß ich vergaß, ihr von der Schokoladetafel abzubrechen, die ich ihr aus Zürich mitgebracht hatte.

Sogleich telefonierte ich meinem Verlegerfreund den rechten Buchtitel. Da er ihn akzeptiert hat, steht er nun dem Buch voran. Möge er ihm Erfolg bringen und, für alle Fälle, dem Leser beweisen, daß Bücherschreiben auch dann kein Honiglecken ist, wenn es einem feierabends am Gartenhag einfällt.

Zum Abschied

Wir blickten über den Gartenhag
In die Welt und in den Frieden,
Von dem, was draußen lärmen mag,
Durch dichtes Grün geschieden.

Dort draußen Streit, hier innen Ruh',
Der Garten frohen Lebens.
Der Gärtner schließt die Pforte zu;
Sein Tag war nicht vergebens.

Die Tulpen leuchten in buntem Chor
Mit Primeln und Narzissen
Zu Bäumen hoch, die in bräutlichem Flor
Einander mit Blüten küssen.

Die Sonne steht tief . . . Ein guter Tag!
Ein Frühlingstag wie selten!
Noch stehen wir am Gartenhag,
Doch fängt es an zu kälten.

Geh'n wir ins Haus zum Schoppen Wein,
Ihr Freundinnen und Freunde!
Laßt uns noch einmal fröhlich sein
In zünftiger Gemeinde!

Stoßt an mit meinem Gartenwein:
»Kling-klang den braven Reben!«
»Wie? Gerade ich soll weise sein,
Weil ich so lang am Leben?

Das Alter macht weise? Ich weiß es nicht;
Ich weiß nur, es macht geduldig.
Geduld, meine Freunde, ist erste Pflicht,
Die wir dem Garten schuldig.

Ich beobachte nur und meide Kritik;
Mein Gartenhag zieht mir die Schranke.
Ja, machten wir Gärtner auch Weltpolitik –
Doch das ist verträumter Gedanke . . .

Wir kommen und gehen wie Blüte und Frucht
Und düngen am Ende die Pflanzen . . .
Ein Prosit dem Garten unserer Zucht!
Haushälterin, noch einen Ganzen!«

Benno Wundshammer
Knaurs Fotobuch für Anfänger
Mit 89 zum Teil farbigen Fotos und Zeichnungen

Ein Hobby wird erst schön mit Hobbybüchern von Knaur

KNAUR-TASCHENBÜCHER